마음성형

마음성형

The Mind Shaping

알렉스 신 지음

좋은땅

• 목차 •

어느 날 아침 잠에서 깨어 일어나 보니 이전과는 전혀 다른 기분이 든다. 몸은 상당히 가볍게 느껴지고, 머리도 상쾌하다. 햇살이 창을 통해 방 안으로 퍼지는 것이 온 몸으로 느껴지며 '내 방이 이렇게 밝았던가?'라는 생각을 해 본다.

여느 때와 다름없이 준비하고 집을 나선다. 그런데 역시나 아침에 일어났을 때와 같이 이전과는 전혀 다른 기분이 든다. 길거리의 사람들, 차도 위의 차들, 건물들…… 그리고 나. 어제도, 그제도, 며칠 전에도, 오늘과 달라진 것은 없을 것인데, 나는 전혀 다른 세상에 있는 듯한 느낌이다. '이곳이 내가 살던 곳이 맞나?' 아무 일도 없는데, 기분이 너무 좋아 정말 날아갈 것 같다. 매일매일을 이렇게 시작할 수 있다면, 얼마나 좋을까?

내 인생에서 절대로 일어나지 않을 일 중의 하나가 [자살]이다.

절대로…… 어떤 상황에서도 내 생명을 스스로 해치지 말자고 어느 순간부터 자연스럽게 다짐해서 굳어진 자신과의 약속이다. 자살률이 높다고는 하지만 흔히 이루어지는 일도 아님에도 이런 다짐을 하게 된 것은 어린 시절에 떠오른 한 그림 때문인 듯하다.

아주 어린 시절, 아마도 초등학교 저학년 시절인 듯하다. 나는 아버지와 대중 목욕탕에 간 기억이 별로 없는데, 아마도 그날이 거의 유일한 날이었을 것이다. 그렇다면, 뭔가 좋은 추억으로 남아 있어야 할 터인데, 아쉽게도 그런 기억은 전혀 없다. 다만 나는 내 몸에 물을 끼얹고 있었고, 대략 2~3미터 앞쪽에서 아버지도 당신의 몸에 물을 끼얹고 있는 장면이 기억난다. 이 앞과 뒤의 일은 전혀 기억이 나지 않는다. 어떻게 아버지와 함께 목욕탕에 가게 되었는지? 목욕 후에 무언가를 먹었는지? 어디를 갔는지? 이런 것은 전혀 기억이 나지 않는다. 오직 서로 약간의 거리를 둔 상태에서 각자의 몸에 물을 끼얹는 장면. 이 장면만 기억하는 이유는 단 하나이다. 그것은 그때의 나 자신. 어린아이인 내가 말로 표현하기에 힘든 미래의 두려움 비슷한 것을 느꼈기 때문이다.

혹시라도 오해가 없기를 바란다. 그 상황에서 왜 그런 감정을 느꼈는지는 나도 모른다. 그러나 그러한 두려움이 올라온 것은 나의 아버지와는 관계가 없다. 나의 아버지는 독특한 감성을 지니신 분이지만, 좋은 분이시다.

그렇다면, 왜 그런 두려움이 그런 상황에서 올라왔을까? 보통 두려움은 과거의 경험에 기인하는 경우가 많다. 그렇기에 갓난아이들은 큰소리에 대한 두려움과 낙하에 대한 두려움만이 있다고 한다. 그렇기에 당시 내가 느꼈던 두려움은 어린아이가 느낄 수 있었던 종류의 두려움이 아니었다. 무언가 더 근원적인 두려움이었다.

그때부터였을 것이다. 나는 종종 밤에 발작을 일으켰고, 심장 박동이 빠르게 뛰면서 알 수 없는 미지의 두려움에 사로잡히곤 했다. 당시에 부모님은 모두 일을 하러 나가시고, 할머니가 나를 돌봐 주셨는데, 저녁에 간혹 발작이 시작되면 할머니가 놀라셔서 청심환을 챙겨 주셨던 기억이 난다. 그리고 청심환을 먹으면 안정이 되어 다시 가라앉고는 했다.

　그리고 다행히도 그러한 발작은 오래가지 않았다. 어린 시절의 나는 말 잘듣고 착한 모범생이었고, 공부도 꽤 잘하는 편이었다. 부모님에게 인정받으려고 이것저것 열심히 했고, 그만큼 인정받고, 평범한 학창 시절을 보냈다.
　발작은 멈추었지만, 그 이후에 다음과 같은 그림이 떠오르는 것은 상당히 의외였다. 언제부터인지도 모르겠다. 어떤 계기가 있었던 것인지도 모르겠다. 잠시 떠올랐다가, 희미해져서 또 오랜 시간이 흘러가고, 또 떠오르고……언젠가 현실로 맞을 것만 같은 그림.

　늦은 오후에 해가 노을을 만들고자 강 위로 내려가는 시점이다. 날씨는 초가을 정도로 살짝 시원한 바람이 분다. 저녁 노을과 계절의 색상이 어우러져 전체적으로 갈색톤의 필터를 끼워 놓은 듯한 풍경이다. 나는 푸른색 정장을 입고 있다. 내가 좋아하는 네이비톤이다. 넥타이는 평소에 잘 착용하지 않는데, 지금은 넥타이를 반쯤 푼 채로 매고 있다. 머리는 살짝 헝클어져 있고, 면도를 며칠간 못해서인지 수염이 살짝 지저분하다. 나는 지금 한강 다리 위를 걷고 있다. 그리고 잠시 멈춰 서서 난간을 잡고 다리 밑에 흐르는 강을 바라본다. 강물은 노을을 반사하여 살짝 붉은 빛이 도는 갈색 빛을 비추어 준다. 이윽고 나는 난간을 넘어서서 양팔을 뒤로 난간을 붙잡은 채로 서 있다.

다행히도 이 그림에서 뛰어내리는 장면은 없다. 하지만 이것은 누가 봐도 뛰어내리기 직전이다. 어린 시절의 나는 이 그림의 내가 정장을 입고, 넥타이를 맸다는 것에서, 회사를 다니고 있거나, 꽤 괜찮은 일을 하는 사람이라고 생각했다. 그런데, 왜? 지금 남들은 하루를 마치고 퇴근하거나 가족, 혹은 친구와 함께 행복한 시간을 보내려고 하는 시간에 한강 다리 위에서 뛰어내리려고 하는가?

이유는 나도 모른다. 다만 이 그림은 나 자신에게 새로운 결심을 하게 만들어 줬다.

절대로……어떤 상황에서도 [자살]은 하지 말자.

이런 다짐뿐 아니라, 떠오르는 그림에도 수정을 넣었다. 내가 [다행히도] 뛰어내리는 장면은 없다고 했다. 자동적으로 떠오르는 그림은 난간을 붙잡은 채로 서 있는 상태까지이다. 그리고 이 장면에서 추론할 수 있는 것은 아마도 다리 위에서 뛰어내려 죽고 싶을 정도로 힘든 상황이라는 것이다. 내가 수정을 넣은 것은 이미 떠오른 장면 다음부터이다.

다리 위에서 잠시 이런 생각을 해 본다. 어차피 지금 죽으려고 했던 것이면, 지금부터 살아가는 인생은 이전의 나 자신이 아닌 것으로 살아 보는 것은 어떤가? 지금까지의 나는 여기서 죽고, 전혀 새로운 사람으로 살아 보는 것은 어떤가?

이 생각이 든 즉시 나는 다시 다리 난간을 넘어온다. 그리고 가장 먼저 면도를 하고, 이발과 목욕을 하고, 입고 있던 정장을 벗고, 새 정장을 사서 입는다. 그리고 이전과는 다른 사람으로 새롭게 살아간다.

상상으로 그림의 후반부를 그려 보니 새로운 다짐과 함께 꽤나 즐거운 마음이 든다. 어차피 상상으로 그리는 그림이니 정장을 구입하고, 자신을 꾸미는 돈쯤이야 얼마든지 있다. 그리고 실제로 그런 상황이 된다고 해도 무조건 상상의 그림대로 할 것이다.

그 이후에 어떻게 새로운 인생을 살아갔는지에 대한 그림은 전혀 떠오르지 않는다. 다만 나는 지금도 스스로 그 인생들을 그려 가야 한다는 것만을 깨달았다.
그러나 나는 알고 있다. 그 이후의 그림은 빛이 나고, 신나고, 행복할 것임을.

이 책은 제목 그대로 [마음성형]에 관한 책이다.
책을 쓰려고 생각한 순간부터 이 책을 읽을 독자에 대해서 가장 먼저 생각해 보았다.
내게 있어, 0순위 독자는 이 책을 쓰고 있는 [나 자신]이다.

그리고, 혹시라도 나와 같은 어린시절의 미지의 두려움, 혹은 성인이 된 이후에도 떨쳐내지 못한 두려움, 트라우마, 불안, 불신, 외로움 등으로 지금도 힘들어하고 있을 또 다른 나인 당신. 나름대로 엄청나게 열심히 살아왔으나, 내가 노력해 온 것에 비해서 소득이 적다고 느껴지는 또 다른 나인 당신. 세상은 불평등하고, 그것이 당연한 것이고, 나는 그것의 희생양까지는 아니더라도 어느 정도 푸대접을 받았다고 생각하는 또 다른 나인 당신. 왜? 나에게

만 이런 불합리한 일들이 벌어지는지 이해하지 못하는 또 다른 나인 당신.

이렇게 무언가 자신의 삶에서 만족함을 느끼지 못하고, 불편한 [또 다른 나인 당신]이 1순위의 독자이다.

[마음성형]의 목표는 단순하다.

당신과 나를 포함한 모든 독자들을 모두 [평온함]으로 데려다 주는 것이다.

지금도 진행 중이지만, 우리는 2020년 현재의 세대에서 겪어 보지 못한 코로나19라는 큰 재앙을 맞닥뜨리게 되었다. 처음 겪어 보는 팬데믹이라는 대혼란의 시기를 지나고 있는 시점에서, 우리는 평온한 일상이 얼마나 소중한 것인지를 모두가 새삼 깨닫게 되었다.

이 시기는 지나가고, 우리는 이겨낼 것이다. 그러나 앞으로 인류에게 다가올 수 많은 시련들이 또 어떤 형태로 다가올지 모른다. 그 안에서 우리는 어떻게 [평온함]을 이루어 낼 수 있을까?

[마음성형]을 통해 그 답을 스스로 찾아내고, 목표를 이루어 나갈 수 있다.

이 책의 초반에는 [마음성형]의 기본적인 개념들과 세계관들에 대해서 살펴볼 것이다. 글을 쓰고 있는 나 자신도, 읽고 있는 당신도, 이 부분에서 [기대감]으로 충만하기를 소망한다.

중반부에서는 [마음성형]에 필요한 [도구]들을 소개한다. 실제로 이 도구들을 활용하여 자신의 [마음성형]을 이루어내고, 가족, 친구들, 사랑하는 사람들과 함께 나누면 좋을 것이다.

마지막으로 [마음성형]을 활용한 [삶의 연금술]에 대해서 나누게 될 것이다.

이 파트는 추후에 [또 다른 나인 당신]들의 이야기로 채워지길 소망한다. 그전에 먼저는 우리의 일상적인 삶에서 활용되어지는 [마음성형]의 연금술들을 보게 될 것이다.

가장 큰 진리는 가장 쉬운 언어로 가장 가까운 곳에 있다. 다만 우리의 마음이 어지럽고, 혼탁하여 그 진리들을 발견하지 못할 뿐이다.

이제 모든 준비는 끝났고, 당신의 선택만이 남아 있다.

[마음성형]을 받고자 하는가? 또 다른 나인 당신과 나 자신은 [마음성형]을 통해 각자 자신의 삶을 황금처럼 빛나게 하는 연금술사로 거듭날 것이다.

1부

마음성형이란
무엇인가?

우리 인생에서 가장 행복했던 때를 떠올려 본다면, 어떤 장면이 떠오르는가?

첫사랑과 데이트를 했던 일? 시험에 합격했을 때? 가족들과 여행을 갔을 때?

많은 장면이 떠오를 수도 있고, 특정한 장면만이 계속 맴돌 수도 있을 것이다. 행복이 지나간 추억 속에서만 존재한다고 아쉬워할 수도 있는 반면, 지나간 일들은 소용없으니 앞으로 행복한 시간들이 찾아올 것이라고 생각할 수도 있을 것이다.

그렇다면, 행복이라는 것은 무엇인가?

궁극적인 행복은 특정한 형태의 [존재 상태]이다. 어떤 조건이나 상황에 따른 결과물이 아니라, 조건과 상황을 만들어내는 원인에 가까운 상태이다.

그럼에도 마음은 조건부적인 행복을 주입시키고는 한다.

돈이 많으면, 행복할 거야.

네가 내 말을 잘 들어주면, 행복할 거야.

이 시험에만 합격하면, 행복할 거야.

그곳에 간다면, 행복할 거야.

저것만 가진다면, 정말 행복할 거야.

정말 그럴까? 돈이 많고, 사람들이 나의 이야기를 잘 들어주고, 원하는 곳에 가고, 원하는 것을 가지면, 행복해질까? 지금 나의 마음은 [그렇다]라고 대답했다. 당신의 마음은 어떤 대답을 했는가? 아마도 나의 마음과 크게 다르지 않은 대답일 것이라 생각한다. 물론 다른 대답을 했을 수도 있다. 이미 마음 성형으로 단련되어 마음의 연금술사의 반열에 오른 사람들이라면 말이다.

조건부적인 행복은 교묘한 함정이 있다.

'돈이 많으면, 행복할 거야=돈이 많지 않으니, 행복하지 않아'

'돈이 많으면, 행복할 거야=돈이 있기는 하지만, 저 사람보다는 적으니 행복하지 않아'

이처럼, 조건부적인 행복은 조건이 충족되지 않은 경우에, 행복하지 않다고 느낄 가능성과, 조건이 충족되었음에도 타인과의 비교의식을 통해 행복하지 않다고 느낄 가능성이 있다.

그렇다면, 반대로 생각해 보자.

그 어떤 외부 환경의 변화 없이 엄청나게 행복해지고, 흥미진진하며, 짜릿한 느낌을 불러 일으킬 수 있다면?

잠시 어린 시절을 회상해 보자. 그 시절 우리는 모두 상상력의 대가였다.

한때는 슈퍼맨이 유행했는데, 빨간 보자기 하나만 있으면, 모두가 슈퍼맨이었다. ㄱ자로 꺾인 모양만 봐도 총이 되었고, 빗자루는 때로는 악당을 무찌르는 칼이 되기도 하고, 신나는 기타가 되기도 하였다.

어린시절의 마음은 순수하고, 에너지는 높다. 여기에 적절한 의도가 들어간다면, 무엇이든 이루어낼 수 있는 상태가 된다. 그래서 성장기에 어떤 교육을 받고, 어떤 영향을 받고, 어떤 비전을 품느냐가 중요한 것이다.

다시 현재로 돌아와 보자. 우리의 마음은 지금 그때처럼 순수한가? 모든 것을 의심없이 받아들이고, 호기심이 왕성한가? 잠시도 가만히 있기 힘들 정도로 에너지가 끓어 넘치는가?
물론 당신이 아직 10대이거나 20대 초반이라면, 에너지는 충분하다고 생각할 수 있다.
그래서 다르게 묻겠다. 지금 당신은 그 시절만큼 행복한가?

인생의 목적이 무조건적으로 행복만을 추구하는 것은 아니다. 마음을 다루는 작업에서는 한쪽으로 치우치는 것을 경계할 필요가 있다. 행복이라는 상태를 얘기하는 것은 그것이 인생의 목적이라서 그런 것이 아니라, 가장 이해하기 쉬운 상태이기 때문이다.

지금 특정한 조건 없이 행복하다고 대답했다면, 축하한다. 당신은 특별한 마음성형을 거치지 않고도 자신의 비전을 향한 길 위에 서 있을 테니 말이다.

지금 행복하지 않다고 대답했다면, 이제 기대해도 좋다. 나와 당신은 마음 성형을 통해 지금까지 경험해 보지 못한 행복감과 만족감을 느낄 수 있을 것이기 때문이다.

조건부적인 행복은 특정 조건이 충족되면 발생하는 일종의 감각, 감정이다. 궁극적인 행복은 그 존재 자체의 상태이다. 그렇다면, 궁극적인 행복의 상태에 있는 사람은 행복의 감각과 감정의 상태가 지속적으로 충만한 상태이고, 그 상태에 있는 사람들은 오히려 특정한 조건을 충족시키기가 더 쉽지 않을까?

나의 이야기를 조금 더 해 보도록 하겠다.

나는 심리학자도 아니고, 의학박사는 더더욱 아니며, 상담가나 과학자도 아니다. 그런데 왜 나는 마음에 관한 책을 쓰기로 결심했을까?

어려서부터 책을 좋아하기는 했다. 그렇다고 엄청나게 많은 책을 읽은 것도 아니다. 여러 가지 취미 중 하나가 책을 읽는 것이었고, 그중에 가장 좋아하는 것이기는 했다. 주변 지인들이나 친구들에게 간혹 책을 추천해 주기도 하고, 서점을 자주 가기는 했지만, 딱 그정도이다.

내가 자주 가는 서점은 쇼핑몰 내에 있는 대형서점이다. 2020년 3월로 기억한다. 서점은 물론이고, 한창 붐빌 주말 쇼핑몰이 텅 비어 있었다. 코로나19가 이제 막 전세계적으로 퍼져 나가는 시기였다. 평범한 직장인이었던 나는 두 가지 감정을 맞이했다. 먼저는 이 무서운 전염병에서 빨리 벗어나고 싶다는 두려운 감정이었고, 또 다른 하나는 이 위기를 어떻게 기회로 활용할 수 있는가? 라는 것이었다.

나는 조건부적인 행복을 추구하기 위해 돈을 많이 벌고 싶었다. 주식? 부동산? 새로운 사업모델? 이건 시기에 발빠르게 움직여야 하지 않을까? 어디에 투자하는 것이 가장 수익이 좋을까? 한동안은 이런 생각들에 빠져 있었다.

그런데, 정말 엉뚱하다 싶은 결론이 나왔다. 그 결론에 의해 지금 이 글을 쓰고 있으면서도 사실 살짝 웃음이 난다. 내 결론은=[나 자신에게 투자하자]였다.

어떻게 나 자신에게 투자하면 되는 것인가? 영어공부와 직무적인 실무를 더 공부해서 몸값을 올리면 될까? 운동을 더 해서 건강한 몸을 만들면 될까? 물론 이러한 것들도 자신에 대한 투자의 일종이기는 했다. 그러나 온전한 답변은 아니었다.

온전한 답변은 책에서 찾을 수 있을 것이란 기대감이 있었기 때문에, 또 수많은 책들을 읽었다. 그러던 어느날 밤 맥스웰 몰츠의 『성공의 법칙』이라는 책을 읽게 되었고, [마음성형]의 모티브를 얻게 되었다. 그러자, 기존에 알고 있는 지식이라고 생각했던 것들이 새로운 느낌으로 다가왔고, 내 마음속에서 올라오는 소리들도 지속적으로 느끼게 되었다. 이것이 내가 찾는 정확한 답으로 가는 지도라는 것을 말이다.

시야의 부분에서 다시 짚을 나눌 기회가 있겠지만, 나의 시야는 구글

마음성형

의 알고리즘과 같이 나를 관련된 도서들을 찾을 수 있도록 움직였다. 그 와중에 가장 놀라운 일은 '내가 지금껏 안다고 생각했던 것들이 정말 아는 것이었던가?'라는 깨달음이다.

(지금은 아니지만, 몇 년 전까지 나는 세상의 대략적인 원리와 이치를 알고 있고, 더 새롭게 알게 되는 것이 없다고 생각하면서 살았던 시기가 있었다. 나도 안다. 그것이 얼마나 어리석고 무지한 생각이라는 것을 말이다. 그럼에도 새롭게 발견한 책들은 놀라움 투성이었다.)

그러나, 가장 놀라운 것은 나의 가장 가까이에 있었던 것들이다. 대표적인 예가 성경이다. 기독교인인 나는 10년 전부터 1년에 성경을 1번 혹은 2번씩 읽는 습관이 있다. 그러다가 작년에는 이런저런 핑계로 한번도 읽지 못하고 있었는데, 지금까지 그저 좋은 말씀이라고만 생각했던 구절들이 다르게 다가오기 시작했다.

그리고 지금까지 마음의 힘을 활용할 수 있는 방법들을 알려 주는 책들도 다시 보게 되었다.

때로는 그것들이 너무 형이상학적으로 기울어지는 부분에서는 조금 더 정신을 부여잡기도 했고, 어떤 것은 너무 쉬운 언어로 말해서 가볍게 느껴졌고, 어떤 것은 너무 길고, 어렵고, 본론까지 가는 부연 설명이 많아서 혼돈이 올 때도 있었지만, 본질적으로 모두 비슷한 내용을 말하고 있었고, 그것을 가장 효과적으로 활용할 수 있도록 정리해 보고자 했다.

결론적으로 나는 직장생활을 정리하고, [마음성형]을 쓰고 있다.

이렇게 나는 나 자신의 존재 상태를 바꾸어 가는 작업을 마음성형을 통해 직접 내 인생에 적용하고 있는 것이다.

처음 시작은 상황에 대한 인지였고, 그것을 바라보는 시야를 통해 내 마음 속으로 들어왔다. 그리고 그 마음은 그 상황을 자신의 프로그래밍을 통해 세상으로 내보낸다.

나는 여기서 지금까지의 프로그래밍을 바꾸기 위해 남들이 보기에는 엉뚱해 보이는 [선택]을 한 것이다. 그것은 내 존재 상태를 행복하게 만들어 주었고, 앞으로 갈 길을 보여 주었고, 그 길에 필요한 것들을 구할 수 있도록 가져다 주었고, 그것은 나를 다시 행복하게 만들어 준다.

나 또한 지속적으로 마음을 성형하고 있는 중이다. 아직은 행복의 물결이 모래사장의 파도와 같이 꾸준히 찾아와 주지는 않는다. 간헐적으로 맛보고 있다.

마음이 성형되지 않은 상태에서는 눈으로 보아도 보지 못한 것이고, 귀로 들어도 듣지 못한 것이고, 손으로 만져도 느끼지 못하는 것과 다름이 없었다.

물론 다음장에서 자세하게 살펴보겠지만, 유전적으로 타고난 사람들이 있다.

아마 당신도 흔하지는 않겠지만, 주변에서 그런 사람을 만나 본 적이 있을 것이다.

무엇을 해도 빛이 나는 사람. 누구와도 거리낌없이 대화하며, 행복한 기운을 발산하는 사람.

부담스럽게 다가오는 것이 아니라, 오래된 친구처럼 편안한 사람.

어떤 일에 도전해도 성공하는 사람. 혹은 실패해도 빠르게 회복하는 사람.

나와 당신도 그렇게 될 수 있다.

어느날 TV를 보다가 그런 사람을 본 적이 있다. 그때는 내게 마음성형이라는 개념이 없었을 때인데, 그 순간에 그 사람의 빛을 보고 사람 자체를 다시 보게 되는 계기가 있었다.

연예인과 매니저의 일상을 보는 리얼리티 예능인데, 프로그램의 초창기였고, 이영자 씨가 매니저와 함께 출연했을 때이다. 우리는 지금 그 프로그램이 얼마나 성공했고, 이영자 씨와 그 매니저도 그 프로그램을 통해 연말 예능대상과 각종 시상식을 휩쓸었다는 것을 알고 있다. 하지만 당시에는 그저 프로그램의 초창기였다는 것을 알았으면 좋겠다.

아마도 이영자 씨가 퇴근하는 길이어서 매니저가 주차장에 이영자 씨를 내려 줬던 것으로 기억한다. 이영자 씨가 무언가 식재료를 매니저에게 챙겨 주는 모습이었다. 여기까지는 별다를 것이 없다. 그러나 그 이후의 상황이 상당히 인상 깊었다. 이영자 씨도 퇴근해서 어딘가로 이동해야 하는 상황이었던 것 같은데, 매니저에게 그 식재료를 어떻게 손질하고, 요리해서 먹는지에 대해 상당히 긴 시간 설명하는 모습이었다. 자신에게 정말 중요한 사람이나 가족 외에 일상적으로 마주치는 사람들에게 가능한 모습인가?

그 장면은 나에게 상당히 큰 인상을 남겼다. 지금은 크게 부활한 스타이지만, 그 당시에도 그녀는 스타 연예인이다. 개인 매니저라고 하지만, 이제 막 함께한 지 얼마되지 않은 사람이다. 동일한 상황이라고 가정해 보고, 내가 이 영자 씨라면 어떻게 했을까?

그 장면이 프로그램의 기획 의도였고, PD의 연출된 장면이라면, 그 사람에 대한 존경심이 올라온다. 그러나, 그것이 평소 그녀의 행동 양식이라면, 정말 놀랍다는 말 외에는 표현할 길이 없다. 또한 그녀의 삶의 여정을 미디어를 통해 알 수 있는 대중의 한 사람으로, 그 마음들이 저절로 타고난 것도 있겠지만, 시련과 어려움을 통해 단련되었고, 그 마음이 가장 좋은 길들을 찾아갔다는 것에 박수를 보내고 싶다.

[마음성형]은 마음 먹은 대로 단번에 무엇을 만들어내는 요술장치는 아니다.

『시크릿』과 같은 책을 볼 때, 우리는 도깨비 방망이와 같은 것을 기대하지는 않는가?
적어도 나는 그랬다.

예상한 바와 약간 다른 노선이긴 하지만, [마음성형]은 시시한 도깨비 방망이보다 훨씬 더 좋은 것들을 우리 삶에 가져다 줄 수 있다.

그것은 지금 당장 가능할 수도 있고, 시간이 조금 걸릴 수도 있다.

얼마나 나 자신이 마음의 힘에 대해 이해하고, 활용할 수 있느냐에 달린 것뿐이다.

[마음성형]을 한다는 것은 아주 쉬운 일은 아니지만, 그렇게 어렵지도 않다.

모두가 나처럼 마음을 성형하기 위해 직장을 관둬야 하는 것도 아니다. 나 또한 이 시기가 지난 이후에 어떤 길로 들어설지 알 수 없는 일이다.

그러나, 마음이 성형된 상태에서는 어떤 일, 어떤 사람, 어떤 환경에서도 우리는 빛이 날 수 있고, 행복할 수 있다.

마음 자체가 뭔가 잘못되어서, 나쁜 길에 빠져 있어서 마음을 성형하는 것도 아니다.

나의 경우는 단지 [마음성형]이라는 개념 자체만 우리 안에 들어 있어도 가장 좋은 길을 선택하는 것이 예전보다 쉬워졌고, 즐거워졌다.

또한 이제는 나 자신과 우리가 영향력을 행사할 수 있는 주변에 이 사랑의 에너지를 흘려보내서 우리의 삶과 세상을 변화시킬 수 있는 마음의 연금술사로 거듭나기를 기대한다.

이 선순환의 입구에 들어온 것을 축하하자!!!

마음의 4가지 상태

3 들으라 씨를 뿌리는 자가 뿌리러 나가서

4 뿌릴새 더러는 길가에 떨어지매 새들이 와서 먹어 버렸고

5 더러는 흙이 얕은 돌밭에 떨어지매 흙이 깊지 아니하므로 곧 싹이 나오나

6 해가 돋은 후에 타서 뿌리가 없으므로 말랐고

7 더러는 가시떨기에 떨어지매 가시가 자라 기운을 막으므로 결실하지 못하였고

8 더러는 좋은 땅에 떨어지매 자라 무성하여 결실하였으니 삼십 배나 육십 배나 백 배가 되었느니라 하시고

마가복음 4:3-8

나 자신의 마음을 성형하기 위해서는 현재 내 마음의 상태를 확인하고, 인정하는 작업이 필요하다. 그러기 위해서 기준이 필요한데, 마음의 상태를 4가지의 범주로 나누어 보기로 한다.

성경에서는 마음을 밭田으로 비유하는 구절이 자주 나온다. 위의 마가복음의 말씀도 마음을 밭으로 비유한 것인데, 마음을 4가지의 밭으로 나누어서 구별했다.

길가=씨가 전혀 들어갈 수 없는 상태

흙이 얕은 돌밭=흙이 얕아서 싹이 말라 버린 상태

가시떨기=가시들이 성장을 막는 상태

좋은 땅=30배, 60배, 100배로 성장시키는 상태

성경에서는 '씨=말씀'으로 표현했지만, 여기서는 '씨=인지하는 모든 것'으로 보도록 하자.

1번부터 3번까지의 유형은 조금씩 다른 상태이긴 하지만, 결국은 같은 결과를 맞이한다. 그러나, 4번의 유형은 1, 2, 3번과 같은 '씨=인지하는 모든 것'을 받아서 전혀 다른 결과를 낸다.

나의 예전 마음은 이런 경우에 내 주변에서 1, 2, 3번의 유형들을 굉장히 빠르게 찾아내서 분류해 보곤 한다. 그러나 지금은 주변에서 4번 좋은 땅의 유형을 찾기 시작했다. 이성적으로 생각해 봐도 그것이 당연한 것 아닌가? 주변에 좋은 땅을 찾아서 투자를 해야 하지 않겠는가? 그럼에도 왜 예전의 나의 마음은 주변의 안 좋은 땅들을 빠르게 찾아서 분류하고 판단하는가?

아마도 그것은 나의 상태와 비슷한 유형들을 찾아서 마음이 편해지고자 하는 상태였기 때문이라 생각된다.

나의 상태를 들여다보고, 인정하고, 변화를 결심하는 것은 때론 우리에게 편하지 않은 감정들을 느끼도록 한다. 심리학에서는 이것을 자기방어기제라고 부르곤 한다. 나의 정당성을 내려놓고 싶지 않은 것이다.

먼저는 각 유형별 특징을 보면서, 나의 어떤 부분이 이것에 해당하는지 생각해 보도록 하자.

1. 길가

어떤 것도 들어갈 수 없는 상태이다. 새로운 기회, 학습, 좋은 사람들이 들어갈 틈이 없다. 들어갈 틈이 없으니 좋은 기회는 모두 주변에서 (성경에서는 새들이) 가져간다. 길가의 특징 중 정말 좋지 않은 것은 생명력이 끈질긴 잡초가 피어난다는 것이다. 내 마음이라는 밭에 잡초만 잔뜩 피어 있지는 않은가? 혹여라도 나도 받아들일 수 있었던 좋은 기회들을 갖고 간 새들이 잘된 모습을 보면 배가 아프지 않았던가? 혹은 새들이 내 주변에 뿌려진 씨를 먹고 탈이 난 모습을 보면 (내가 그럴 줄 알았다)라면서, 걱정을 가장한 흐뭇함을 느끼지는 않았던가?

2. 흙이 얕은 돌밭

양질의 흙이 적다 보니 씨가 살짝 싹이 올라오려다가 뿌리를 내리지 못하고, 해가 돋우면 타서 말라 버린다. 여기서 해의 역할도 중요하다. 해는 지구에 절대적으로 필요한 에너지원이다. 태양이 없으면, 지구는 곧바로 멸망할 것이다. 그런데, 해가 돋아서 타서 말라 버렸다라는 것은 생각해 볼 부분이다. 해의 빛 에너지를 흡수해서 성장해야 하는데, 뿌리를 내릴만한 흙이 없으니 타서 말라 버리는 것이다.

좋은 책을 한 권 읽거나, 동기부여가 되는 강연, 특히나 요즘은 유튜브 등을 통해 TED나 각종 좋은 영상들을 얼마든지 볼 수 있다. 어느날 우연하게 그러한 영상이나 강연을 듣고, '바로 이거다'라는 생각이 든다. 얼마만에 느껴 보는 설렘인지 모르게 빠져들게 된다. 그 고양된 감정을 가지고 사람들을 만나고, 일에 적용해 본다. 그리고는 이내 실망하게 된다. '이거 안 되네?'

이후에 지인이 동일한 영상을 보여 주며, 추천을 해 준다. 이미 그것을 경험한 나는 살짝 미소를 지으며 이렇게 말해 준다. "어, 이거 내가 해 봤는데, 안 돼."

그렇게 자신에게 맞는 방법을 지속적으로 찾아 다니지만, 항상 결과는 같다.

3. 가시떨기

가시떨기를 안고 있는 사람 중 많은 이들이 흔히 말하는 '착한 사람'이다. 그 가시떨기 아래에 좋은 땅이 있기 때문이다. 그러나 가시떨기의 힘을 무시해서는 안 된다. 착한 사람이 모두 결실을 맺는 것은 아니기 때문이다. 이 가시떨기들은 길가에 피어 난 잡초들처럼 강한 생명력이 특징이다. 모두 태워버리고, 그 뿌리까지 뽑아내서 태워야 한다.

가시떨기에 떨어진 씨앗들은 어느 정도 성장을 한다. 그러나 결국 그 가시떨기들이 발목을 잡는다. 세상에 대한 염려, 두려움, 근심, 걱정. 뿌리까지 모두 뽑아낸 것 같은데, 어디선가 또 자라고 있는 가시떨기들은 매번 살펴보면서 태워 줘야 한다. 그런데 가시떨기들의 특징 중 하나가 이 가시떨기들이 자신을 지켜 준다고 오해하고 있는 경우가 많다.

내일은 소풍날이다. 소풍날에는 대부분이 날씨가 좋기를 바란다. 일기예보를 확인해 보니 내일은 날씨가 좋다고 한다. 가시떨기들은 예보에서 날씨가 좋다고 해도 걱정을 한다. 혹시라도 예보가 틀렸으면 어떡하지? 하늘에 구름이 많아서, 비가 올 것 같은데? 거의 대부분의 경우에는 예보가 맞아서 가시떨기들도 '내가 괜한 걱정을 했네'라고 생각하지만, 혹여 예보가 틀려서 비가 오는 경우에는 '역시⋯⋯내 예상이 맞았어. 비가 오잖아. 소풍은 다 틀려 버렸어'라며 자신을 위로한다.

걱정은 우리를 지켜 주는 존재가 아니다. 우리의 소풍날 비는 올 수도 있고, 오지 않을 수도 있다. 비가 온다고 소풍이 틀려 버리는 것은 아니다. 기대했던 것과 다른 것이 온다고 해서 좋지 않은 것은 아니다. 단순한 비유이지만, 소풍과 비의 문제가 아니라 우리 인생의 모든 분야에서 이런 가시떨기들을 갖고 산다면 우리의 인생이 얼마나 험난할 것인가?

3가지의 마음 유형들을 살펴보았다.
최대한 짧게 표현하려고 애를 썼다. 나의 이런 노력은 이 책 전반에 해당된다. 가장 쉬운 언어로 누구나 이해할 수 있도록 말이다.

'길가, 돌밭, 가시떨기'
어떠한가? 특정인들의 얼굴이 떠오르는가? 결국 그 얼굴들의 끝에는 나 자신의 얼굴이 있지 않은가?

어떤 부분에서 나는 길가였고, 어떤때는 돌밭이었으며, 가시떨기들을 잔뜩 키우고 있었다. 나의 경우는 이 3가지 유형의 종합선물세트 같은 존재였다.

얼마나 많은 자기계발서들과 기법들을 탐구했던가? 성경을 비롯한 종교의 교리들, 유명한 설교, 동기부여 영상, 인문학, 심리학, 고전 서적들. 물론 지금까지의 이런 노력들이 좋은 자양분이 되었을 것이라고 생각한다. 하지만, 내 마음이 좋은 땅이 되지 않는다면, 결실을 맺지 못하는 것이다. 그래서 필요한 것이 [마음성형]이다.

4. 좋은 땅

씨앗은 정말 신비롭다. 우리는 쉽게 상상해 볼 수 있다. 작은 씨앗 하나에서 얼마나 많은 열매들이 달리게 되는지 말이다. 옥수수 하나에는 수백 개의 낟알이 달려 있다. 그 낟알이 씨앗이 되어 옥수수대가 올라오고, 그 옥수수대에 여러 개의 옥수수가 달려 있다. 길가의 은행나무나 커다란 느티나무를 보더라도 아주 작은 씨앗 하나로 시작된 것이다.

좋은 씨앗은 좋은 땅에서 많은 결실을 맺는다. 30배, 60배, 100배는 비유적인 표현이지만, 실제로는 더 많은 결실을 거둘 수 있다.

그렇기 때문에 농부는 씨앗을 심기 전에 먼저 밭을 경작한다. 그 땅이 처음부터 밭에 적합한 땅이 아니었을 수도 있다. 길가처럼 애초에 딱딱한 땅이었을 수도 있고, 돌이 가득하고 흙은 적은 돌밭, 혹은 잡초와 가시떨기가 무성한 땅이었을 수도 있다. 거의 처음에는 그런 땅들이다.

실제로 좋은 땅을 타고나는 경우는 거의 본 적이 없다. 물론 이것은 내 시야가 좁아서일 수도 있다. 우선 우리의 목적은 좋은 땅을 만들기 위한 것이니 타고나는 것은 잠시 접어 두자.

우리는 스스로 농부가 되어 우리의 마음밭을 기경하면 된다.

그렇다면, 왜 이 책의 제목은 [마음농사]가 아니고, [마음성형]인가?

결국에는 같은 것을 말하고 있지만, 미묘한 차이가 있다. [마음성형]은 농사라는 표현보다 더 근원적인 마음의 구조를 변화하고 싶은 바람이 있었기 때문에다. 흔히 마음을 프로그램에 비유해서 마인드셋mindset이나 리부트Reboot하기도 한다.

다만 [마음성형]은 그 모든 것의 시작점이라고 보면 좋겠다.

마음을 4가지로 분류해 보는 것은 먼저 자신의 상태를 확인할 수 있기 때문에 좋다.

만약 당신의 마음이 좋은 땅에 속한다면, 이 책을 단 한번만 읽어도 좋은 결실들을 많이 맺을 수 있을 것이라 생각한다.

만약 당신의 마음이 좋은 땅이 아닌 3가지의 유형에 속한다면, 먼저는 받아들이고, 나와 같이 마음을 성형하도록 하자. 이 책을 여러 번 읽어도 좋고, 시시때때로 읽고, 다른 좋은 씨앗들(좋은 책, 강연, 학습 등)도 함께 심어 보면 좋을 것이다. 그리고 정말 기대해도 좋다. 마음이 성형되어서 좋은 땅으로 거듭나게 되면, 좋은 땅의 특징들이 인생에 계속 나타나기 때문에, 좋은 일들이 지속적으로 생겨날 것이다.

높은 소득을 바라는가?

좋은 배우자를 만나고, 행복한 결혼 생활을 하고 싶은가?

육체와 정신이 건강하고 싶은가?

목표를 이루고 싶은가?

어려운 사람들을 돕고 싶은가?

나도 이런 소망들을 갖고 있다. 그러기 위해서 가장 먼저 마음을 성형하여 좋은 땅으로 거듭나려고 하는 것이다. 심지어 나는 이 책을 여러번 읽을 뿐 아니라 쓰고 있지 않는가?

이 책의 초고를 작성하고 있는 시점에서, 나 또한 이 책이 어떻게 흘러갈지 모른다.

큰 틀 안에서 이 책을 쓰고 있는 나와 또 다른 나인 당신이 이 책을 함께 쓰고, 읽고 있는 것이다. 그래서 더 기대가 된다.

주변에 좋은 땅의 마음을 갖고 있는 사람을 찾아 보도록 하자.

우리의 마음이 비교와 판단을 멈추고, 좋은 땅이 되기로 결심할 때, 마음성형은 이미 시작된 것이다.

마음성형을 위한 준비

이제 당신과 나는 자신의 마음을 성형해 나가려고 한다. 마음이 두근거리며, 기대하는 마음으로 들어갔으면 좋겠지만, 아직 그렇지 않다고 해도 무방하다. 그저 이 책을 읽어 나가기만 해도 좋다. 사실 그것이 작가의 입장에서는 가장 좋은 그림이다. 별 기대 없이 들어왔다가 큰 감동을 받는 것 말이다. 그래서 본격적으로 마음을 성형하기 전에 당신과 나를 응원하는 마음으로 몇 가지 준비사항을 보고자 한다.

1. 마음성형을 하기에 지금이 가장 좋은 순간이다

우리는 때로 어떤 일을 하기에 지금이 너무 이르다고, 혹은 너무 늦다고 생각할 수 있다. 맞다. 모든 일에는 적절한 순간이 있다. 적절한 상황과 환경, 적절한 타이밍을 갖추었을 때 폭발하는 감동의 물결을 느낄 수 있는 순간이 있다.

그러나, 마음성형을 하기에는 언제든 지금이 가장 좋은 순간이다. 아마도 너무 이르다고 생각하는 당신은 없을 것이다. 대부분 나 자신이 이제 무언가를 하기에는 나이가 많다고 생각할 수 있다. 나의 경우에는 25세부터 나 자신이 무언가를 하기에 나이가 많다고 생각을 했다(너무 늦었다고 생각했다). 안타깝지 않은가? 그런 생각은 30대 후반에 마음성형의 과정에서 깨지게 되었다. 물론 그때는 그것이 마음성형이라는 것인지도 몰랐지만 말이다. 15년에 가까운 시간동안 새로운 도전을 하지 못하고 산 젊은 친구를 생각해 보라.

전 세계적으로 큰 성공을 거둔 사람들중에 60세가 넘어서 새로운 시작을 한 사람들도 많다.

우리가 잘 아는 KFC의 창업자인 커넬 샌더스의 경우에도 65세에 도전을 시작하여 지금의 큰 사업체를 이루어내지 않았는가?

정말 좋은 소식을 하나 알려 주도록 하겠다. 마음성형을 하면, 지금 당신의 나이와 처해진 환경, 경제적 상황, 관계의 문제, 그 어떠한 것도 관계가 없다. 가장 혹독한 환경에 처해져 있다면, 당신의 인생을 가장 아름다운 드라마로 반전시킬 수 있다.

나이나 환경에 관계 없이 사람들의 성공 스토리는 우리가 잠시만 시간을 내서 검색해 봐도 많은 결과를 얻을 수 있다. 또한 세상이 말하는 물질적인 성공만이 모든 성공을 대변하는 것은 아니다. 물질적 성공은 마음성형에 있어서는 저절로 따라오는 부차적인 부분이다. 중요한 것은 우리 인생의 마지막 날까지 삶을 영위하는 것에 있어서 마음성형을 하기에 지금이 가장 좋은 시기라는 것이다.

2. 마음성형은 나 자신이 직접 하는 것이다

마음성형은 나 자신이 나에게 직접 할 수밖에 없다. 이것은 어떤 관점에서 보면 살짝 안타까운 부분도 있다. 내가 나의 자녀들이나 내가 사랑하는 사람들에게 마음성형을 해 줄 수 있다면 얼마나 좋을까? 하는 생각도 있다. 하지만, 모두 각자의 마음성형은 자신 스스로 할 수밖에 없다. 그리고 곧 이것이 얼마나 큰 장점인지 깨닫게 되는 순간이 올 것이다. 그렇다면, 마음성형을 하면서 타인에게는 어떠한 영향력도 줄 수 없는가? 그렇지 않다. 오히려 지금보다 훨씬 커다란 영향력을 발휘하게 될 것이고, 나 자신의 마음성형을 하면서 내 주변과 타인에게 사랑과 감사의 에너지를 통해 큰 감동을 흘려보내게 될 것이다.

3. 모든 것을 그대로 받아들인다

나의 경우에는 모든 것을 그대로 받아들인다는 것이 처음에는 쉽지 않았다. 우리는 모두 각자의 마음의 안경을 통해 세상을 바라본다. 그러다보니 동일한 상황, 동일한 환경, 동일한 사람을 보고도 자신만의 다른 해석이 나올수 밖에 없다. 다양한 개성을 추구하는 것에 있어서 다양한 관점은 환영할 만한 것이다. 그러나 지금 우리는 새로운 마음의 안경을 쓰려고 한다. 그래서 지금보다 더 만족할 만한 결과를 내려고 이 책을 쓰고, 또 읽고 있다. 그렇기 때문에 우리는 모든 상황과 환경, 사람 등 모든 것을 어떠한 프레임도 씌우지 말고 그대로 받아들이는 훈련들이 필요하다. 가능하다면, 같은 상황과 환경, 사람 등에서 받아들인 내용들을 가족이나 친한 친구들과 공유해 보는 것도 좋은 방법이다. 있는 그대로 받아들인다고 노력했음에도 차이가 있는 부분들이 있을 것이다. 이것은 매우 자연스러운 일이다.

4. 마음성형을 잘하고 있는지 걱정할 필요 없다

오늘 아침에 눈을 떴을 때 기분이 어땠는가? 기분이 좋았는가? 간밤에는 어떤 꿈을 꾸었는가? 어린시절 어디선가 읽었던 누군가의 대사가 꿈에 대해서 오래도록 좋은 감정을 느끼게 해 주었다. '달콤한 꿈에서 깨었다면, 조금 아쉽겠지만, 그 꿈으로 인해 행복을 느낄 것이고, 악몽에서 깨었다면, 그것이 꿈이라 다행이라고 생각해서 행복할 거야' 정확한 대사는 기억나지 않지만 이런 내용이다. 즉, 어떤 꿈을 꾸었는지는 중요치 않다는 것이다. 그것을 대하는 나의 결론은 행복이다.

마음성형도 같은 맥락이다. 앞으로 우리가 어떤 일을 겪게 되는지는 모른다. 우리는 어떠한 경우에도 행복과 평온함을 느끼게 될 것이기 때문이다. 이것은 현실을 파악하지 못하는 정신의 병이라던가, 요즘 흔히 쓰는 단어로 자신이 원하는 결과를 이루어내지 못했지만, 자책감에서 벗어나기 위해 자신을 정당화시키는 '정신승리'와는 다른 것이다.

우리는 앞으로 그 어떠한 때보다 더 현실을 정확하게 파악하고 바라보게 될 것이고, 그 안에서 이전에는 느끼지 못했던 사랑과 감사와 따뜻함 등을 느끼고 증폭시키게 될 것이다. 그럼에도 나 자신이 마음성형을 잘하고 있는지 걱정이 든다면? 아침에 눈을 떴을 때 어떤 기분인지 느껴보면 된다.

어린 시절 소풍날 아침을 생각해 보자. 나의 경우는 하나 더 추가해서 군 복무 시절 휴가 나오는 아침을 떠올린다. 좋은 친구들과 여행을 떠나려고 하는 아침은 어떤가? 결혼식 당일 아침은? 회사를 창업하거나 가게를 처음 오픈한 첫 날 아침은?

우리가 어떤 순간에서도 평온함과 만족감을 느낀다면, 우리는 잘 하고 있는 것이다. 마음성형에는 속도도 없고, 경쟁도 없다.

5. 나는 무엇을 알고 있는가?

누군가가 당신과 나에게 지금까지 알던 것과는 다른 전혀 새로운 것을 말해 준다면, 우리는 큰 관심을 갖게 될 것이다. 최근에 내가 인터넷에서 본 영상 중에 잠깐 흥미를 끌게한 것은 '지구가 평평하다고 믿는 사람들의 모임'이다. 당신은 어떤가? 이전에 이런 것을 들어 본 적이 있는가? 중세시대 사람들의 모임이 아니다. 지금 우리와 같은 현재를 살아가고 있는 사람들이 만든 모임이며, 자체적으로 꽤 규모가 큰 학회를 진행하고, 토의하고, 인터넷 방송국을 운영하며, 그 안에서의 세력적인 다툼도 이슈가 될 정도이다.

그뿐인가? 이 세상에는 이상한 논리를 믿는 사람들이 꽤 있다. 말 그대로 사실이 아닌 것 말이다(지구가 평평하다는 것 말이다).

당신과 나. 우리들 모두는 서로가 아는 것이 다르고, 자라온 환경과, 좋아하는 것, 싫어하는 것, 믿는 것과, 믿지 않는 것이 다를 것이다. 그러나 우리는 서로를 존중하고, 의견을 나누고, 서로 사랑할 수 있다. 그 어떠함과 상관없이 말이다. 혹 당신이 지구가 평평하다고 믿는다 할지라도 말이다. 이것은 마음성형의 과정에 있는 나의 진심이다.

우리의 마음은 새로운 것에 흥미를 느낀다. 하지만, 결국 마음의 항상성(일정한 성질을 유지하려는 성질)을 통해 이전과 비슷한 선택을 하고, 과거와 같은 결론을 반복한다.

마음성형은 보다 근원적인 것들을 변화시키는 것이다. 그러나 기존에 있는 마음들의 저항이 변화를 싫어하게 된다(저항에 대해서는 뒷부분에서 자세하게 다룰 예정이다).

마음성형은 특정한 종교나 교리를 믿으라고 하지 않는다. 무엇이든 강요하지 않는다. 우리는 우리 스스로 가장 좋은 길을 선택해 나갈 수 있는 권리와 힘을 갖게 될 뿐이다. 그렇기 때문에 지금 우리가 '알고 있다'라고 생각하는 마음이나 믿음 자체를 잠시 내려놓는 자세가 필요하다.

나는 나 자신의 마음성형을 진행하면서 예전에 읽었던 책들을 다시 읽고 있다. 분명히 읽었던 책들이 이전과는 매우 다르게 다가온다. 물론 같은 책을 여러 번 읽으면 읽을 때마다 새로운 책들이 있긴 하다. 하지만, 몇 번의 마음성형 이후에는 과거에 읽었던 책, 내가 알고 있다고 생각했던 지식, 사람, 상황 등에서 모든 것이 새롭게 다가온다.

마음성형 이후에는 이전과는 다른 관점의 학습이 시작될 것이다.

6. 가장 먼저 자신의 마음을 챙겨라

자신의 마음을 가장 먼저 챙기라는 것은 이기적인 발상이 아니다. 마음성형은 오직 자신이 직접 해야 하는 것임을 우리는 이미 알고 있다. 나 자신이 나의 마음을 가장 먼저 돌보아야 한다. 때론 나의 마음에 날카로운 수술용 칼과 같은 것을 스스로 들이밀 때도 있을 것이다. 그것이 회복을 위한 길이라면, 그렇게 하는 것도 좋다. 그러나 우리의 마음은 슬픔을 즐길 때도 있다. 그것은 단순한 감정의 중독일 뿐이다. 우리는 마음성형의 과정에서 그 또한 분별해 낼 것이다. 우리가 정말 사랑하는 사람이 마음성형이 필요하다는 생각이 든다면, 우리는 그를 도와줄 수 있다. 하지만 우리 자신의 마음성형 과정에서는 온전히 자신의 것으로 받아들여라. 나 이외의 사람을 떠올리며, '어? 이건 그 친구 얘긴데?', '그래~ 이 부분은 꼭 걔한테 말해 줘야겠어.'라고 생각하지 말라. 이후에 가족이나 지인들과 소그룹을 꾸며 마음성형의 효과를 증폭시킬 수 있는 도구들에 대해서 살펴보겠지만, 본질보다 중요한 도구는 없다. 우리의 가장 큰 본질은 나 자신의 마음을 성형하는 것이다.

7. 모든 세포를 열어 받아들인다

모든 세포를 연다는 표현은 내 인생의 연금술사인 멘토가 자주 표현했던 말이다. 그리고 이후에 각종 심리학, 생리학 서적 등을 통해 이 표현을 뒷받침해 줄 만한 내용들을 연구하는 과학자와 자료들이 많은 것을 확인할 수 있었다.

이 표현의 탁월함은 먼저 상상력이라는 측면에서 볼 수 있는데, 내가 머릿속의 이미지나 영상을 통해 나의 모든 세포가 어떤 학습이나 내용을 받아들인다는 상상만으로도 흡수율이 엄청나게 올라가는 것을 느낄 수 있다. 간단한 실험을 통해서도 이 느낌을 받을 수가 있는데, 지금 잠시 이 책을 덮고, 자신이 가장 좋아하는 노래의 한 소절을 불러 보라. 한 소절을 부르고 다시 책을 폈다면, 이번에는 방금 부른 노래의 한 소절을 동일하게 부르되, 상상으로 그 노래에 들어가는 악기들을 함께 연주하면서 그 위에 노래를 얹어 보자. 차이가 느껴지는가? 아마 당신이 평소에 노래를 좋아하거나, 노래를 잘 하는 사람이라면, 이미 처음에 노래를 불렀을 때 상상을 통해 악기를 연주하고 있었을 것이다.

이것은 노래뿐만이 아니라, 우리가 먹는 음식에도 적용할 수 있다. 물 한 잔을 마시면서도 이 물이 입과 식도를 통해 위장을 거쳐 영양분과 혈액이 되어 온 몸에 퍼져나간다는 상상을 매번 한다면, 우리의 몸이 얼마나 건강해질 것인가?

이 표현의 두 번째 탁월함은 모든 세포에도 마음이 있다는 것을 내포하고 있음이다.

일반적으로 마음은 뇌의 작용이라고 알려져 있었다. 과거형으로 표현한 것은 최신의 뇌과학 리서치와 관련 서적들을 보면 마음은 뇌의 작용뿐 아니라, 각종 장기에도 포함되어 있다는 증거들이 속속 드러나고 있기 때문이다. 장기 이식 수술을 받은 사람이 이전과는 다른 성격, 다른 행동 패턴들을 보인다는 사례들은 손쉽게 찾아볼 수 있는 내용들이다.

심지어는 우리의 마음은 우리 몸 밖에 있다고 하는 주장들도 있다. 여기까지 좋다. 이 부분의 사례나 출처들을 세세하게 표현하지 않은 이유는 가볍게 넘기고 싶기 때문이다.

우리에게 중요한 것은 우리의 모든 세포에 마음이 있다는 사실이다.

그렇다면, 모든 세포를 열어 받아들인다는 것은 무엇인가? 우리의 놀라운 상상력들을 통해 세포들을 활성화시켜서 세포가 열리고, 그 각 세포가 품은 마음들을 함께 열어서 마음성형을 받아들이는 것이다.

이것은 우리가 앞에서 살펴본 우리의 마음밭을 좋은 땅으로 변화시켜줄 것이다.

8. 특정한 결과에 집착하지 않는다

다음 장에서부터 우리는 자신의 목표를 잡고, 마음성형을 위한 도구들을 하나씩 익히면서 훈련해 나갈 것이다. 마음성형에서는 훈련이 실전이고, 실전이 훈련이다. 그 과정에서 크고 작은 목표들을 잡게 될 것인데, 우리 마음의 습관들은 자신만의 결과를 고집하는 경우가 있다. 그리고, 자신의 결과의 그림과 현실이 다르게 나타날 때 실망하는 경우가 발생하는데, 그럴 필요가 없다라는 당부를 해 주고 싶다.

또한 목표를 향해 가는 과정에서 결과에 집착한 나머지 본질이 흐려지는 경우도 발생할 수 있다. 마음성형에서는 물론 결과도 중요하지만, 그 과정 자체가 하나의 결과물이다. 이것은 앞서 말한 꿈에 대한 태도와 일맥상통한다. 전날밤 꾼 꿈이 달콤한 꿈이었든, 악몽이었든 관계 없이 꿈에서 깨어난 이후의 나는 평온한 만족을 얻을 수 있는 것이다. 또한 마음성형은 우리가 '영혼, 참 나, 진정한 자신'이라고 부르는 본질적인 나의 목적을 이루도록 도와주는 과정인데, 내가 진정으로 원하는 것으로 가는 과정에서 마음의 습관들이 우리에게 혼란을 줄 수 있기 때문이다. 이 길의 끝에는 결국 우리가 온전히 만족할 만한 것들이 있는데, 경유지에서 의심하고, 마음을 졸이는 모습을 생각해 보라. 결과물에 연연하지 않고, 현재를 온전하게 즐길 때, 우리는 가장 좋은 것을 얻게 될 것이다.

　나의 경우에도 과거에 업무에 있어서 결과물을 중요시하는 사람이었다. 그런 성향이 지금 완전히 달라진 것은 아니다. 다만 마음성형을 통해 결과물을 바라보는 관점이 달라진 것뿐이다. 온전히 본질에 다가서서 기쁜 마음으로 모든 것을 맞이하고 있다.

마음성형은 당신에게 그 무엇이든 강요하지 않는다고 이미 말한 바 있다. 그리고 그럴 수도 없다. 자신의 마음성형은 자신이 직접 하는 것이기 때문이다. 우리는 잠시 우리가 (알고 있다)라고 생각하는 것들을 잠시 내려놓고, 상상력을 통해 우리의 모든 세포와 각 세포의 마음 문을 열고 편안하게 받아들이면 되는 것이다. 이것이 우리가 해야 할 일의 전부이다. 그 과정에서 누군가의 얼굴을 떠올릴 필요도 없고, 잘하고 있는 것인지 걱정할 필요도 없다. 오직 자신의 마음만 챙기면 된다. 그리고 이 모든 것을 하기에 지금, 이 순간이 너무나 좋은 때가 아닌가.

2부

마음성형의
도구

I
목표 설정

　마음성형을 시작하는 과정에서 제대로 된 목표를 설정한다는 것은, 우리가 인생에서 정말로 원하는 것이 무엇인지, 어떤 것이 진정으로 필요한 것인지 깨닫게 해 준다. 목표를 명확하게 수립해야 한다는 것은 많은 사람들이 공감하는 바일 것이다. 진짜 목표가 세워지면, 그 목표는 우리를 이끌어 주는 원동력이 된다. 이것은 과거의 나와 당신이 종종 목표를 이루지 못했던 것은 그것이 우리의 진짜 목표가 아니었음을 깨닫게도 한다.

　이 장에서 우리는 두 가지의 진짜 목표를 세울 것이다. 첫 번째 목표는 이 책을 모두 읽고 난 이후에 세워야 할 당신과 나의 각자의 목표이다. 이것은 추후에 다시 나누도록 하고, 우리가 지금 주목해야 할 것은 이 책을 읽으면서 마음성형에 대해 깨달아 가고, 익히면서 세울 두 번째 목표이다.

　이 책에서 반복되는 표현 중에 하나일 것이다. 당신이 이 책을 읽는 시점에서는 이 책을 읽는 당신과, 이 책을 쓰는 나는 동일한 입장이다. 당신은 이 책을 구입했을 수도 있고, 선물 받았을 수도 있다. 혹은 누군가 구입해서 집에 있는 이 책의 제목에 흥미를 느껴서 펼쳐 보았을 수도 있다. 이 책을 어떻게 펼쳤는지 과정은 다를지라도, 이 책을 펼쳐서 우리가 기대하는 것은 제목과 같이 [마음성형]이다. 이 책을 읽는 당신도, 이 책을 쓰는 나도 현재의 시점에서는 우리 자신의 마음을 성형하는 것이 우리의 공통된 목표이다.

그렇다면, 마음이 성형되었다는 것은 어떻게 알 수 있는가? 그것은 누가 설명해 주지 않아도 스스로 알게 될 것이다. 우리를 둘러싼 환경과 상황이 전혀 변하지 않았음에도 우리는 이전과는 다른 행복의 조건들을 더 많이 찾아낼 수 있게 될 것이고, 그것을 적극적으로 누리게 될 것이다. 매일 만나는 사람들에게 더 많이 미소 지을 수 있게 될 것이고, 누군가를 시기하거나 미워하는 마음도 줄어들게 될 것이다. 스트레스와 부담이 덜어진 상태에서 이전보다 더 좋은 선택들을 이어 나가게 될 것이고, 결국은 그 좋은 선택들이 모여나 자신의 마음밭을 좋은 땅으로 변화시키게 될 것이다. 그 좋은 땅에는 좋은 선택들로 선별된 씨앗을 뿌려 30배, 60배, 100배의 소득을 얻게 될 것이다. 우리 각자의 첫 번째 목표는 그 좋은 땅 앞에서 세우는 것이 좋지 않겠는가?

나의 버킷리스트

십 년이 조금 넘은 시점인 듯하다. 「버킷리스트」라는 영화가 개봉되면서, 버킷리스트 작성하기가 유행을 일으킨 시절이 있었다. 이제는 그것이 거의 일반 명사화 되어서, 새해목표 혹은 누군가 개인적인 목표를 세울 때는 버킷리스트를 작성하곤 한다.

나는 실상 영화를 보지는 못했다. 다만 버킷리스트 작성에 관한 책을 보고, 그때부터 해마다 버킷리스트를 작성했던 것 같다. 새롭게 한 해가 시작되는 시점에서, 혹은 새로운 목표가 필요하다고 생각이 들때마다 거의 습관적으로 버킷리스트를 작성하곤 했다. 당신도 버킷리스트를 작성한 것이 있는가?

　나의 경우에는 일기장, 수첩, 한번씩 작성했던 노트들에서 버킷리스트들의 흔적을 발견할 수 있다. 어느날 과거의 버킷리스트 흔적을 발견하고, 깜짝 놀랐다. 그 이유는 매년 비슷한 버킷리스트들이 순서와 표현만 바뀌어서 나열되어 있고, 이루어진 것이 단 한 가지도 없었기 때문이다. 보통은 목표를 적어 놓고 나중에 다시 읽었을 때, 지금은 생각하지도 못했던 것들이 이미 이루어져 있어서 놀라고, 감사해야 하는 것 아닌가? 내가 읽었던 수많은 책들에서는 그런 것들이 일반적이었는데 말이다. 어떻게 이렇게 이루어진 것이 단 하나도 없는가? 어마어마한 목표들을 세운 것도 아니다. 체중감량, 외국어 공부하기, 여자친구 만들기, 친구들과 여행 떠나기 등 누구나 세울 법한 목표들이다. 무엇이 문제인가?

달성된 한 가지 버킷리스트

　2년 전쯤에 버킷리스트들 중에 한 가지를 이루었다. 그것은 체중감량, 다이어트이다. 당시 내 체중은 90kg을 웃돌고 있었는데, 내 버킷리스트상의 목표 체중은 항상 70kg 초반대를 가리키고 있었다. 목표 체중을 세운 기준은 군대에서 전역할 당시의 체중 수준이다(얼마나 건강하고 날씬했겠는가). 20대 후반과 30대를 지나오면서 지속적으로 80kg대를 유지했던 것 같다. 버킷리스트의 목표는 달라지지 않고, 실제 체중은 지속 상승하는 중이었다. 그리고 30대 후반에 드디어 90kg을 넘는 체중을 유지하게 된 것이다. 90kg이 웃돈다고 표현했는데, 당시 평균 체중이 95kg, 최고 체중은 96kg이었다. 이제 곧 세 자리 수를 기록할 수도 있는 시점이다.

결론적으로 나는 다이어트에 성공했다. 몇 년이 지난 기억이지만, 70kg 대로 진입하는 데 두 달 정도 걸렸고, 70kg 초반까지는 한 달 정도가 더 걸렸다. 총 세 달 정도에 20kg 이상을 감량한 것이다. 어떻게 그것이 가능했을까? 체중의 세 자리 숫자가 눈 앞으로 다가오니 갑자기 위기의식을 느꼈을까?

당시 나는 회사에서 새로운 프로젝트를 준비하고 있었는데, 그것이 다이어트 관련 프로그램이었다. 우리는 특정 제품과 계획표들을 통해 건강한 다이어트가 가능하다는 것을 이제 막 홍보해 나가려던 참이었다. 그런데, 상상이 가는가? 96kg의 건강하다 못해 뚱뚱한 사람이 다이어트에 관해 알려 주려는 모습이? 내 마음속에서 두 가지의 동기가 생겼다. 하나는 이 프로젝트를 진행하기 위해서는 내가 날씬해져야 한다는 것, 또 다른 하나는 이 프로젝트를 실험해 보는 것. 첫 번째 동기는 약하다. 많은 사람들이 날씬해지고 싶어한다. 나 또한 항상 그랬다. 그런데 가능했던가? 가능했다면, 10여 년의 시간동안 왜 이루지 못했던가? 두 번째 동기는 할 만하다는 생각이 들었다. 어떤 결과가 나오는지 스스로 증명해 볼 수 있을 것 같았다. 결국 나는 증명했고, 새로운 프로젝트는 성공적으로 진행되었다. 이후로 몇 년이 흘러서 현재는 70kg 중반대를 지속적으로 유지 중이다.

중요한 것은 여기서 내가 깨닫게 된 점들이다. 날씬한 몸매가 최종 목표이긴 했지만, 그것을 목표로 삼고 나갔다면, 다른 버킷리스트들과 같이 아직도 버킷리스트에 남아 있을 것이다. 나는 결과에 관계 없이 우리 팀이 세운 프로그램을 끝까지 해낸 이후 그 결과값을 측정하겠다는 것을 목표로 삼았다. 그래서 최종 목표를 달성할 수 있었던 것이다. 세상에는 다이어트에 성공한 사람이 많다. 이전의 나는 그런 사람들을 TV에서 보고, 그 사람이 무엇을 먹었는지에 대해 관심이 높았다.

육체의 건강에 있어서 이른바 '만병통치약' 같은 것은 없다. 당신이 혹시 체중감량이 필요해서, 내가 어떤 프로그램을 통해서 살을 뺐는지 궁금해할 수도 있다. 그러나 그럴 필요가 없다라는 것을 말해 주고 싶다.

좋은 땅 만들기

나의 다이어트에 있어서 당시의 나는 나 자신의 몸에 대해서 좋은 땅이 아니었다. 최종 목표가 날씬한 70kg대의 몸매를 만드는 것이 수년간의 버킷리스트였음에도 달성하지 못했으니 말이다.

그러나 나는 나의 일에 대해서 좋은 땅이었다. 그렇기 때문에 새로운 프로젝트를 증명해내기 위해 스스로 적용했고, 임무를 완수했다. 그리고 그것이 결국은 최종목표를 달성하는 강력한 무기가 된 것이다.

이제 왜 우리가 첫 번째 최종 목표는 우리가 이 책을 읽고, 마음성형을 진행하고, 마음성형을 통해 좋은 땅이 되는 두 번째 목표를 이루고 난 이후에 세워야 하는 것인지 이해가 될 것이다. 어쩌면, 우리의 첫 번째 최종 목표는 두 번째 목표인 [마음성형]을 이루고 난 이후에는 이미 이루어져 있을지도 모를 일이다. 그때는 더 큰 목표를 찾아볼 수 있을 것이다.

목적과 목표

'첫 번째 최종 목표를 목적으로 두고, 두 번째 [마음성형]의 목표를 말 그대로 목표로 두면 되지 않을까?'라고 생각할 수도 있다. 그럼에도 둘 다 목표라고 표현한 것은, 목표는 유동적이기 때문이다. 첫 번째 최종 목표는 여러 개일 수 있다. 사업에 성공하는 것, 건강해지는 것, 좋은 관계를 맺어 가는 것 등과 관련하여 자신만의 진짜 목표들을 세워 갈 수 있다. 모두가 같은 것을 원하는 것은 아니기 때문이다. 각자의 개성을 추구해 나갈 수 있다.

우리가 궁극적으로 이루어야 하는 것은 삶의 목적이다. 목적을 상실한 목표들은 단순한 '할 일 목록'이다. 삶의 목적은 우리가 스스로 세운다기보다는 우리에게 다가온다는 것이 더 맞는 표현인 듯싶다. 그렇기에 이 책에서는 진정한 삶의 목적들이 우리에게 다가올 수 있는 곳까지만 우리를 데려다 주는 것이 목표이다.

심장을 뛰게 할 목표(나의 스토리)

고장 나 버린 마음. 무엇을 하고 싶은지 알 수도 없고, 아무런 힘도 없다.

어느날 울컥 종이 위에 쏟아 낸 내 마음의 현주소였다. 너무나 잘 표현해서 더 이상의 표현이 없었다. 왜 이렇게 되어 버린 걸까? 왜 이런 결과가 되었을까?

화가 나고, 억울하고, 분노가 차올랐다. 심장의 무거움이 느껴지면서, 전신에 힘이 빠지고, 팔다리는 물을 머금은 솜처럼 무겁게 느껴졌다.

무슨 일이 있어서 이런 걸까? 무엇에 지쳐서 이런 걸까?

현실적으로는 아무런 일도 없다. 그저 평온한 일상들일 뿐이다. 그런데 왜 내 마음은 이 평온한 일상에서 고장이 나 버린걸까?

우리의 몸은 우리가 무엇을 먹고, 마시고, 어떤 활동들을 하느냐에 따라 건강이 결정된다. 사고를 당하지 않는 이상, 우리의 건강은 갑자기 나

빠지거나, 갑자기 좋아지는 것이 아니다. 어느날 병을 진단 받은 사람은, 그날 갑자기 병이 생긴 것이 아니다. 어떻게 우리 몸을 관리했느냐에 따라 건강이 결정된 것뿐이다.

우리의 마음도 마찬가지이다. 어느날 갑자기 마음이 고장 난 것이 아니다. 우리가 무엇을 보고, 듣고, 생각하고, 받아들이고, 거절했느냐에 따라 마음의 건강 상태가 결정되는 것이다. 나는 그동안 너무나 내 마음에게 해로운 것들을 받아들였던 것이다. 좋은 책, 좋은 말씀, 좋은 것들도 많이 보고 들었는데? 그런데 왜 이렇게 고장이 나 버린 것이지?

진정 내 마음의 밭을 돌보지 못했던 것이다. 좋은 것은 일부러 찾아서 보고, 찾아서 듣고, 어떻게든 받아들여야 하는데, 오히려 내 마음에 쓰레기들을 버리고, 돌밭과 같고, 가시떨기까지 무성하다 보니 손을 쓰기 힘든 지경까지 온 것이다.

마음챙김, 명상, 왓칭, 흘려보내기, 트랜서핑…… 읽어 보니 모두 좋은 내용들 같다. 여러번 읽었다. 오랜 세월에 걸쳐서 읽고, 또 읽었다. 그런데 왜 내 인생에서 내가 원하는 변화는 없어 보이는 것일까? 이런 것들이 모두 효과가 없어서 그런 것일까?

내 마음의 밭이 일부는 좋아졌지만, 일부는 그대로인 부분들을 보며, 결국 결과는 동일하고, 또 새롭게 뿌리는 씨앗들에 대한 기대감마저 사라진 순간. 모든 마음은 고장이 난 것 같아 보인다. 그래서 마지막 결심을 해 보았다. 이 밭의 쓰레기들을 모두 태워 버리자. 이 돌들을 모두 부숴 버리고,

골라내서 내다 버리자. 길가와 구별되지 않은 마음의 밭들에 경계를 세우고, 이것이 나의 마음임을 알아보자. 좋은 땅이 될 때까지 갈아 엎어 보자. 그 이후에…… 좋은 땅이 된 이후에 새로운 씨앗과 종자를 심어 보자. 그 결과는 내 손에 달린 것이 아니다. 30배, 60배, 100배라고 했지만, 그 결과는 모르는 것 아닌가? 내가 할 수 있는 것은 결과를 조절하는 것이 아니다. 나의 목표는 좋은 땅을 만들어 새로운 씨앗을 심고, 잘 자라날 수 있게 물을 주고, 또 잡초가 생기면 뽑아 주고, 관리하면 되는 것이다.

결과에 집착하지 않으니 고장난 듯 아무것도 하고 싶지 않았던 마음이 다시 움직인다. 아직 씨앗을 심을 단계는 아니다. 길가와 나의 마음밭을 구분지었고, 구분된 나의 마음밭 안에서 돌을 고르고, 가시떨기들을 태워 가는 중이다. 예전 같으면, 빠르게 씨앗을 심어서 풍성한 결과만을 얻을 생각에 새로운 가시떨기들을 키웠겠지만, 지금은 내 손에서 결과를 떠나보내놓으니, 현재의 작업에 충실하게 된다. 그렇게 마음을 쉬게 해 주고, 보살펴 주니 회복되어져 감을 느끼게 된다.

아직도 마음의 밭을 갈아 엎는 중이지만, 어떤 씨앗을 심게 될지 벌써 기대가 된다. 결과만을 중요시하던 때의 잘못된 기대와 다른 종류의 기대이다.

좋은 땅. 나 자신의 마음을 성형하여 만드는 목표.

이것이 나의 심장을 떨리게 한다.

목표의 선택

진짜로 원하는 것

학창시절 그런 노래가 있었다. '네가 진짜로 원하는게 뭐야?' 강력한 사운드에 계속 제목과 같은 문구를 반복하는 노래였는데, 찾아 듣는 노래가 아니었음에도 가끔씩 생각이 난다. 계속적으로 쏟아내는 동일한 질문의 반복 때문인 듯하다. 그래서, 진짜로 당신과 내가 원하는 것이 무엇인가? 우리는 가장 먼저 그것을 찾아내야 한다. 그렇다. 이것은 찾는 것이다. 없는 것을 만들어내야 하는 작업이 아니다. 재료를 가지고 완성해야 하는 것도 아니다. 단지 우리는 우리가 진짜로 원하는 것을 찾아야 한다.

당신과 나를 포함한 많은 사람들이 자신이 진짜로 원하는 것을 잘 모르는 듯하다. 만약 당신이 자신이 진짜로 원하는 것을 알고 있다면, 이미 상당히 좋은 땅에 가까운 마음을 소유하고 있는 사람일 것이라 생각한다. 자신이 진짜로 원하는 것을 알고 있는 사람은 이미 그 목표에 상당히 근접해 있는 사람이다.

자신이 진짜로 원하는 것을 아직 잘 모르겠더라도 마음 졸일 필요는 없다. 아까 말한 것처럼, 목표는 그것을 찾는 것이다. 지금 바로 찾을 수도 있고, 나중에 '아~ 이것이 내 목표였구나'라고 깨달을 수도 있다. 우선은 급하게 생각하지 말자. 적어도 우리는 우리가 바라는 것은 알고 있고, 지금은 첫 번째가 아닌, 두 번째 목표. [마음성형]이라는 목표가 있으니 말이다.

그렇다면, 진짜 목표를 찾은 사람은 진짜 목표를, 혹은 진짜로 원하는 목표까지는 아니더라도 당신이 바라는 것을 [마음성형]을 통해서 이루고 싶은 것이 있다면, 한 가지 혹은 두 가지 이내로 적어 보도록 하자. 목표 옆에 오늘의 날짜를 적어서 확인해 두면 좋을 것이다.

첫 번째, 너 자신을 알라

자, 이제 당신과 나는 우리 각자의 목표. 혹은 자신이 바라는 것을 적어 두었다.

이제 이 목표를 대하는 당신과 나의 마음자세 혹은 태도에 대해 살펴보자. '너 자신을 알라'는 말을 당신도 들어 본 기억이 있을 것이다. 나의 경우는 초등학교 도덕 시간에 소크라테스에 대해 배우면서 들었던 기억이 난다. 소크라테스에 대해 배웠다고 하지만, 기억나는 것은 소크라테스는 고대 그리스의 유명한 철학자였는데, 사람들에게 '너 자신을 알라'라는 가르침을 설파하다가 왕에게 미움을 사게 되어 '악법도 법이다'라는 말을 남기고 사약을 받아 죽었다는 것이었다. 이 얼마나 황당한 스토리인가? 내가 잘못 배운 것인가? 그렇다면, 그것은 내 잘못이다. 여기서 어린시절 공교육의 중요성에 대해서 강조하고 싶은 부분은 자제하도록 하겠다. 가장 중요한 것은 '너 자신을 알라'를 어떻게 받아들였느냐는 것이다(심지어 이 말을 한 것은 소크라테스로 알려져 있었지만, 아닐 수도 있다).

내가 처음 이 말을 접했을 때 받은 교육은 겸손하라는 것이었다. 이것까지는 좋다. 그런데 이후가 문제이다. 당시에 내 또래에서 유행했던 것 같은데, 예를 들어 한 친구가 '나는 과학자가 될 거야'라고 한다면, 주변의 친구들이 '너 자신을 알아야지)라고 희화화 했던 것 같다. 더 나아가 이런 놀림도 있었다. '국어를 배웠으면, 주제를 알고, 산수를 배웠으면, 분수를 알아야지' 산수가 수학으로 바뀐 지 오래지만, 당시의 느낌을 살려 그대로 적어 두었다.

정말 얼마나 최악의 농담인가? 그런데 더 최악이 무엇인지 아는가? 나 또한 저 농담을 기억해 두고 가끔은 써먹었다는 것이다.

당신과 나는 모두 겸손할 필요가 있다. 사실상 우리는 이 광활한 우주의 아주 작은 부분도 알지 못한다. 지구의 자연 앞에서, 아직도 탐구 되지 못하고, 이해하지 못한 것들이 얼마나 많은가? 이 세상의 원리와 이치를 깨달았다는 사람을 보았는가? 대부분의 경우 가장 조심해야 할 사람이다. 그러나 겸손 이전에, 정말로 당신과 나 자신이 어떤 존재인지를 알아야 한다. '너 자신을 알라'는 것은 또 다른 가능성으로 해석되어져야 한다.

당신과 내가 적은 첫 번째 목표를 지금 한번 읽어 보자. 어떤가? 이룰 수 있을 것이라는 생각이 드는가? 혹시라도 당신 주변에 당신의 목표를 이미 이룬 사람이 있는가? 혹은 주변이 아니더라도 유명인이라도 상관없다. 드물겠지만, 당신의 목표가 아무도 이루어낸 적 없는 것일 수도 있지 않은가? (인류 최초로 달에 발을 디딘 사람도 있다.)

다시 우리의 느낌에 주목하자. 목표를 이룰 수 있을 것이라는 생각이 드는가? 이루어졌으면 좋겠다는 생각인가? 확실하게 이룰 수 있다는 확신인가?

[마음성형]의 도구에서 목표 설정이 필요한 대목이 바로 이 지점이다.

솔직히 고백하자면, 이전의 나는 버킷리스트, 혹은 목표들을 적어 두고, 이루어졌으면 좋겠다라는 생각은 했지만, 확신을 가진적이 없다. 그저 바라는 것들의 목록이었던 것뿐이다.

쉬운 비유를 들어 보자면, 목표들이 온라인 쇼핑몰 상의 상품들이라 생각해 보자. 우리는 그 쇼핑몰에서 우리에게 맞는 목표들을 찾아서 장바구니에 넣는다. 그리고 끝이다. 그 목표들은 영원히 우리에게 배달되지 않는다. 왜? 실제로 결제를 해야 올 것 아닌가?

이 비유에 대해 결제 부분에 대한 의견이 분분하다. 이것은 당신과 나의 실제적인 행동을 의미하는가? 혹은 정신적인 에너지 차원의 집중이 필요한가? 나의 결론은 이렇다. 결과를 얻기 위해 필요한 모든 활동이 필요하다. 그것이 실제적 행동이건, 정신적인 집중이건 말이다. 단순하게 생각하면 당연한 것 아닌가?

이 단순한 것을 깨닫기 위해 정말 오랜 시간이 흘렀다. 당신은 바로 이해할 수 있기를 간절히 소망한다.

우리가 [마음성형]을 하는 목적, 이 책을 쓰고 읽는 목적, 우리 자신의 목표를 찾고 이루는 이유는 게으름뱅이를 위한 것이 아니다. 오늘도, 지금 이 순간에도 얼마나 많은 사람들이 자신의 삶의 현장에서 치열하게 살아가고 있는가? 그럼에도 또 얼마나 많은 사람들이 학습된 무기력감과 해도 안 된다는 절망에 빠져서 좌절하고, 낙망하고, 좋지 않은 선택들을 이어가는가?

당신과 나의 목표를 이루는 것에 있어서 첫 번째 필요한 덕목은 '결단'이다.

이제는 더 이상 미룰 필요가 없다. 목표의 결제 버튼을 누르는 것이 바로 결단이다. 결단은 상황과 환경에 따라 좌지우지되는 것이 아니다. 목표의 쇼핑몰을 떠올려 보라. 결제 버튼을 눌러서 실제 결제가 진행되었는데, 내가 선택한 것이 오지 않는 경우가 있는가? 물론 그런 경우가 있다. 품절이 되었을 수도 있고, 배송 중에 사고가 나는 경우도 있다. 그러나 결단을 철회하지 않는 이상 주문과 배송과정이 멈추지 않는다.

두 번째로, '너 자신을 알라'

'너 자신을 알라'를 또 다른 가능성으로 해석되어져야 한다고 앞서 말했다. 그래서 이미 내가 목표한 바를 이루어 낸 사람들을 참고하면 좋은 것이다. 그들은 나와 무엇이 동일하고, 무엇이 다른가? 목표를 성취해 낸 사람과 성취하지 못한 사람들은 어떤 차이가 있는가?

지능지수? 부모님에게 물려받은 재산? 지식수준?

똑똑한 사람만이 성공하는가? 모든 똑똑한 사람이 성공했는가? 물려받은 재산과 좋은 학벌은 성공을 보장해 주는가? 우리가 자수성가형으로 성공한 사람들 몇 사람만을 떠올려봐도 꼭 그렇지만은 않다는 것을 스스로 알 수 있을 것이다. 그렇다면, 시대를 잘 타고 태어나야 하는가?

모든 성공한 사람들. 혹은 자신의 삶에서 목표를 성취하는 사람들은 특별한가? 당신과 나와 다른 사람들인가? 그렇지 않다는 것을 온 세포로 받아들이길 바란다(너 자신을 알라).

인간의 기본값은 성공하도록 설계되어져 있다는 말을 들어 본 적이 있는가? 설계 자체가 성공할 수 밖에 없게끔 되어 있다는 것이다. 그런데, 그 자신의 기본값을 얼마나 많은 사람들이 스스로 흐트려 놓았는가? 최소한 기본값으로만 돌려놔도 성공한다. 성공이라는 것의 저마다 의미는 다를 테니, 당신과 나는 첫 번째 목표의 성취라는 것에 더 집중하도록 하자.

세 번째로, 네 믿음대로 될지어다.

그렇다. 우리는 우리가 믿는 바로 그것을 받게 될 것이다. 지금 다시 한번 첫 번째 목표를 살펴보자. 당신과 나는 우리의 목표를 받지 못한 것이 아니라, 받지 않은 것은 아닐까?

반대의 경우를 생각해 보자. 우리가 특정 대상에게 무엇인가를 주고자 할 때, 상대방이 받지 않은 경우가 있었는지 말이다. 나의 경우에는 부모님이 그런 경우가 있다. 나는 아들로서 부모님에게 최선을 다하려는 마음을 갖고 있다. 그렇기 때문에 여건이 허락하는 대로 가족 외식도 자주 하려 하고, 부모님을 모시고 여행을 간다거나, 여행을 보내드리고 싶은 마음들이 있다. 물론 부모님도 그런 것을 좋아하신다. 그러나 간혹 조금 비싸다 싶은 식당을 가려고 한다거나, 더 좋은 것을 해 드리려고 할 때는 받지 않으려 하신다. 그 마음은 이해가 간다. 자식이 힘들게 번 돈이라 생각하시기 때문이다.

다시 우리가 받지 않은 경우가 있는지 생각해 보자. 잘 생각해 보자. 우리는 정말 받지 못한 것인가? 아니면 받지 않은 것인가? 목표를 이루지 못한 것인가? 목표를 이루지 않은 것인가?

목표를 향한 특정한 행동을 하라고 부추기는 것이 아니다. 당신과 내가 어떤 것을 믿고 있는지 탐구하려는 것이다. 우리는 우리의 목표를 이룰 것이라고 믿는가? 결단은 그 어떤 상황과 환경에 관계없이 이루어내겠다는 의지이다. 그것은 믿음과 결부되어야 한다. 믿음은 단지 바라는 것이 아니다. 성경에서도 믿음은 바라는 것의 실상(실체)라고 했다.

목표가 이루어진다는 것도 믿음이고, '이루어질까? 과연 될까? 정말 될까?'의 종류는 시간을 지연시키는 것들인데, 눈에 보이는 실체는 없는 것이고, 목표가 이루어지기 힘들 것이라는 것도 믿음의 종류이다. 결국 우리가 믿지 않는 것은 없다. 각자가 믿는 것을 선택할 수 있는 것이고, 그 믿음대로 되는 것이다. 당신과 나는 어떤 믿음을 선택할 것인가?

우리는 무엇을 할 수 있고, 무엇을 할 수 없는가?

인간에게는 무한한 잠재력과 잠재의식의 힘을 통해 그 능력의 한계가 없고, 무엇이든 할 수 있다는 말을 읽거나 들어 본 적이 있을 것이다. 나 또한 그 말에 공감한다. 다만 그 범위의 해석에 대해서는 다른 의견을 가진다. 또 어떤 형이상학적 내용을 다룬 책들에서는 나 자신이 [신]이라고 한다. 성경에서도 하나님이 자신의 형상을 따라 지은 것이 인간이라고 했으니, 우리는 신의 자녀이고, 자녀란 부모의 본질을 따라가기 때문에 우리가 [신]이라는 것이다. 그래서 우리의 참 자아, 진짜 자신, 진정한 나를 찾아야 한다. 그 또한 공감한다. 그러나 마찬가지로 그 범위의 해석에 대해서는 다른 의견을 가진다.

우리는 우리의 믿음대로 할 수 있는 일이 있고, 할 수 없는 일이 있다. 또한 자신의 목적과 목표에 따라 해야만 하는 일이 있고, 해서는 안 될 일들이 있다.

목표의 설정과 성취에 대해 나누는 과정 중에서 우리가 [신]이냐, 아니냐를 놓고 논쟁하고 싶지는 않다. 그럼에도 지금 이 시점에서 이 이야기를 꺼내든 것은, 이분법적인 사고를 통해서 맹목적으로 읽혀지는 모든 것이 진리라고 생각하거나, 혹은 모두 새빨간 거짓말이기 때문에 모두 쓰레기통으로 버려질 필요는 없다는 것이다. 나 또한 우리의 영혼과 관련된 개인적인 믿음과 탐구를 즐거운 마음으로 행하고 있다. 이것은 나 개인의 믿음이다.

다만 우리는 우리의 두 번째 목표 [마음성형]에 대해 알아보고 있는 것이다. 육체와 마음과 영혼은 모두 이어져 있고, 서로에게 긴밀한 영향을 끼친다. 그러나 영혼의 영역에 관해서는 우리 각자가 탐구해 나아가야 할 범위이다. 서로의 믿음을 보여 줄 수는 있어도, 강요할 수 없는 부분이기 때문이다.

당신과 나는 이 책을 통해 각자의 믿음을 볼 수 있을 것이다. 그리고 자신의 목표를 이루어가도록 하자.

에너지(의식) 수준 끌어올리기

하루에 아르바이트를 7개씩 하면서, 아르바이트만으로 3억 5천만 원의 빚을 10년간 청산한 사람을 알고 있는가? 어느 날 우연히 이분의 사연을 시청한 적이 있다. 그의 이름을 모르더라도, 은행 창구에서 마지막 빚을 송금하면서 눈물짓던 그의 모습을 본 사람은 꽤 많을 것이다. TV에도 여러 번 출연했고, 자신의 경험담을 책으로 저술하기도 했다. 그런데, 최근에 안타까운 소식을 접하게 되었다. 그가 몇 년 전에 대장암으로 세상을 떠났다는 소식이었다.

목표를 달성해 가는 과정에서도, 인생의 전반적인 분야에서도 우리는 자신의 에너지를 잘 관리해야 할 필요가 있다. 에너지는 만물의 원동력이다. 우리는 자신만의 기본적인 에너지를 갖고 태어난다. 이후에는 우리 스스로가 그 에너지들을 어떻게 관리하느냐에 따라 에너지가 흘러넘치기도 하고, 소진되기도 한다.

처음에 이분의 스토리를 들었을 때는 정말 놀랍다는 생각을 했다. 인간의 의지란 정말 대단한 것이구나. 아직도 이분의 인생을 통해 배울 것이 많다는 생각이 든다. 다만 안타까운 것은 자신의 목표에 치중한 나머지 목적 자체를 생각 못하고 놓쳤던 것은 아닌가라는 추측 때문이다. 하루에 7개의 아르바이트를 10년 넘게 하고, 빚을 갚은 이후에도 그 생활을 이어갔다고 들었다. 그러다보니 자연스럽게 불규칙한 식사와 부족한 수면의 패턴이 자리잡은 것은 아닌가? 물론 이것은 모두 추측이다. 돌아가신 분에 대해 이러고저러고 평가하는 것도 아니고, 그분의 인생을 통해 배우고자 하는 것이다.

예전의 나, 그리고 현재의 많은 사람이 나이 먹는 것을 두려워한다. 그래서 왕성하게 경제 활동을 하는 동안 연금 저축을 하고, 노후 대비를 하는 사람들이 많다. 저축이나 노후 대비를 하는 것은 긍정적인 일이다. 그러나 이것이 너무 왜곡되지는 않았는가?

(100세 시대를 맞아 65세에 은퇴하면, 남은 35년 동안 한 달에 얼마의 돈이 필요하느냐, 몇 억 원이 필요하다.)

그러나 그것이 너무 돈이라는 에너지에 편중되었다는 것이 왜곡의 시작이다.

우리, 특히나 현대를 살아가는 모든 이들에게 돈이라는 에너지는 중요한 자원이다. 나 또한 한때는 그 누구보다 돈이라는 에너지가 모든 것을 대체할 수 있을 것이라고 헛된 꿈을 꾸었던 적이 있었기 때문에, 이것이 얼마나 중요한 자원인지를 뼈저리게 알고 있다. 아직도 그 속성이 어딘가에 남아 있을지도 모를 일이다.

그렇기 때문에 목표 달성의 파트에서 에너지의 의식 수준을 끌어올릴 [마음성형]이 필요한 시점이다.

많은 사람이 돈의 에너지에 관심을 집중한다. 돈을 벌기 위해 직장을 다니고, 돈을 벌기 위해 사업을 하고, 돈이 있으면 행복해질 것으로 생각하고, 돈이 모든 문제를 해결해 주리라 생각한다. 이것은 모두 [마음성형]을 하기 전의 내 생각들이다.

이런 형태의 의식 수준에서는 오히려 돈의 에너지를 획득하기가 더 힘들 것이다. 마음의 밭이 돌과 가시떨기로 무수한 수준의 밭에 씨앗을 뿌려 봐야 거두어들이는 것은 거의 없는 상태이기 때문이다.

불편한 도전

마음이 성형되지 않은 많은 사람이 도전이나 변화를 싫어하는 경향이 있다(항상 많은 사람이라는 표현을 할 때는, 나 자신을 우선하여 표현한 것임을 밝혀 둔다). 당신은 주변에 끊임없이 도전하는 사람을 보았는가? 혹은 변화에 민감하고, 긍정적인 변화를 항상 추구하는 사람들을 본 적이 있는가? 그들을 자세히 관찰해 보고, 열정의 근원이 어디인지를 살펴보라. 열정의 근원이 돈으로부터 나오는 사람은 좋은 결과를 얻기 힘들다. 끊임없이 마실수록 더 갈증이 더해지는 바닷물을 들이키는 것과 같은 원리이다.

오해가 없기를 바라는 것은, 돈이라는 에너지 자체가 나쁘다고 표현하는 것이 아니라는 점이다. 다만 그것을 바라보는 시선과 마음의 왜곡들로 인해서 '돈=에너지' 자체가 아니라 '돈을 바라보는 마음'의 의식 수준이 전체적으로 낮아졌음을 말하고 싶은 것이다.

돈이라는 것은 교환 에너지의 수단이다. 우리는 돈으로 식재료나 음식을 사서 먹는다(생명 에너지). 돈으로 월세를 내거나, 집을 사서 거주하고(생존

에너지), 갖고 싶은 물건을 사고(만족 에너지), 누군가에게 선물하거나 돕기도 한다(감동 에너지).

교환 에너지는 수단이지, 목적 에너지가 아니다. 인간은 자신에게 필요한 것을 동일한 가치의 자신에게 남는 것과 교환하기 위해 돈이라는 에너지 수단을 창출해 내었다. 그런데, 어느 순간부터 이 교환의 수단이 목적의 에너지로 왜곡되어진 것이다.

우리는 새로운 목표를 발견하고, 그 목표를 달성하기 위해 [마음성형]이라는 목표를 세우고, 나아가는 여정 중이다. 자신의 첫 번째 목표를 달성하기 위해 무엇이 필요한가?

혹시 돈이 필요한가? 그렇다면, 얼마 만큼의 돈이 필요한가? 목표 자체가 돈인가?

목표 자체가 돈이어도 괜찮다. 지금 나도 깜짝 놀란 사실이 무엇인지 아는가? 나 또한 단기 목표에 일정 수준의 돈이 포함되어 있다. 목적과 목표의 차이를 기억하는가? 언어의 유희. 말그대로 말장난을 하려는 것이 아니다. 목표가 돈일 수는 있어도, 목적을 잊어서는 안된다.

목표가 돈이라면, 그 목표를 성취함으로써 당신과 내가 얻을 수 있는 것은 무엇인가를 잘 생각해 보도록 하자. 생활의 안정일 수도 있고, 심리적 안정감일 수도 있다. 혹은 원하는 것을 구매할 수도 있고, 누군가를 도울 수도 있고, 사업을 시작할 수도 있다. 돈이라는 목표를 달성함으로 그 뒤의 진짜 목표 에너지들을 떠올리자는 것이다.

다시 도전과 변화로 돌아와 보자. 우리의 일상이 너무나 마음에 들 수도 있다. 완벽할 수도 있다. 이런 말을 들어 본 적이 있는가? (완벽하지만, 개선의 여지는 있다.) 혹은 어떤 식으로든 변화가 필요한 시점이라고 생각하고 있었을지도 모른다.

목적과 목표를 다르게 바라보는 것이 [마음성형]의 시작일지도 모른다. 나 자신이 얻고자 하는 에너지의 가치가 기존과는 다르게 느껴지는 지점 말이다.

그렇다고 하더라도 처음에는 새로운 변화와 도전들이 불편하게 느껴질 수도 있다. 그래서 내가 추천하는 방법은 아주 작은 것부터 시작해 보라는 것이다. 그것은 머리 모양의 변화일 수도 있고, 생활 방식의 변화일 수도 있다. 평소에 먹어 보지 않았던 음식에 도전해 볼 수도 있고, 자주 다니던 곳이지만, 다른 길로 다녀 볼 수도 있다. 매일 만나던 사람들이 아닌 새로운 사람들을 접할 수도 있고, 익숙하지 않은 공간에 적응해 볼 수도 있다.

그래서 많은 사람이 여행을 다닌다. 지금은 전 세계적으로 코로나19가 유행하는 시기라 조심스럽지만, 혼자 사람이 많지 않은 공간을 찾아보는 것은 얼마든지 할 수 있는 여행이다.

업무나 사업에서도 기존에 늘상 하던 방식들을 바꿔 볼 수 있다. 혹은 업무 관련 지식이나 숙련도를 높이는 시도들을 해 볼 수 있다. 원하는 결과가 당장에 나오지 않는다고 하더라도 이 시도 자체가 사업의 열정 에너지를 높여 줄 수 있을 것이다.

약간 불편한 도전들은 상당히 만족스러운 결과를 갖고 온다.

나 자신에게 약간 불편한 도전들은 어떤 것들이 있는지 리스트를 작성해 보고, 도전을 완수했을 때 체크해 보도록 하자. 도전리스트의 오른쪽이나 하단에 약간의 공란을 두어 도전을 통해 얻은 결과를 적어 보면 더 좋다.

나 자신에게 최선의 투자하기

주식, 부동산, 비트코인…… 최근 뉴스에서 참 많이 볼 수 있는 단어들이다. 물론 우리는 좋은 기업에 투자하고, 미래 가치가 있는 건물 등에 투자해서 수익을 볼 수도 있다. 비트코인은 투자인지 투기인지에 대해서는 나도 알수가 없다. 각자의 판단에 맡겨야 할 부분이다.

중요한 것은 우리는 이제 조금은 다른 시각으로 투자의 대상과 수익을 생각할 수 있다는 것이다. 주식과 부동산 등을 통해서 얻고 싶은 결과는 무엇인가? 100% 돈이라는 에너지이다. 그 돈을 통해 얻고 싶은 최종 에너지는 무엇인가?

당신이 주식이나 부동산, 비트코인 등에 평소에 관심이 없었다고 하더라도, 연일 뉴스와 스마트폰을 통해 들어오는 소식들, 혹은 주변에 주식으로 돈을 벌었다는 소식, 비트코인으로 대박이 났다는 소식을 들으면 어떤 감정이 올라오는가? 나만 뒤처지는 것은 아닌가하는 조급함과 두려움이 올라오는가? 혹은 누군가는 손실을 봤다는 소식을 들으면 어떤 감정이 올라오는가? 역시 손대지 않기를 잘했다는 안도감이 드는가?

모든 상황과 환경 속에서 당신과 나는 최종 목표의 감정 에너지에 집중하면 된다. 그 에너지를 가장 고양시킬 수 있는 방법이 무엇인가? 그것을 찾아서 설령 그것이 불편한 도전이라 할지라도 완수하는 것이 나 자신에 대한 최선의 투자이다. 우리가 흔히 투자라고 하는 외부적인 것에 에너지를 공급하는 것은 모두 그 이후에 실행해야 할 것들이다.

이미 우리는 [마음성형]으로 우리의 마음밭을 어떻게 가꾸어야 하는지 알아보았다. 우리의 마음이 길가이거나, 돌밭, 가시떨기가 무성한 밭에서는 그 어떤 내부적, 외부적 투자를 하더라도 원하는 결실이나 수익을 창출해낼 수 없다. 그렇기 때문에 우리의 마음밭을 갈아 엎어서 비옥한 좋은 땅으로 만드는 것이 우리에게 가장 필요한 최선의 투자이다.

동일한 의식수준의 차원에서는 원하는 결과를 얻기 힘들다. 그것은 마치 밭은 전혀 갈아 엎지 않은 상태에서 씨앗만 바꿔 가면서 심어 보는 것과 다를 바가 없다. 그런 것은 불편한 도전이 아니라, 무모한 도전이다. 근원의 존재 상태를 바꾸려는 인식이 필요한 것이다.

권리 누리기

에너지의 의식 수준을 끌어올리기 위해 한 가지 더 제안하고 싶은 방법이 바로 '권리 누리기'이다. 우리는 자신에게 주어진 권리를 제대로 행사하지 못하는 경우가 종종 있다. 혹은 자신의 권리의 범위를 이해하지 못해서 수준 낮은 행동을 할 때도 있다. 요즘 흔히 말하는 일종의 갑甲질이라 표현하는 행동들 말이다. 에너지의 등가 교환(동등한 가치의 교환)을 이해하지 못하다 보니 생겨난 일들이다.

우리는 우리에게 주어진 권리들을 마음껏 누리고, 감사해야 한다. 그러기 위해 우리에게 주어진 권리들이 무엇인지를 알아야 한다. 먼저 우리는 행복하고, 풍요롭게 살 수 있는 권리가 주어져 있다. 이 권리를 누구에게 주장할 것인가? 먼저 나 자신에게 주장해야 한다. 그 누구도 당신과 나를 행복하고, 풍요롭게 해 주어야 할 의무가 없기 때문이다. 우리는 각자 우리 자신에 대한 권리와 의무를 가진다. 나는 나 자신에 대해 권리를 주장하고, 의무를 다해야 할 책임도 동시에 지고 있다. 우리는 때론 그 권리를 주장하지 못하고, 책임만 지려고 한다거나, 권리는 주장하되 책임은 지지 않으려고 한다거나, 권리도 주장하지 못하고, 책임도 지지 않으려는 태도를 보인다. 이것은 모두 자신의 에너지 의식 수준을 낮추는 결과를 갖고 온다.

오늘부터 자기 자신에게 당신의 권리를 주장하라. 그 권리에 대한 책임을 지겠다고 선포하라. 그리고, 그 권리를 누릴 수 있음에 감사하라. 우리가 누릴 수 있는 권리들을 더 찾아보자.

자신의 육체와 마음과 영혼에 더 귀 기울이다 보면, 그 권리를 주장하는 목소리들을 들을 수 있을 것이다. 그것은 100% 자신이 책임져야 할 일들이다. 나의 권리와 책임을 타인에게 전가한다면, 우리의 에너지 수준은 낮아지고, 결국은 내가 아닌 그 무엇인가에 휘둘리는 삶을 살아가게 될 것이다. 목표를 이루어가는 과정의 첫 번째 덕목이 기억나는가? 흔들리지 않는 결단이다. 결단을 선포하는 것까지가 나의 권리이다. 그리고 그 결단에 대해 책임지려는 태도 자체가 우리의 에너지 의식 수준을 높여준다.

이 모든 태도와 자세들이 당신과 나를 우리의 목표에 더 가깝게 데려다 주는 것이다.

마음성형 목표

당신과 나는 이 책의 여정 동안 두 가지 목표를 세우고 가기로 했다. 첫 번째는 당신과 나. 각자의 고유한 목표이고, 두 번째는 그 첫째 목표를 이루기 위해 세운 마음성형의 목표이다. 마음성형의 목표를 이루어 가는 사람은 삶의 목표를 이루는 힘과, 이 세상을 대하는 태도, 똑같은 환경에서의 결과가 지금까지와는 비교할 수 없을 정도로 좋아진다는 것을 직접 느낄 수 있을 것이다.

GIGO를 넘어서

GIGO라는 단어를 들어 본 적이 있는가? 예전에 사용하던 컴퓨터용어인데, 'garbage in garbage out' 직역하면, 쓰레기를 넣으면 쓰레기가 나온다는 말의 줄임말이다. 많은 자기계발서에서도 자주 인용되는 어구인데, 한마디로 우리의 프로그래밍된 마음에 쓰레기를 넣지 말라는 것이다. 좋은 것을 보고, 좋은 사람을 만나고, 좋은 말을 듣고, 좋은 것을 느껴라. 그래야 좋은 것이 나올 수 있다. 나 또한 이 말에 동감한다. 하지만 그런 일이 실제로 쉽던가? 나의 경우에는 실제로 쉽지 않았다. 아침부터 저녁까지 뉴스를 최소한으로 보려고 해도 현대인은 쉴 새 없이 쏟아지는 미디어 환경에 거의 무방비로 노출되어 있다. 우리가 만나는 많은 사람들은 좋은 사람일 수도 있고, 좋지 않은 사람일 수도 있다. 그런데, 왜 좋은 사람들과 행복했던 시간의 기억은 상대적으로 짧게 느껴지는 것일까? 좋은 소식, 동기 부여가 되는 말들은 군이 찾아서 보지 않으면, 느끼기 어려운 것들인가(군이 찾아서라도 본다면 얼마나 다행인가)?

여기서 [마음성형]의 목표 중 하나를 발견할 수 있다. 물론 앞으로 인지(시야)의 부분에서 완전한 쓰레기를 피하는 방법들을 배우겠지만, 마음의 좋은 밭은 기본적으로 마음에 입력(in)되는 것을 최상의 것으로 출력(out)한다는 것을 기억하자. GIGO처럼 이해를 돕기 위해 나도 용어를 한번 만들어 보았다.

'Normal in Best out' 줄여서 NIBO이다.

우리의 마음에 완전한 쓰레기가 들어오는 것은 피하거나 막아야 할 것이다. 하지만 일상적인 것, 평범한 것, 하찮아 보이는 것, 그 속에서 우리는 예술을 출력할 수 있고, 금맥을 발견할 수도 있다. 이것은 [마음성형]의 목표에서 중요한 덕목 중 하나이다. 아마도 당신과 나의 삶 속에서 온전한 쓰레기가 오는 경우보다는 보통의 것이 오는 경우가 더 많지 않던가? 흔한 것, 보잘것없어 보이는 것들 말이다. 우리는 [마음성형]을 통해 그 모든 것을 보물로 변환시킬 수 있게 될 것이다. 또한 당신과 나와 함께하는 사람들, 우리가 있는 장소, 시간까지도 말이다.

변화하려면 6개월, 안 바뀌면 평생

당신은 각 사람의 고유한 본질이 바뀐다고 생각하는가? 질문을 바꾸어 보겠다. 당신은 당신의 고유한 성질이 바뀔 수 있을 것이라 생각하는가?

바뀐다, 바뀌지 않는다. 어떤 쪽이든 자신의 세계에서는 당신의 선택이 옳다는 결과들을 불러올 것이다. 이 책을 고른 당신은 변화의 가능성을 더 선택했으리라 믿는다.

사람은 바뀔 수는 있다. 다만 정말 쉽지 않다. 그리고, 누군가가 타인을 바꿀 수 있다고 생각한다면, 정말 큰 오산이다. 우리는 오직 우리 자신만을 바꿀 수 있다. 당신도 나를 바꿀 수 없고, 나도 당신을 바꿀 수 없다. 우리의 부모님, 자녀, 친구, 회사 동료, 아무리 우리가 사랑하는 사람이라고 해도 우리는 그들을 바꿀 수 없다. 다만, 각자 스스로 변화할 수 있도록 서로서로 영향을 줄 뿐이다. 이 영향력의 범위에 대해서는 뒤에서 한번 더 나눠 보게 될 것이다.

'변화하려면 6개월, 안 바뀌면 평생' 이것은 사실 내가 다이어트를 할 때 깨달은 것을 적어 본 것이다. 23kg을 감량하면서 느낀 사실 중에 하나는, 다이어트가 그 무엇보다 심리전이라는 것이다. 음식을 조절하고, 운동을 하고, 체중감량에 도움이 되는 모든 선택에서 심리적 요인이 상당히 많이 작용한다는 것을 몸소 체험한 것이다. 우리 주변에도 스트레스로 인한 폭식과 우울한 기분을 날려보내기 위해 달콤한 것을 찾는 사람들을 종종 볼 수 있지 않은가? 음식을 통해 얻는 행복이 얼마나 큰 것인가? 때론 변화라는 것이 그 행복을 포기하는 것처럼 느껴질 때가 있다. 그렇기 때문에 처음의 결심들을 유지해 나아가기가 힘든 것이다. 나는 나 자신에게 6개월이라고 선언했지만, 다이어트에서 실질적으로 목표를 이루는 데에는 3개월밖에 걸리지 않았다. 또, 그 3개월이 상당히 즐거운 기간으로 변화되었다(만나는 사람마다 살 빠졌다는 얘기를 들었으니 얼마나 기분이 좋았겠는가? 그것이 더 응원이 되고, 힘이 되어 목표까지 가는 길이 즐거웠다).

[마음성형]을 통해 우리 각자의 첫 번째 목표를 이루어내면, 우리의 목적에 따른 또 다른 목표들을 세워 갈 수 있을 것이다. 우리가 각자 자신의 마음을 성형하는 기간은 하루만에 될 수도 있고, 몇 주 혹은 몇 달이 걸릴 수도 있을 것이다. 그리고 일회성으로 그치는 것도 아니다. 다이어트의 경우에도 예전의 식습관으로 돌아가면 요요가 오듯이, 마음성형도 꾸준히 해나가야 하는 것이다. 그렇지만, 한번 마음성형을 이루어낸 사람은 수월하고 즐겁게 목표

를 이루어 가면서 자신의 마음을 좋은 밭으로 유지시킬 수 있게 될 것이다.

사람은 정말 쉽게 바뀌지 않는다. 그렇기 때문에 어떤 사람이 변화한다는 것은 때론 불가능해 보이기까지 하다. 그러나 우리는 이미 그 변화를 이루어 낸 사람들을 알고 있을지도 모른다. 꼭 유명한 사람들이 아니더라도 주변에서 직접 찾아보기를 바란다. 그들이 어떻게 변화했고, 어떤 계기가 있었는지, 어떤 열정을 갖고 살아가는지 직접 관찰해 보고, 대화해 보는 것도 당신과 나의 [마음성형]을 이루어 가는 데 도움이 될 것이다.

중요하기 때문에 다시 한번 강조하겠다. 당신과 나는 각자 스스로 [마음성형]을 통해 변화되어야 한다. 이 책을 포함한 모든 것은 그것을 도와줄 뿐이다. 시중에 얼마나 많은 다이어트 식품과 강사들과 전문가들이 많은가? 그럼에도 모든 이가 다이어트에 성공하는 것이 아니다. 모든 변화에 있어 받을 수 있는 최대한의 도움을 요청하라. 주변에 선포하고, 드러내놓고 자신을 변화시키는 것도 좋은 방법이다. 그렇지만, 궁극적으로 자신의 변화는 자신이 이루어내는 것이다. 그것은 지금부터 시작이고, 기간은 자신이 정할 수 있다. 아주 작은 변화와 성공에도 기뻐하고, 축하하도록 하라.

이번에 변화하지 않으면, 언제 또 기회가 올지 모른다. 평생 기회가 없을지도 모른다(내가 그거 아는데, 내가 그거 해 봤는데, 나는 잘하려고 했는데, 나름 최선을 다했는데……). 또 이런 맥빠지는 이야기로 인생을 채우지 말자. 당신도 나도 알고 있지 않은가? 지금부터 바뀌지 않으면 안 될 것이라는 것을.

모든 것이 합하여 선을 이룬다

마음성형을 진행해 가는 과정에서 우리는 예전과 같이 다양한 경험들을 하게 될 것이다. 일상의 경험들 말이다. 학생들은 학교에 가서 수업을 듣고, 시험을 치루고, 친구들을 만나고, 직장인들은 회사에 출근하고, 사람들을 만나고, 운전을 하고, 물건을 사는 등 우리의 일상에서 벌어지는 다양한 활동을 예전과 마찬가지로 경험하고, 살아가게 될 것이다. 다만 달라진 것이 있다면, 그것들을 대하는 우리의 마음이다. 항상 우리의 마음 상태가 좋은 밭으로 가고 있는지, 길가나 돌밭, 가시떨기로 가고 있는지를 의식하도록 하라. 때론 마음이 요동치는 경우도 발생할 수 있다. 그것이 내 마음의 돌과 가시떨기 때문인지, 혹은 그것을 갈아엎는 작업 중이어서 그런 것인지를 분별하도록 하자. 이런 의식을 갖고 있는 마음의 상태만으로도 특정한 상황을 대하는 우리의 태도와 결과가 달라진다.

특히 성인의 경우 운전대만 잡으면 평소와 다른 급하고, 과격한 성격이 나오는 사람들이 있다. 또 급한 약속이 있어서 시간이 촉박한데, 도로가 꽉 막히는 경우도 있고, 갑자기 끼어드는 차도 있다. 때론 길을 잘못 들어서 엉뚱한 곳을 계속 헤매일 수도 있다.

우리의 마음을 좋은 밭으로 갈아엎어 가는 과정에서 벌어지는 이런 모든 일들에 대해 주의 깊게 관찰해 보는 습관을 갖도록 해 보자. 이 엉뚱해 보이는 일은 지금 왜 벌어질까? 이 사람은 왜 지금 나의 귀한 시간을 계속 뺏으려고 하지? 상황에 휘둘려서 짜증을 내고, 화를 내는 사람들은 많다. 당신과 나는 먼저 우리의 첫 번째 목표와 [마음성형]의 목표를 떠올려 보자. 그리고, **이 모든 상황들이 당신과 나의 첫 번째 목표를 이루어 주기 위한 복선 혹은 준비 작업이라고 생각해 보자. 우리는 이전과는 다른 반응, 다른 태도, 다른 결과를 얻을 수 있을 것이다.**

이것은 약간의 인내심을 요하는 일종의 작은 게임과 같은 것이다. 이 게임에서 승리하는 방법은, 우리가 마주하는 모든 환경과, 사람, 벌어지는 사건들에 대해 끌려다니는 반응을 보이는 것이 아니라, 이것이 어떻게 나의 목표를 달성하는 데 필요한 준비작업인 것이지? 하고 생각해 보는 것, 가장 좋은 것은 진심으로 기쁜 마음으로 그것을 대하는 것이다.

당신의 첫 번째 목표가 이상적인 배우자를 만나는 것이라고 생각해 보자. 새로운 이성을 만나기 위해 당신은 화사한 색상의 셔츠를 구입한다. 그 셔츠를 입고 오늘 저녁 이벤트 회사에서 주최하는 커플 성사 모임에 참석할 예정이다. 새 옷을 입으니 기분도 새롭고, 저녁에 있을 모임이 더 기대가 된다. 첫 번째 목표를 세우고, 두 번째 목표인 [마음성형]을 하는 중이니 정말 모든 것이 새롭게 느껴진다. 게다가 오늘은 금요일 아닌가? 이제 설레이는 마음으로 퇴근을 해서 길을 나선다. 모임 장소까지는 5분 거리이기 때문에 여유롭게 걸어가기로 한다. 늦은 오후의 날씨까지 모든 것이 완벽하다. 이 완벽한 그림에서 단 한명의 불청객이 등장한다. 야구 모자를 뒤로 걸치고, 초콜릿 아이스크림 콘을 먹으면서, 한손으로는 엄마 손을 붙잡고 오는 누가봐도 개구쟁이인 꼬마 어린이이다.

우리의 귀여운 악동은 오직 아이스크림에만 집중한다. 한 손은 엄마의 손을 잡고 가지만, 사실 이것이 누구의 손인지 모르겠다. 오직 지금 이 순간에는 나 자신과 아이스크림만 존재한다. 그런데…… 갑자기 검은 그림자가 나를 덮치고, 아이스크림은 바닥에 나뒹굴었다. 내 아이스크림……

어쩐지 모든게 완벽하다 싶었다. 내 이럴줄 알았지. 눈앞의 아이스크림만 보고 가던 꼬마녀석의 스텝이 엉기면서, 역시나 딴청을 피우면서 걷던 아이 엄마는 아이를 거의 내 가슴에 던지다시피 아이를 들어올렸다. 덕분에 아이의 손에 있던 아이스크림은 내 화사한 셔츠에 강렬한 자국을 남기고 바닥에 장렬하게 전사하였다. 내 셔츠…… 오늘 모임은 취소인가? 내 첫 번째 목표는?

이렇게 극적인 상황이 아니더라도 이런 일들은 언제든 일어날 수 있다. 그것이 우리가 느끼기에 타격감이 경미한 일인가? 혹은 큰 충격인가의 차이만 있을 뿐이다. 우리 주변에는 많은 가능성이 존재한다. 그리고, 그 가능성 중에 어떤 것을 선택할지는 자신의 선택권에 달려 있다. 자신의 선택권을 타인과 세상에 양도하는 순간 우리는 모든 것에 끌려 다닐 수밖에 없다.

우선 지금은 목표 달성에 더 초점을 맞춰 보도록 하자. 저런 상황이 된다면 우리는 어떤 선택을 하게 될 것인가? 이 상황에서 누가 가해자이고, 누가 피해자인가? 이런 상황에서 가해자와 피해자를 나누는 것 자체가 당신과 나의 기본적인 마음세팅일 수도 있겠다. 그런 시각에서는 당신, 아이 엄마, 꼬마 모두가 가해자이고, 또 모두가 피해자이다. 모두가 부주의한 상황이었고, 모두가 일정 부분의 피해를 입었기 때문이다. 그리고, 당신은 목표와 멀어진 것처럼 보이고 말이다. 이 상황이 어떻게 흘러갈지 일반적인 시선에서는 뻔하게 알 수 있다. 당신은 아이 엄마에게 화를 낼 것이고, 아이는 울 것이며, 아이 엄마는 같이 화를 내거나, 일단은 셔츠에 묻은 아이스크림을 닦아 주려고 할 수도 있다. 당신은 새 셔츠를 급하게 구입해서 모임에 갈 수도 있고, 혹은 아예 모임 자체를 참석하지 않을 수도 있다. 아이 엄마는 아이를 야단칠 것이고, 다시 아이스크림을 사 줄 수도 있고, 아닐 수도 있다.

이것이 어떻게 당신의 목표를 이루어 주는 복선이 될 수도 있고, 준비작업이라고 볼 수 있겠는가? 물론 그렇게 생각할 수 있다. 사실은 아이 손을 잡고 있는 사람은 아이의 엄마가 아니라 이모이거나, 선생님인 것이다. 당신에게 미안하다면서, 세탁비를 물어 주겠다고 할 수도 있다. 그것이 인연이 되어 당신의 첫 번째 목표를 이룬다면?

여기에서 강조하고 싶은 것은, 모든 상황이 이런 드라마 같이 흘러가지는 않겠지만, 그것을 대하는 우리의 태도를 말하고 싶은 것이다. 길을 가다가 사람들과 부딪히는 일은 흔하지는 않지만, 간혹 일어날 수 있는 일이다. 비가 그친 후, 물 웅덩이를 빠르게 밟고 지나가는 차에 물이 튄 경험을 한 적이 있는가? 나는 지금까지 딱 한번 있다. 그런 일이 발생할 때 우리의 반응은 대개 어떤가? 이것이 첫 번째 목표를 이루는 것과 무슨 상관이 있는 것인가?

직접적인 인과 관계를 떠나서 그것을 대하는 우리의 마음 상태는 우리의 첫 번째 목표를 이루는 것에 분명히 영향을 준다. 우리는 기분 좋은 상황을 경험할 수도 있고, 불편한 상황을 경험할 수도 있다. 분명한 것은 그것을 우리의 마음에서 어떻게 해석하고, 어떻게 반응하느냐에 따라 이후의 상황과 첫 번째 목표 달성의 확률은 달라진다는 것이다.

모든 상황들이 당신과 나의 첫 번째 목표를 이루어 주기 위한 복선과 준비 작업이라는 마음의 태도를 유지할 때, 이 세상은 말 그대로 모든 것이 합하여 선을 이루는 세상이 된다.

일상에 미리 감사하기

어쩌면 당신과 나는 아무런 일도 일어나지 않아서, 그것을 대하는 태도도 별다른 것이 없다고 느낄지도 모른다. 마음성형을 진행하는 동안에도 변함없는 일상에 인내심이 점점 떨어지고 있다고 생각할지도 모른다. 그럴 때 일상에 미리 감사할 수 있는 습관은 크게 도움이 된다.

군대에서 자대배치를 처음 받은 날. 새벽 5시쯤에 나와 훈련소 동기들은 앞으로 우리가 지낸 부대의 교회 사무실로 안내를 받았다. 종교와 관계없이 신입 훈련병들이 군종 목사님에게 격려의 환영을 받는 자리였다. 그때 목사님이 들려 주신 예화가 이럴 때 적절할 듯 하다.

목사 아버지와 목사 아들이 서로 이웃하여 살고 있었다.

하루는 아들 목사님이 교회에서 차를 운전하여 집으로 돌아오는 길에 차 앞으로 갑자기 날라온 동물을 피하려다가 몇 미터 아래 낭떠러지로 차가 굴러 떨어지게 되었다. 차는 온통 찌그러지고, 지나가던 차들과 사람들도 모두 멈추고 굴러 떨어진 차를 보고 어떤 사람들은 구조대에 연락하고, 어떤 사람들은 어쩔 줄 몰라 하며 걱정을 하고 있었다. 그때 찌그러진 차 문을 열고 아들 목사님이 나왔는데, 약간의 긁힌 자국만 있을 뿐, 전혀 다치지 않은 것이다. 아들 목사님은 너무 기뻐서 하나님께 감사를 드리고, 마침 사고 현장에서 멀지 않은 아버지 목사님 집으로 달려갔다. 그리고 문을 열자마자 "아버지! 기적이 일어났습니다. 제가 이 앞에서 사고가 나서 낭떠러지로 차가 굴렀는데, 보세요. 저는 멀쩡합니다. 아무렇지도 않아요!" 마침 신문을 보고 있던 아버지는 아들을 보고 이렇게 말했다고 한다. "그러니? 나는 오늘 아무런 사고도 없이 집에 왔단다."

처음에 이 예화를 듣고, 어떤 뜻인지는 알겠으나, 목사 아버지가 참 무심한 사람이구나 싶었다. 우리의 일상이 모두 기적이라는 것을 알고 감사하자는 취지였다. 이것을 정말 온 세포로 받아들일 수 있을까?

당신은 몸이 심하게 아프거나, 크고 작은 사고를 당해 본 적이 있는가? 나는 어린시절 처음 팔에 금이 갔을 때, 지속적으로 다치기 직전의 순간으로 돌아갔으면 좋겠다는 생각을 오랫동안 한 적이 있다. 그리고 그 생각들이 나를 더 힘들게 만들었다. 우리는 건강할 때, 아무 일도 없을 때 감사함을 느껴야 한다. 오늘 아무런 일도 없었는가? 그렇다면, 얼마나 감사한 일인가?

아무런 발전도 없는 것 같아 답답한 마음이 드는가? 모든 것이 따분하게 느껴지는가? 이 모든 것이 기적이다.

우리가 천재 과학자로 알고 있는 알베르트 아인슈타인도 다음과 같이 말했다. [삶을 사는 데에는 오로지 두 가지 방식밖에 없다. 하나는 기적은 없는 것처럼 사는 것이고, 다른 하나는 모든 것이 기적인 것처럼 사는 것이다.] 당신과 나는 이전에도 이 아인슈타인의 말을 들어 보거나 읽어 본 적이 있을 것이다. 그래서 정말 삶의 모든 것을 기적처럼 보고 살고 있는가? 삶을 기적으로 채워 가기 위해 유용한 질문들이 몇 가지 있다. 자신만의 질문들로 채워도 좋다.

내 삶은 왜 기적인가? 오늘 일어날 가장 기적 같은 일은 무엇일까?

만약 지금 이 글을 쓰고 있는 2021년 초봄에 전세계의 코로나19가 오늘 종식된다면, 그것은 전세계적인 기적이 될 것이다. 우리의 대다수는 2019년에는 코로나19라는 것의 존재조차도 몰랐었다. 그때는 그 평범한 일상들이 우리에게 기적이었던가? 그때는 기적이었는데, 우리가 인식하지 못한 것이고, 지금은 어찌되었든 아직 코로나19가 종식되지 않았기 때문에 기적이라고 할 것이 없는가? 그렇지 않다. 지금 이 순간도 우리에게는 기적의 순간이다. 지금 이 글을 쓰고 있는 나의 순간에도, 지금 이 글을 읽고 있는 당신의 순간에

도 말이다. 우리가 어떤 환경, 어떤 상황, 어떤 사람들 속에서도 우리 삶의 주
도권을 뺏기지 않는다면 우리의 삶은 언제나 기적의 순간들로 채워질 것이
다. 그리고, 우리는 그것에 감사하는 태도를 유지해야 한다.

목표 설정을 통한 삶의 연금술

어느덧 목표 설정의 마지막 장이다. 앞서 우리는 첫 번째 목표를 설정하고,
그 첫 번째 목표를 이루기 위해 두 번째 목표인 마음성형을 어떻게 활용할지
에 대해 나누어 보았다. 앞서 말한 것과 같이 자신의 삶에서 진정한 첫 번째
목표는 아직 확정되지 않았을 수 있다. 언제든 늦은 때란 없기 때문에, 첫 번
째 목표를 발견하지 못했다고 해서 조급할 필요는 없다. 꼭 이 책을 다 읽고
나서 세워야 하는 것도 아니다. 우리에겐 두 번째 목표인 [마음성형]이 있지
않은가? 이 두 번째 목표를 이루기 위해 작은 첫 번째 목표들을 세우고, 성취
해 보기를 바란다.

이 장에서는 우리의 목표 달성을 위한 여정들이 어떻게 우리의 삶을 경이
롭게 할 수 있는지에 대해 나누어 보게 될 것이다. 우리는 언제든 지금 이 순
간에 행복할 수 있다.

마크툽

마크툽이란, 아랍어로 '이미 기록되어 있다'라는 표현이다. 가장 지혜로운
왕으로 알려진 솔로몬이 지은 전도서에도 '해 아래에 새 것이 없나니'라는 표
현이 나온다. 이것은 우리의 삶에서 길을 잃을 때, 혹은 무엇인가 새로운 것

을 찾고자 할 때, (그 새로운 것이 당신의 첫 번째 진정한 목표일 수도 있다.) 엄청난 이정표가 될 수 있다.

당신과 나는 오직 우리가 알고 있는 범위 내에서만 해답을 찾을 수 있다. 우리가 알고 있는 것이 우리 세상의 전부이다. 이 부분은 다음 장인 인지(시야)의 부분에서 상세하게 다루겠지만, 이 부분에서 중요한 것은, 우리는 무無에서 유有를 창조하는 것이 아니라는 것이다. 마치 그렇게 보일 수는 있다. 하지만 본질적으로 그렇지 않다. 그럴 수가 없다. 다만, 우리는 이 세상에 '이미' 있는 재료들을 토대로 놀라운 것들을 만들어 낼 수 있다. 그 과정에서 가장 중요한 것이 무엇이겠는가? 이 시대의 놀라운 기술의 발전과 과학 문명들은 무엇을 토대로 이루어졌는가? 이제는 일상적으로 사용할 수 있는 놀라운 기술력의 스마트폰과 PC, 인공위성들과 신소재들은 불과 100년 전에는 인류의 대부분이 상상도 하지 못했던 것들이다. 그렇다면, 그것들은 해 아래에 새 것인가? 최신 기술들의 산물들의 재료는 100년 전, 1000년 전에도 이 지구에 있던 것들이다. 말 그대로 인류의 기술이 발전해서 가공시킨 것들이다.

우리의 현재 목표를 잊지 않기 위해, 더 깊게 파고들지는 않겠다. 당신과 나에게 희망적인 소식은 우리의 현재 상황을 힘들게 하는 문제들의 해답은 이미 기록되어 있다는 것이다. 우리는 그것을 어떻게 찾아낼 수 있는지에 대해 고민하면 된다. 당신은 어떻게 하겠는가? 검색창에 검색을 해 보겠는가? (실제로 이런 사람들이 많다.)

때로 우리는 눈앞에서 해답을 놓치곤 한다. 나의 경우에도 그러했다. 생각의 방향을 마음이 결정하는데, 그 마음이 온통 길가, 돌밭, 가시떨기뿐이니 해답과는 거리가 먼 곳으로 안내하는 것이다. 마음의 눈을 크게 뜨도록 하자.

마음성형

우리의 목표, 우리 고민의 해결점, 인생의 해답은 우리 바로 옆에 있을 수도 있다. 그것은 이미 기록되어 있기 때문에, 우리는 그것을 찾아내면 된다. 어린시절 보물찾기를 해 본 적이 있는가? 우리의 답을 찾는 것은 그 보물찾기와 비슷하면서도 약간 다르다. 다른 사람이 이미 보물을 찾았다고 해서 그것이 소진되는 것이 아니다. 누군가와의 경쟁이 아니다. 우리의 보물은 우리가 찾아 주기를 기다리며, 그 자리에 그대로 있다. 관건은 우리가 계속 우리의 보물을 찾을 것인지, 말 것인지다. 눈을 크게 떠보면, 보물의 흔적들은 곳곳에 널려 있다. 혹시라고 부르면 대답할지 누가 아는가? 당신이 상상할 수 있는 모든 방법을 동원해 보아라. 어떤 식이든 내 보물의 권리를 자신에게 주장할 수 있는 것 아닌가?

[마음성형]을 통해 우리의 두 번째 목표가 이루어져서 우리의 마음의 땅이 좋은 밭, 좋은 땅으로 거듭나게 되면, 이 밭에 어떤 씨앗을 심어서 거두고, 또 이 밭을 어떻게 넓혀 나아갈지에 대한 행복한 고민을 하게 되는 순간들이 오게 될 것이다. 이 행복한 고민의 답이 어디에 있겠는가? 나의 경우에 선택한 것은 책이다. 그리고 앞으로 사람을 통해서도 그 답을 찾아보고 싶다. 답이 없다고 생각하는 것과, 있다고 생각하는 것은 큰 차이가 있다. 그런데 많은 사람들이 '모르는 것=없는 것' 이렇게 생각한다.

무엇이 있는가?

1 선지자의 제자들의 아내 중의 한 여인이 엘리사에게 부르짖어 이르되 당신의 종 나의 남편이 이미 죽었는데 당신의 종이 여호와를 경외하는 줄은 당신이 아는 바니이다 이제 빚 준 사람이 와서 나의 두 아이를 데려가 그의 종을 삼고자 하나이다 하니 2 엘리사가 그에게 이르되 내가 너를 위하여 어떻게

하라 네 집에 무엇이 있는지 내게 말하라 그가 이르되 계집종의 집에 기름 한 그릇 외에는 아무것도 없나이다 하니 3 이르되 너는 밖에 나가서 모든 이웃에게 그릇을 빌리라 빈 그릇을 빌리되 조금 빌리지 말고 4 너는 네 두 아들과 함께 들어가서 문을 닫고 그 모든 그릇에 기름을 부어서 차는 대로 옮겨 놓으라 하니라 5 여인이 물러가서 그의 두 아들과 함께 문을 닫은 후에 그들은 그릇을 그에게로 가져오고 그는 부었더니 6 그릇에 다 찬지라 여인이 아들에게 이르되 또 그릇을 내게로 가져오라 하니 아들이 이르되 다른 그릇이 없나이다 하니 기름이 곧 그쳤더라 7 그 여인이 하나님의 사람에게 나아가서 말하니 그가 이르되 너는 가서 기름을 팔아 빚을 갚고 남은 것으로 너와 네 두 아들이 생활하라 하였더라 (열왕기하 4:1-7)

이 이야기는 가난한 과부가 선지자에게 도움을 요청하는 것으로 시작된다.

"선생님, 우리 애 아빠 기억하시지요? 우리 남편이 살아 있는 동안 선생님의 가르침대로 하나님을 얼마나 잘 섬겼습니까? 근데 이제 남편은 죽고, 빚만 남아서 우리 두 아들이 그 집의 종이 되게 생겼습니다."

선지자가 묻는다.

"내가 어떻게 도울 수 있을까요? 당신에게 무엇이 있습니까?"

과부의 대답이다.

"저에게는 기름 한 그릇 외에는 아무것도 없습니다."

이후의 이야기는 위에서 보는 그대로이다. 가난한 과부는 선지자에게 도움을 구한다. 당신과 내가 선지자였다면, 약간 난처하다고 생각하지 않았을까? 그러나 엘리사라는 이름의 선지자는 전혀 그래보이지 않는다. 과부를 어떻게 도와줄 수 있을지, 과부에게 지금 무엇이 있고, 무엇이 필요한지 질문한다.

마음성형

과부는 '기름 한 그릇' 외에는 '아무것도 없다'라고 한다.

　과부가 선지자에게 도움을 요청한 것과 엉뚱해 보이는 선지자의 명령(이웃에게 빈 그릇 빌리기)을 수행한 것은 참 잘한 일이다. 이런 가난한 과부가 저 사람 하나였겠는가? 아들들을 살리기 위해 염치를 무릅쓰고, 남편의 스승을 찾아간 것이 아니겠는가? 그러자 선지자가 묻는다. 당신에게 무엇이 있냐고 말이다. 그 대답이 '기름 한 그릇' 외에는 '아무것도 없다'이다.

　이야기의 결과는 우리가 모두 알고 있으니, 과부가 선지자를 찾아가기 전의 상황으로 돌아가 보자. 과부는 빚독촉에 시달리고 있다. 과부에게는 두 아들이 '있고', 기름 한 그릇이 '있고', 이웃들이 '있고', 이웃들은 자신들의 그릇이 '있다'. 그런데, 과부의 대답은 어떤가? '아무것도 없다'이다. 선지자는 바로 행동양식을 알려 주었다. 이웃들에게 그릇을 최대한 많이 빌려오라 하고, 두 아들과 함께 모든 그릇에 기름을 부으라고 했다. 선지자는 '없는 것'에 집중한 것이 아니라, '있는 것'에 집중하였다. 과부가 선지자에게 가기 전부터 모든 것은 '있었다'.

삶의 연금술
　길가나 돌밭, 가시떨기와 같은 마음들은 따지는 것을 좋아한다. 그것이 합리적이며, 효율적이고, 손해를 보지 않는 것이라고 생각한다. 앞의 과부 이야기에서 다행하게도 과부는 따지지 않았다.
　"선생님? 제 말은 그런 것이 아니구요, 지금 제 아들들이 빚 독촉에 시달리다가 빚쟁이한테 팔려가게 생겼다구요. 아시겠어요? 그릇을 빌리는 것이 문제가 아니고, 이것을 어떻게 해결해 달라는 말입니다." 이렇게 묻는 것이 합리적이지 않은가?

물론 이렇게 물어봤다면, 선지자는 또 답변을 해 줬을 것이다. "이렇게 해서 이렇게 할 것이고, 저렇게 해서 저렇게 될 겁니다. 그렇기 때문에 지금 이렇게 이웃들에게 그릇을 빌려오면 되는 거에요." 그러면 또 과부가 물어볼 것이다. "그릇을 빌려와서 기름을 부었는데, 그릇만큼 기름이 나온다는 보장이 있나요? 생각해 보세요. 제가 갖고 있는 기름 그릇은 1리터도 안되는 작은 용기인데, 상식적으로 말이 되나요? 괜히 헛수고만 하는 것이 아닌가요? 그냥 빚을 해결해 주시면 안될까요?"

이 과부가 너무한 것인가? 아니면, 이것이 모든 삶을 대하는 당신과 나 자신의 태도인가?

다행하게도 성경 속의 과부는 한번도 따져 묻지 않고 선지자의 미션을 완수했다. 그리고, 자신이 원하는 이상의 것을 받았다(빚을 갚아 두 아들도 팔리지 않고, 생활비도 마련했으니 말이다).

삶의 목표를 설정하고, 결과를 만들어내는 과정에서 특정한 것을 무조건적으로 믿으라고 강요할 수는 없다. 믿겨지지가 않는데, 어떻게 믿으라는 것인가? 다만, 모든 상황 속에서 원하는 결과를 얻지 못할 때, 당신과 나 자신의 태도를 점검해 볼 필요가 있다. 그리고, 다르게 접근해 볼 필요가 있다. '없다, 안된다, 불가능하다, 할 수 없다, 해 볼 필요도 없다' 등의 관점은 모든 가능성을 닫아버리는 것이다. 우리는 우리에게 '없는 것'에 집중하는 것이 아니라, 적은 것이라도 '있는 것'을 살펴보아야 한다.

앞으로 뒤이어 소개할 [마음성형]의 도구들의 마무리 장에서도 각 장마다 삶의 연금술을 나누어 보고자 한다. 개인적으로 [연금술]이라는 단어를 좋아한다. 연금술은 때론 마법처럼 보이지만, 정확하게는 기술에 가깝다. 우리는 이 미묘한 차이를 이해하고, 이러한 삶의 연금술들을 깨우쳐서 자신의 삶을 황금과 같이 빛나고 아름답게 만들 수 있다.

그리고 성경 속 과부 이야기의 선지자처럼 우리 이웃과 사회를 행복하게 할 수 있는 삶의 [연금술사]도 될 수 있다. [연금술사]들은 과거에서부터 어떤 형태로든 존재하고 있었다. 이제는 동화속 마법과 같은 이야기들이 아닌, 실제 우리 삶의 모든 영역에서 적용할 수 있는 지침들로 배울 수 있기를 바란다.

II
인지(시야)

첫 번째 목표를 발견했다면, 그 목표를 이루어가는 길 위에 올라선 것이다. 이제는 그 여정 위에서 목표를 향해 나아갈 수 있는 기본 재료들을 구성할 차례이다.

우리의 눈은 빛을 통해 반사되는 형태들을 통해 사람과 사물과 이 세상을 바라본다. 그 바라본 것을 우리의 마음판에 투영해서 느끼고, 해석한다. 하지만 같은 것, 같은 상황을 바라보더라도 사람마다 느끼고 해석하는 것은 모두 다르다. 심지어는 동일한 사람이 같은 것과 상황을 바라보더라도 그 사람의 상황과 시점에 따라서 또 다른 느낌으로 해석할 수 있다.

그러나, 상황에 따라 달라지는 해석들에도 각 사람마다 주도적인 감정들이 있다. 그렇기 때문에 동일한 상황에서도 어떤 사람은 희망을 보고, 어떤 사람은 절망을 본다.

이 장에서는 인지와 시야의 역할과 활용에 대해서 마음성형에 필요한 부분만 간단하게 살펴보고자 한다. 간단하다는 표현을 한 것은, 인지와 시야의 범위는 책 한 권으로 소개하기에는 워낙에 방대한 분량이다 보니 최대한 당신과 나에게 필요한 부분만 나누고자 하는 것이다. 이 책의 대부분에서도 마찬가지이다. 당신과 나의 마음을 성형하기 위해 필요한 사람은 논문 수준의 레포트를 쓸 수도 있겠지만, 우리의 대다수는 이 책으로 가능할 것이다.

인지의 범위(시야의 크기)

뮤지컬이나 연극을 자주 보는가? 둘의 공통점은 무대가 설치되어 있고, 대부분의 경우 실내에서 관람할 수 있다는 것이다. 무대에는 많은 장치들이 설치되어 있다. 그중에서도 조명의 역할이 상당히 중요하다. 조명의 밝기와 색감에 따라 분위기를 다르게 조성할 수 있고, 암막을 통해 다음 무대를 준비할 수도 있다.

우리의 삶을 한편의 뮤지컬이나 연극으로 비유하는 경우가 있다. 꽤 적절한 비유이다. 그렇다면, 무대는 우리의 삶의 터전이 되고, 등장하는 배우들은 우리의 가족, 이웃들이 된다. 여기서 조명은 어떤 역할을 하게 되는가? 당신은 어떻게 생각하는가? 조명은 두 가지 역할을 하게 되는데, 분위기의 조성과, 시야의 범위를 결정한다. 다만 분위기의 조성은 배경음악과 배우들의 연기와 어우러져서 더 증폭될 수 있다. 이 부분은 뒤에서 더 살펴보기로 하고, 지금은 시야의 범위에 대해 집중해 보도록 하자.

핀 조명

주인공의 독백, 혹은 특정 배역에게 시선을 집중시킬 필요가 있을 때, 무대에는 한 사람만을 위한 조명이 내려온다. 주변은 모두 암막처리가 되고, 특정 인물 혹은 특정 장소에만 빛이 내리쬔다. 깜깜한 겨울 밤. 눈 내리는 어두운 밤에 가로등 아래 비어 있는 벤치를 본적이 있는가? 혹 본 적이 없어도 상상이 되는가? 이렇게 핀 조명은 우리의 의식을 집중시키는 데 사용된다.

뮤지컬과 연극에는 '대본'이 존재한다. 그렇다면 우리 인생에서는? 대본이 존재하는가? 있다면, 당신은 당신 인생의 대본을 본 적이 있는가? 본 적이 없다고 무조건 없다고 할 수 있겠는가? 어느쪽을 믿건 그것은 개인의 자유이다. 그것을 있을 수도 있고, 없을 수도 있다. 중요한 점은 연극에서는 핀 조명이 관객의 의식을 집중하는 것에 사용되어지지만, 우리 인생에서는 핀 조명이 비추는 방향에 따라 시나리오의 방향이 결정된다는 것이다.

당신과 나는 주로 무엇을 바라보고 있는가? 주로 바라보는 것에 대해 어떻게 느끼는가? 이 질문에 대한 답변이 당신의 첫 번째 목표와 일치하는가?

문제해결

늦은 저녁, 할머니가 가로등 아래에서 무언가를 열심히 찾고 있다. 손자가 와서 묻는다. "할머니 무엇을 찾고 계세요?" 할머니가 대답한다. "바늘을 잃어버렸단다." 이에 손자도 함께 열심히 가로등 아래에서 바늘을 찾는다. 한 시간이나 샅샅이 찾아 봐도 바늘은 보이지 않는다. 그래서 손자가 다시 묻는다. "할머니, 바늘을 어디쯤에서 떨어뜨리셨는데요?" 할머니가 대답한다. "집 마당에서 떨어뜨렸지." 손자가 놀라서 묻는다. "근데 왜 여기서 바늘을 찾으세요?" 할머니가 한심하다는 듯 답변한다. "마당은 어둡잖니."

이 이야기를 들어 본 적이 있을 것이다. 어떤 책에서는 할머니가 아버지로, 바늘이 동전으로 바뀌기도 한다. 공통된 교훈은 문제의 근원지에서 해결을 하라는 것이다.

많은 곳에서 인용되었다는 것은 많은 사람들이 문제와 관련없는 엉뚱한 곳에

마음성형

서 해결을 하려는 일들이 많다는 것으로 볼 수도 있다. 당신과 나는 어떠한가?

당신과 내가 어떤 것을 찾는다면, 그것은 무엇인가? 성공의 방법을 찾고 있는가? 돈을 많이 벌 수 있는 방법? 이상형의 배우자를 찾는 방법? 멋진 차를 타는 방법? 먼저 우리는 그 방법을 찾을 것이 아니라, 그 대상 자체에 집중할 필요가 있다. 세상의 얼마나 많은 사람들이 그 방법, 혹은 비법을 전수받으라고 하는가? 그중에는 꽤 괜찮은 것들도 있겠지만, 다른 무엇보다 본질에서 벗어나면 아무 소용이 없다.

더 중요한 점은, 시야의 확장 그리고 우리 자신의 핀 조명 방향 수정이다.

의식의 확장

인지할 수 있는 것이 보여지는 것에 초점을 맞춘 수동적인 행위라면, 의식은 보다 적극적인 개념으로 볼 수 있다. 당신은 다양한 방법으로 이 책을 읽고 있을 것이다. 먼저 눈으로 읽을 수도 있고, 혹은 점자로 느낄 수도 있고, 오디오북 등으로 들을 수도 있다. 어떤식으로든 우리의 감각기관을 통해 인지되는 것이다. 이 읽는 행위의 순간에도 우리의 의식은 이 책에 집중되기도 하고, 다른 사람의 얼굴이 떠오르기도 하고, 저녁 약속에 방문할 식당에 가기도 한다. 이 책을 통해 당신과 내가 온전히 대화할 수도 있고, 다른 것에 정신이 팔릴 수도 있다는 것이다. 마치 시끄러운 버스 안에서 흘러나오는 라디오 방송처럼 말이다.

우리는 무언가에 집중할 수도 있고, 정신을 분산시킬 수도 있다. 아무래도 집중한다는 것은 더 많은 에너지가 필요하다 보니 정신이 분산되는 경우가 잦다.

TV 채널을 한 곳으로 고정하지 못하고 계속 돌려 본 적이 있는가? 보고 싶은 프로그램을 찾아 채널을 돌리는 경우도 있지만, 보통은 우리의 흥미를 끌지 못하다 보니 계속 돌리게 되는 것이다. 그렇다고 TV를 끄지도 못한다. 나의 경우에는 특정 채널 위주로 돌려 보다가 아무것도 흥미를 끌지 못하면, 그중 그나마 괜찮은 채널로 고정을 하고, 지금 이것이 나에게 가장 재미있는 채널이라고 암시를 준다. 그럼에도 불구하고, 더 이상의 흥미를 끌지 못한다면, TV를 꺼 버리고, 다른 것을 찾아 떠난다. 요즘은 어떤가? TV보다 스마트폰으로 동일한 행동들을 반복하고 있지 않은가? 스마트폰 안에 엄청나게 재미있는 것이 있는 것은 아니다. 물론 처음에는 모든 것이 새로웠고, 엄청났다. 지금도 그러한가? 단지 내 의식을 둘 곳이 없어서 이 작은 화면 안에 우리의 모든 시선과 마음을 빼앗겨 버린 것은 아닌가? 물론 TV와 스마트폰이 우리에게 가져다 주는 유익들은 엄청나다. 그러나 이것들이 우리에게 해악을 끼치는 경우는, 이것들이 우리 삶의 수단이 아닌, 목적이 되어 버릴 때이다.

이것은 현대인의 중독에 관한 부분이다. 이 책에서는 중독에 대한 부분을 따로 다룰 생각은 없다. 중독의 치유에 대해 잘 알지도 못하거니와, 대부분의 약한 중독성은 [마음성형] 자체를 통해 자연스럽게 치유될 수 있기 때문이다.

이렇게 자주 분산되는 인지와 달리 인식은 약간의 훈련 등을 통해 유용하게 활용할 수 있다. 참선이나 명상 등을 통해 깨달음의 경지까지 올라가는 것까지는 아니더라도, 우리의 실생활과 목표들을 달성하는 것에만 활용할 수 있더라도 엄청난 유익을 얻을 수 있는 것 아닌가.

의식을 확장하는 방법은 여러 가지가 있겠지만, 우선은 모든 삶의 순간에서 의식을 확장한다는 것을 지속적으로 [인식]하고 있어야 한다.

유튜브에서 '우주의 크기'라고 검색을 해 보면, 다양한 영상들이 나온다. 아주 작은 소행성부터 시작해서 달, 지구, 화성, 목성, 토성 그리고 태양 등의 우리 은하계에 속한 행성들과 항성, 거성 등의 크기에 대해 시각적으로 비교해 주는 영상들이다. 또 우리 은하계를 넘어 우주의 크기를 가늠해 주는 영상인데, 한번 시청해 보기를 추천한다. 우주는 놀라울 정도로 넓은데, 우리는 정말 작은 별 중의 하나인 지구에서 살고 있는 중이다. 그러나 우주적으로는 작을지 몰라도, 우리에게는 상당히 넓은 곳이 아닌가? 지구의 광활한 자연을 통해서도 우리는 놀라움과 경이로움을 느낄 수 있다.

이렇듯, 우주는 무한대의 크기로 넓어서, 인간이 이 모든 것을 개척한다는 것은 불가능의 영역에 가깝다. 그러나 우리에게는 그것을 의식할 수 있다. 시야를 확장할 수 있다는 것이다. 인생이라는 무대의 조명을 더 넓힐 수 있다는 것이다. 언제든지 어떤 문제의 해결이나 결정을 내려야 할 때에 당신과 나 자신의 의식을 확장하는 것을 기억해 보도록 하자.

먼저 나 자신으로부터 시작할 수 있다. 그리고, 나 자신을 둘러싼 공간, 그 공간을 둘러싼 조금 더 넓은 공간, 내가 살고 있는 동네, 그 동네가 속한 도시, 도시의 넓은 행정구역, 국가, 국가가 속한 대륙과 대양, 그 모든 것을 품은 지구. 우리의 의식은 나로부터 시작해서 지구를 내려다 볼 수 있는 위치까지 당신과 나를 인도해 줄 수 있다.

지구를 내려다보는 지점에서 당신은 무엇을 보고 있는가? 그저 순수하게 느껴 보라. 이것은 우리가 영화나 문학작품, 좋은 음악이나 여행 등을 통해 느끼고, 충전할 수 있는 순수한 에너지를 보충해 주는 것과 비슷한 역할을 한다. 우주의 고요함 속에서 휴식을 느낄 수도 있다.

이제 자신의 핀 조명을 켜서 자신을 찾아보도록 하자. 어찌되었건 우리의 대다수는 지구에 있지 않겠는가? 그리고, 시간과 공간, 약간의 우리의 예술성을 더해서 가장 좋은 나 자신의 상태를 찾아보자. 창조하는 것이 아니라 찾는 것이다. 당신과 나 자신만의 가장 좋은 무대를 비추어 내 보자.

공상과 상상

동일하게 머릿속에서 구현해 내는 그림이라는 점에서 공상과 상상은 큰 차이가 없어 보인다. 이 책에서는 상상력의 힘에 대해 이야기하는 부분이 있을 것인데, 이 부분에서 한번 개념을 정리하고 가면 좋을 듯 싶다.

나는 의식적으로 적극적이고, 긍정적인 선택들을 하려고 노력을 하는 편이다. 그럼에도 그것이 쉽지만은 않다. 때론 잘못된 결정을 하기도 하고, 소극적이고, 부정적인 선택을 하기도 한다. 다만, 단어의 선택이나 개념에 대해서는 더 단호한 결정을 내리고자 한다. 그 단어를 표현하고, 개념을 표현하는 것이 그 사람의 본질적인 마음을 보여 주는 것이라고 믿기 때문이다.

그런 관점에서, 공상은 상상보다 조금은 허구에 가까운 느낌을 준다. 이루어지지 못할 것이라는 느낌이 더 강하게 들어가 있다.

그런 맥락에서 상상의 힘은 실제적인 결과를 충분히 갖고 올 수 있으며, 현실의 영역과 순수한 의식의 세계를 분리할 수 있는 분별력이 있기 때문에 더 강한 힘을 발휘할 수 있다.

지구 밖에서 지구를 바라본다는 것은 상상으로 이루어내는 의식과 시야의 확장이다. 중요한 것은 우리가 지구 밖에 있는 것이 목표는 아니라는 말이다. 우리의 현실 세계에서 중요한 것은 의식과 시야를 확장하고, 그곳에서 가장 맘에 드는 결과를 선택하여 취하는 것이다.

어린시절 단체사진을 찍어 본 경험이 있을 것이다. 적게는 수십 명, 많게는 수백 명의 사람들 중에서 당신은 자기 자신, 혹은 단체 사진 속의 가족을 바로 찾아낼 수 있는가? 보통의 단체 사진에서 우리는 자기 자신 혹은 우리 가족을 바로바로 찾아낼 수 있는 능력을 갖고 있다. 우리의 시야가 가족에게 익숙하기 때문이다. 그렇기 때문에 초반에는 우리 자신이 의식을 확장하고, 자신의 마음에 드는 무대를 찾고자 자신의 핀 조명을 이리저리 돌릴 때, 현재와 크게 다르지 않은 무대들만 눈에 띌 수도 있는 것이다.

그럴 때는 먼저 핀 조명을 켜기 전에 확장된 의식을 통해 우리가 살고 있는 지구 자체를 그저 느껴 보자. 처음부터 지구가 너무 넓다는 생각이 들 수도 있겠지만, 우리의 기술력은 이미 정보의 교류 차원에서는 지구를 하나의 공동체로 묶어 버릴 정도로 발전했다. 오히려 우리의 의식 수준이 더 높아야 하지 않겠는가?

우리가 의식하고 살았건, 그렇지 않았건, 우리는 우리 자신만의 핀 조명이라는 시야를 갖고 살아왔다. 넓은 시야를 소유한 사람은 여유로우면서도, 좋은 기회들을 선택하여 잡을 수 있다. 매 순간 한계를 극복하며, 삶의 주도권을 쥐고 나아갈 수 있다.

핀 조명 수정

당신과 나의 핀 조명은 어디를 비추고 있는가? 우리는 핀 조명이 비추어지는 곳만 볼 수 있다. 마치 마당에서 잃어버린 바늘을 가로등 아래에서 찾고 있는 할머니처럼 말이다.

이 넓은 우주, 오래된 시간 속에서 우리가 알 수 있는 지식에는 한계가 있다. 인류 전체를 놓고 본다고 할지라도, 이 광활한 우주의 일부도 알지 못할 것이다. 또한 당신과 나 자신은 어떠한가? 인류가 발견한 지식에 대해서도 우리 개별 인간은 많은 것을 알지 못한다. 이 책의 초반에 소크라테스의 말을 기억하는가? '너 자신을 알라' 이것은 우리가 알지 못하는 것이 대다수라는 '무지의 지'를 깨닫는 역할도 한다.

그래서 우리에게 지혜가 필요한 시점이다. 어찌되었건, 당신과 나는 각각 자신의 핀 조명의 방향을 수정할 권한을 갖고 있는 사람들이 아닌가? 핀 조명의 방향을 결정짓는 사람은 오직 자신뿐이다. 그 덕분에 우리는 전쟁 속에서도 사랑을 발견할 수 있고, 위기의 순간에 기회를 발견할 수도 있다. 새로운 기회를 놓쳤는가? 의식의 시야를 넓혀서, 또 다른 기회로 당신의 핀 조명을 비추어라. 언제든 우리에게는 핀 조명을 수정할 수 있는 선택권이 있다는 사실을 기억하라. 한쪽 문이 닫히면, 다른 문이 열린다는 말을 알고 있는가? 문으로 비유된 기회들은 언제든지 열린문들을 예비해 두고 있다. 언제까지 열리지 않는 문 앞에서 서성일 것인가?

마음성형

뇌의 안테나 작용

우리의 뇌를 각자가 소유한 안테나 수신기라고 생각해 보자. 실제로 현대 뇌과학에서는 집단 의식과 무의식의 사례를 들어 뇌의 안테나 수신기와 같은 역할을 뇌의 기능 중 하나로 보고 연구가 진행 중이다.

우리의 지식이나 의지와 무관하게 현재 우리 주위에는 수많은 전파 신호들이 흐르고 있다. 당신의 집에서도, 차 안에서도, 회사나 학교에서도, 우리가 생활하는 어디에서든 말이다. 물론 도시지역은 전파의 세기가 더 강할 것이고, 깊은 산속에서는 전파의 세기가 약하다 보니 전파를 잡기가 쉽지 않을 것이다. 우리의 스마트폰은 자신의 전파를 통해 우리에게 정보를 전달한다. 요즘 라디오를 들고 다닐 일이 흔하지는 않겠지만, 혹 당신이 뉴트로나 아날로그를 사랑해서 아날로그 라디오를 갖고 있다면, 그것으로도 라디오 주파수를 맞춰서 음악이나 방송을 들을 수 있을 것이다.

우리 주변으로는 방송전파나 통신전파 외에도 의식과 무의식의 주파수들이 흐르고 있다. 어느 모임이나 장소에 갔는데, 평소와 다르게 분위기가 무겁게 느껴진 것을 느껴본 적이 있을 것이다. 혹은 반대로 어느날 회사에 출근했는데, 무언가 사람들이 활기찬 느낌을 바로 받은 적도 있을 것이다. 그럴 때 우리는 가까운 사람에게 묻곤 한다. "무슨 일 있어요?" 그리고 우린 바로 그 답을 찾아낸다. 평소와 달리 분위기가 무거웠건, 활기찼건 말이다.

우리는 그 주파수들을 느낌을 통해 알아낸다. 말 그대로 느낀다. 이것은 우리 육체의 오감을 뛰어 넘어 느껴지는 느낌들이다. 무서운 이야기를 들었을 때 소름이 끼치는 사람들이 있다. 온 몸의 털이 쭈뼛쭈뼛 서는 것과 같은 느낌과 함께 실제로 솜털들이 올라오는 것 말이다. 그것은 무서운 이야기를 들었을 때 청각, 즉 오감 중 하나의 역할을 통해 나온 느낌의 결과이다. 그런데, 간혹 아무 정보도 받지 못했는데 소름이 돋는 경험을 해 본 적이 있는가? 그리고 나중에 왜 그때 소름이 돋았는지 알게 된 경험이 있는가? 이것은 우리가 느낄 수 있는 주파수가 우리의 현실보다 빠르다는 것을 보여 주는 단편적인 예시이다.

우리의 뇌가 안테나 작용을 하고, 주변에서 현재 벌어지는 일들과 앞으로 벌어질 일들에 대해 특정한 느낌을 받을 수 있다는 것을 우선 기억하자. 이것에 대한 과학적 증거들과 실제적 예시들을 신뢰할 수 있는 수준에서 다룬 책들은 꽤 많다. 우리는 우리의 목적에 맞게 가볍게 이해하고 넘어가도록 하자. 때론 지도를 해석하다가 목적지를 잃는 경우도 있으니 말이다.

그렇다면, 당신과 내가 활용할 수 있는 부분은 두 가지인데, 먼저는 우리 자신의 감각을 새롭게 의식하는 것이고, 두 번째로는 지금도 우리 주변을 흐르고 있는 주파수 중에 당신과 나 자신이 원하는 주파수 대역을 선택하여 뇌의 안테나를 고정하는 방법이다.

의식의 알고리즘

우리의 대다수가 구글, 혹은 여러 플랫폼을 통해 검색, 소셜미디어, 유튜브 등을 사용하고 있을 것이다. 그리고 우리가 이것들을 통해 검색한 것, 실제로 시청한 것, 관심을 보인 것들이 모두 저장된다는 것을 이제는 많은 사람들이 알고 있을 것이다. 그래서 구글 등 많은 인터넷 업체들이 우리가 구입할 만한 것들을 더 많이 노출시키고, 우리가 관심 있어할 법한 콘텐츠들을 우리가 보기 편하도록 우선 순위로 보여 준다. 이러한 시스템을 알고리즘이라 한다.

사실 이런 알고리즘은 원래 우리 인간의 고유한 능력이다. 당신과 나는 지금 우리 주변에서 흐르고 있는 모든 주파수를 잡아낼 수 없다. 라디오도 한 번에 하나의 방송씩만을 잡을 수밖에 없지 않는가? 그리고 고성능 PC나 스마트폰을 통해 두 개 이상의 라디오나 방송을 잡아낼 수 있다 하더라도 그것이 무슨 의미가 있겠는가? TV를 보면서 스마트폰을 보고 있는가? 그런 행동들은 우리의 집중력만 분산하여 산만함의 능력만 증가시킬 뿐이다.

그러다보니 당신과 나는 한 번에 하나씩의 주파수만을 잡아낸다. 물론 주파수를 계속적으로 바꿀 수는 있다. 하지만 자신에게 편한 주된 주파수들이 있을 것이다. 우리는 대개 그것에 우리의 주파수를 고정하게 된다. 그 주파수들은 알고리즘의 능력을 발휘하여 그 주파수에 어울리는 것들을 우리 눈에 띄게 해 주고, 귀로 듣게 해 주고, 느낄 수 있게 해 준다.

주변에서 쉽게 찾을 수 있지만, 당신이 평소에 전혀 생각하지 못했던 것을 하나 떠올려 보자. 나의 경우에는 최근에 등산화에 관심을 갖게 되었는데, 이전에는 이렇게 다양한 등산화들이 내 주변에 이토록 많은지 모르고 살아왔다. 전혀 관심이 없었기 때문이다. 이것은 어느날 갑자기 등산화들이 내 주변에 많아진 것이 아니다. 원래부터 그것들은 내 주변에 많이 있었다. 시장에도, 백화점에도, 인터넷 상점에도 말이다. 그러다가 내 의식의 안테나가 그것에 초점을 맞추자 기존에 있던 등산화들이 내 눈에 띄기 시작한 것이다. 심지어 길거리를 다니는 사람들이 신고 다니는 등산화까지 말이다.

자신의 인생에서 일어나는 모든 일과 사람과 결과들이 자신에게 행복감과 만족감을 느끼게 해 주는가? 그렇다면, 지금 당신은 자신에게 이러한 것들을 느끼게 해 주는 주파수 대역을 맞추어 둔 것이다.

반대로 자신의 인생에서 일어나는 모든 것이 마음에 들지 않는가? 이럴 때는 빠르게 자신의 주파수를 바꾸어야 한다.

이쯤에서 주파수 대역의 비유에 대해 오해가 없기를 바라며 미리 밝혀 두자면, 유튜브 등에 '몇Mhz의 주파수 대역이 좋다. 돈과 운을 불러오는 대역폭은 얼마이다.' 이런 것들은 나는 알지 못한다. 나는 지금 우리의 인식 작용에 대한 비유를 하고 있는 것뿐이다. 다시 한번 강조하지만, 지도를 해석하다가 길을 잃지는 말자.

새로운 감각

뇌의 안테나 작용을 활용하기 위해 처음으로 해야 할 일이 자신의 감각을 새롭게 하는 것이다. 이것은 TV나 라디오 편성표를 보는 것과 비슷한 맥락이지만, 유튜브에서 추천영상이나 인기영상 중에 고르는 것과는 다른 맥락이다. 유튜브에서는 이미 기존의 당신의 관심사에 기반한 알고리즘이 적용되어 있기 때문이다. 우리는 기존의 관심사와는 조금 다른 길을 찾아보고자 하는 것이고, 전체적인 흐름을 보기 원하기 때문이다.

이것은 약간의 훈련과 시간이 필요하고, 조금은 불편할 수 있다. 우리는 대부분 크게 신경쓰지 않고 많은 일들을 처리할 수 있다. 아침에 일어나서 샤워하고, 옷을 입고, 밥을 먹고, 학교에 가거나 출근하는 일상적인 일들은 거의 자동적으로 일어난다. 우리 삶의 패턴이 가장 효율적인 길을 찾아서 정착시켰기 때문이다.

시간을 조금 되돌려서 학교에 처음 입학하던 날을 떠올릴 수 있는가? 첫 출근하던 날이 기억나는가? 처음 자신의 가게를 오픈한 날은? 우리는 '처음'의 설렘과 두근거림을 기대한다. 누구나 처음에는 조금 미숙하고 당황스러울 수도 있다. 모든 처음이 좋지만은 않을 수도 있다. 그래서 우리는 우리 자신에게 편안한 길만을 찾도록 주파수를 돌리지 않는다. 그다지 마음에 들지 않지만, 익숙한 곳으로 다니고, 익숙한 사람들을 만나고, 익숙한 것을 먹고, 익숙한 감정들을 느낀다.

무조건적으로 새로운 것에 도전하라는 진부한 말이 아님을 당신은 이해해 주리라 믿는다. 우리는 자신의 감각과 시선을 조금만 변경해도 지금 앉아 있는, 혹은 이 책을 읽고 있는 당신이 있는 어떤 자리라도 지금까지와는 전혀 다른 새로운 느낌을 받을 수 있다. 그 느낌은 어디서 갑자기 솟아 오른 것인가? 그렇지 않다. 그것은 언제나 그 자리에 있었다. 당신과 내가 새로운 감각을 받아들이기로 인지한 순간 느끼게 된 것이다.

「행복을 찾아서」(2006)란 영화를 본 적이 있는가?
실화를 바탕으로 제작된 이 영화는 볼 때마다 행복한 느낌을 준다.
우리의 주인공은 부인이 어린 아들을 남기고 떠났고, 자신의 유일한 수입원이었던 크고 무거워 보이는 의료기기 한 대를 들고 다니며, 노숙자 쉼터에서 아들과 함께 밤을 보내고 있다.
정말 아무것도 없어 보이는 이 남자가 어느날 고층 빌딩 앞에 멋진 스포츠카를 주차하고 들어가려는 신사에게 물어 본다. "어떻게 하면 당신처럼 될 수 있나요?" 신사가 대답한다. "나는 주식 중개인입니다." 그때부터 우리의 주인공은 주식 중개인이 되기 위해 회사에 면접을 보고, 정직원 1명을 뽑기 위해 선발된 인턴들 사이에서 일을 한다.

이 영화의 클라이맥스를 꼽자면, 주인공이 정직원으로 채용된 소식을 듣고 회사 앞에 나와서 기뻐하는 장면이다. 이 역할을 맡은 윌 스미스의 연기력이 정말 빛을 발하는 순간이다. 길거리에 다니는 사람들은 주인공이 스포츠카 주인에게 질문을 던지던 날과 다르지 않다. 그러나 영화의 주인공에게는 완전 다른 날이다. 혹시 이 영화를 보지 않았다면 꼭 한번 보기를 추천한다. 우리의 감각을 새롭게 하는 여정이 풍성해지리라 기대한다.

감각을 새롭게 하는 것에 있어서 여행은 굉장히 큰 도움을 주는 매력적인 선택이다. 지금은 전 세계적으로 해외를 다니는 것이 제한적이지만, 조만간 이전과 같이 자유롭게 다닐 것을 기대해 본다. 그런데 여기서 한 가지 재미있는 개인적인 고백을 하자면, 나는 해외여행을 거의 다녀 본 적이 없다는 사실이다. 왜 굳이 지금 이런 고백을 하는 것일까? 그 이유는 나 자신의 시야가 좁고 [마음성형]이 되지 않은 상황에서는 다른 모든 사람들이 해외여행을 다녀도 나는 그렇지 못하다는 것을 말하고자 함이다. 물론 꼭 여행이 해외일 필요는 없다. 나도 국내 여행은 종종 다니곤 했다. 여기서는 감각을 새롭게 하는 목적으로서의 여행을 말하고 싶기 때문에 이 부분을 강조하고 싶다. 당신은 해외 여행을 자주 가는 사람일 수도 있다. 그런데 매번 같은 곳을 가지는 않는가? 현지 언어를 전혀 몰라도, 아무런 사전 정보가 없어도 전혀 무관한 여행을 가지는 않는가? 자신에게 휴식을 선물하는 목적에서는 그런 것도 좋다. 그러나 감각을 새롭게 하기 위한 목적이라면, 조금 불편한 길을 선택해 보는 것은 어떠한가? 가이드 없이 현지인들의 맛집을 조사해 보고, 위험하지 않는 범위 내에서 현지 사람들의 생활을 느껴 보는 것은 어떠한가? 해외뿐 아니라

마음성형

국내에서도 마찬가지이다.

낯선 것을 경험해 보고, 익숙한 것도 낯선 방식으로 해 보는 훈련을 해 보자. 평소와 다른 메뉴를 선택해서 먹어 보고, 평소와 다른 사람들을 만나 보고, 그들의 이야기를 들어 보자. 이러한 약간의 변화만으로도 우리의 감각은 새로워지고, 다양한 선택지의 주파수들을 가려낼 수 있다. 무엇보다 삶이 현재보다 꽤나 풍성해진다.

주파수 대역의 선택

기존의 익숙했던 것들은 우리에게 편안함을 제공한다. 새로운 감각을 통해 얻은 주파수들은 신선함과 기대감을 제공한다(물론 이것 외에도 많은 것들을 제공해 준다).

이제 우리는 자신이 가장 마음에 드는 주파수 대역을 선택하여 뇌의 안테나를 고정하면 된다. 그렇지만, 그것이 끝은 아니다. 새로운 것들은 언젠가 또 익숙해진다. 익숙해진 것들은 우리에게 편안함을 제공하지만, 지루함도 선물한다. 지루함은 뇌의 안테나를 이리저리 돌리게 한다. 우리 뇌의 안테나가 얼마나 빠르게 돌아가는지는 당신과 내가 제일 잘 알고 있을 것이다. 그것은 TV리모컨으로 돌리는 채널보다 빠르게 돌아간다. 그러다보니 정신은 분산되고, 인생은 뒤죽박죽인 것처럼 느껴지는 것이다.

그렇기 때문에 당신과 나는 우리 뇌의 안테나의 주파수 대역을 현재 가장 좋은 곳에 고정시키고, 삶의 모든 여정 속에서 지속적으로 새로운 감각을 일깨우는 작업을 이어가야 한다.

무엇이든 새것으로 교체하라는 말이 아닌 것임을 당신은 이해하고 있을 것이다. 우리가 매일 보는 가족도, 공부도, 일도, 사업도, 사람도, 심지어 나 자신조차도 매일 매순간 새롭게 맞이할 수 있다. 오늘 아침에 뜬 태양은 어제 뜬 태양과 다른 것이다. 오늘 우리에게 주어진 시간도 어제의 시간과는 전혀 다른 시간이다. 우리에게는 매일 새로운 것이 주어진다. 그것들을 낡고 익숙한 것들로 만든 것은 오직 우리의 낡은 감각들 뿐이다.

이제 당신과 나의 감각들을 새롭게 일깨우자. [마음성형]의 준비단계에서 세포의 마음까지 열어 두어야 한다는 말이 기억나는가? 우리는 전혀 다른 몸, 다른 마음을 가진 [다른 존재]로 거듭날 수 있다. 그 시작은 아주 작은 감각의 변화로부터이다.

우리 주변의 주파수들은 언제나 그 자리에 있다. 위에 잠시 소개한 영화의 제목처럼 행복은 [만드는] 것이 아니라 [찾는] 것에 가깝다.

낡은 감각을 고수하면서 현재의 편안한 주파수를 절대 변화시키지 않겠다는 사람에게는 당신이나 나나 강요할 필요가 없다. 이러한 변화가 누구에게 유익인지 생각해 보면 된다. 오히려 누군가에게 강요하다가 자신의 길을 잃어버릴 수 있는 것이다. 그리고 누군가가 당신에게 이러한 형태의 변화와 정신적 거듭남에 대해 권한다면, 당신 또한 그것이 누구에게 이익이 되는지를 분별하라. 이것은 오직 변화하는 자신에게 유익이 되어야 하는 것이다.

새로운 감각을 일깨우는 변화들은 우리의 시야를 넓히기 위한 작업이다. 넓어진 시야와 분별력을 통해 우리는 자신이 원하는 주파수 대역을 수신하기로 결정하고, 뇌의 안테나를 고정시킨다. 이 주파수 대역은 알고리즘을 통해 해당 주파수에 어울리는 인생의 상황과 환경, 사람, 필요한 것들을 우리 인생에 출연시켜 준다.

선순환의 입구로 들어오라.

무한한 가능성으로의 초대

뇌의 안테나 작용, 자신의 감각을 새롭게 인지하는 것, 주파수를 변경하는 것, 앞장에서 우리가 함께 나눈 이야기들은 순전한 나의 주장이 아니다. 용어만 다를 뿐, 기본적인 개념들은 기존에도 많이 활용되고 있는 것들이다. *다만 앞서 주의사항에도 적어 두었지만, 특정적으로 고정된 주파수 대역에 대해서는 아는 바도 없고, 검증된 바도 없다. 자신이 받아들일 수 있는 수준에 대해서만 주의깊게 받아들이도록 하자.*

기존에도 이런 개념들이 있다는 것을 당신과 나는 이미 알고 있었을 수도 있다. 우리는 그것을 인지한 단계이다. 이 단계는 첫 걸음이지만, 그것을 지속적으로 유지할 수 있다면, 그자체도 큰 힘을 발휘한다. 이후에, 그것을 받아들일 수 있는 수용의 단계가 필요하다.

내 주변에서 벌어지는 사건들, 환경들, 의식의 흐름, 공기의 느낌, 지금도 당신과 나의 삶이라는 무대의 분위기들을 의식적으로 느껴 보라. 이것은 우리의 제2의 천성이 될 수 있도록 해야 한다. 그리고 의식의 흐름 때론 무의식에서 의식으로 잠시 스쳐가는 것 같은 주파수 속에서 당신과 내가 원하는 주파수를 선택하여 우리 뇌의 안테나를 고정해 보자.

이 개념을 수용한다는 것은 당신과 나의 삶을 무한한 가능성의 세계로 인도하는 지도를 손에 쥐게 된 것과 같은 것이다. 당신의 삶에서 불가능하다고 생각했던 일들은 무엇인가? 당신과 나의 삶에서 일어날 수 있는 가장 기적과 같은 일은 무엇인가?

개인의 삶에서 '기적'이라는 단어는 지극히 개인적이다. 보통은 암과 같은 치료가 불가능해 보이는 병에서 완치되었거나, 큰 사고를 겪었음에도 빠르게 회복해서 일상으로 복귀할 때 자주 사용하게 된다. 앞에서 목사님이 들려 주었던 이야기가 기억나는가? 당신의 현재 상태는 어떤가? 병이 걸려서 기적이 필요한 상태인가? 혹은 평범한 일상을 보내고 있는 기적의 상태인가? 평범한 일상을 보내고 있다면, 당신의 감각은 그것이 기적이라는 것을 알고 있는가? 당신의 감각은 어떤 주파수들을 선택하고자 하는가? 넓은 시야를 유지하고 있는가? 오늘도 새롭게 시작할 기적들을 기대하고, 그것에 안테나를 고정하고 있는가?

당신과 나의 시야를 얼마나 넓히느냐에 따라 우리가 갖기 원하고, 경험하기 원하고, 누리기 원하는 것들은 모두 이미 가능성의 주파수로 우리 주변을 흐르고 있다. 그것은 시크릿에서는 우주라고 표현했고, 트랜서핑에서는 가능태라고 했고, 여러 이론마다 제각각 이름을 붙여 주었다. 이름을 붙인다는 것은 추상적일 수 있는 개념에 이해가 쉽도록 도움을 주는 측면이 있지만, 자칫 오해를 불러 일으킬 수 있다. 그러니 당신과 나는 자신이 이해하는 단어로 제각각 알아서 이름을 붙이도록 하자. 이 책에서도 앞으로 상황에 맞게 여러 이름으로 지칭하도록 하겠다.

당신과 나는 그 가능성의 주파수를 우리 자신의 것으로 만들면 되는 것 아닌가. 어떻게? 어떻게 가능한가? 나중에 마음을 훈련하는 방법들에 대해서도 함께 나누어 보겠지만, 가장 우선시되어야 할 부분은 (뇌의 안테나, 새로운 감각, 주파수)들이 느껴지느냐는 것이다. 이것을 위해 시야가 확장되어야 하는 것이다. 우리가 아무리 시야를 확장해도 모든 것을 볼 수 없고, 알 수 없다. 그만큼 이 우주는 넓다. 그렇기 때문에 시야가 넓어질수록 당신과 나는 겸손해질 수 있다. 그리고 기뻐할 수 있다. 점점 더 좋은 것들을 많이 발견할 수 있기 때문이다. 이 무한한 가능성의 장에서 때론 생각지도 못한 것을 건져 올릴 수도 있지 않겠는가? 다만 당신과 나는 우리 자신의 뇌의 안테나의 방향만 주의하면 된다.

선택의 힘

당신과 나를 포함한 모든 인간이 갖고 있는 가장 강력한 힘이 무엇이라고 생각하는가?

나에게 묻는다면, 나는 주저하지 않고, 선택의 힘이라고 대답하겠다. 우리에게는 바꿀 수 있는 것과, 바꿀 수 없는 것이 있다.

『빅터 프랭클의 죽음의 수용소에서』(청아출판사)에서는 책 제목 그대로 죽음의 수용소라는 최악의 환경에서도 인간으로서 스스로 인간임을 나타낼 수 있는 선택을 하는 사람들의 모습을 보여 준다(꼭 한번 읽어 보기를 추천한다).

빅터 프랭클 박사는 수용소에서 풀려난 이후에 '로고테라피'를 창안했는데, 그 행동 강령을 옮겨 본다.

인생을 두 번째로 살고 있는 것처럼 살아라. 그리고 지금 당신이 막 하려고 하는 행동이 첫 번째 인생에서 이미 그릇되게 했던 바로 그 행동이라고 생각

하라.

당신과 나는 이미 지나간 시간을 바꿀 수 있는 능력이 없다. 당신의 나이는 몇 살인가? 당신의 나이를 한 살이라도 어리게 만들 수 있는가? 당신과 내가 우리 자신의 나이를 어리게 만들 수는 없어도, 우리의 신체 나이는 젊게 만들 수 있다. 적절한 식이요법과 운동을 통해서 말이다. 이것이 우리가 바꿀 수 없는 것과 바꿀 수 없는 것의 차이 아니겠는가.

[마음성형]에 있어서의 목표도 '로고테라피'의 행동강령과 유사하다. 책의 서두에서 다리 위에 서 있던 나 자신의 그림을 떠올려 보자. 왜 사람들이 자살을 선택하는가? 더 이상 나아갈 길도 보이지 않고, 헤쳐나갈 힘도 없기 때문이다. 결국 어떤 이유로든 너무 힘에 부치기 때문이 아니겠는가? 스스로의 생명을 끊을 정도로 힘이 들었던 사람들을 어찌 뭐라할 수 있겠는가? 그것은 인간이 자신에게 선택할 수 있는 가장 슬픈 일이다. 다음 생을 기대하고 몸을 던지려고 하는가? 그런 것은 없다. **다음 생이 있다면, 그것은 아직 몸을 던지기 직전에 기대할 수 있는 것이다.** 로고테라피의 행동 강령처럼, 인생을 두 번째로 살고 있는 것처럼 살아라. 자신의 마음을 성형해서 조금은, 혹은 완전히 다른 사람처럼 살아라. 어제와 완전히 다른 사람이 되었다고 무엇이 문제가 되겠는가? 이 선택을 하지 않았다면, 어제 죽었을 것인데 말이다.

당신과 나의 삶에서 할 수 있는 최고의 선택은 무엇인가? 현재의 인생이 마음에 든다면, 그 삶을 온전히 선택해서 살면 된다. 때론 완벽해 보이는 인생에서도 험난한 장애물을 만날 때가 있다. 그때 우리에게 최고의 선택은 무엇이 될 수 있을까?

우리는 매 순간 선택하면서 살아간다. 감각을 새롭게 한다는 것은 우리가 오랫동안 습관적이고, 자동적으로 수행해서 선택의 여지가 없다고 생각하는 부분들까지 다시 선택의 순간들로 만들어 줄 수 있다. 모든 것을 처음 본 것처럼, 모든 것을 처음 해 보는 것처럼 낯설게 대하고, 새로운 선택들을 해 보자. 그리고 최고의 선택을 할 수 있도록 시야를 넓히는 것이다.

실제로 당신과 나의 선택의 힘은 막강한 힘을 갖고 있다. 우리가 무엇을 선택하건, 그것은 실제로 우리에게 오게 될 것이다. 그리고 한 가지 더 기억해야 할 점은, 지금 우리 앞에 펼쳐진 모든 것들이 지금까지 우리의 선택의 결과라는 것이다.

당신과 내가 선택의 힘을 모르고 있었던 것이 아니다. 아마 많은 책에서, 수많은 글과 강연들에서도 이미 많이 들어 본 내용들일 것이다. 그럼에도 한 번 더 강조하게 된다. 그리고 덧붙이고 싶은 것은, 우리가 바꿀 수 없는 것들을 바꾸려는 선택을 하려다 보니 선택의 결과가 혼돈이 오는 것이다. 이것은 당신과 나의 숙제로 남기도록 하자.

우리는 무엇을 바꿀 수 있고, 무엇을 바꿀 수 없는가?

모든 것에서 답을 얻는다

당신과 나의 감각을 새롭게 해서 시야를 넓히면, 우리는 주도적 선택을 할 수 있다. 그리고 우리의 첫 번째 목표 달성을 위해 최고의 선택들을 해 나갈 수 있는데, 이 과정에서 풀어 갈 크고 작은 의문들이 생길 것이다. 그 답은 어디서 찾아 갈 수 있겠는가?

새로운 감각과 넓은 시야의 최고의 장점 중 하나가 이것이라고 생각한다. 당신과 나는 앞으로 모든 상황, 모든 사람, 모든 사물, 모든 환경 속에서 우리가 원하는 답들을 찾아 나갈 수 있는 힘을 갖게 되는 것이다. 물론, 도깨비 방망이처럼 만능 통치약을 선전하는 것이 아니다. 나는 다른 무엇보다 이 부분에 대해 신경이 많이 쓰인다. 기존에는 상당히 좋은 사상과 이론들로 우리에게 좋은 선택을 할 수 있도록 도와주는 도구들이 있지만, 반면에 자신의 마음의 힘을 정확하게 이해하지 못한 상태에서 단순한 돈벌이의 수단으로 삼으려는 사람들이 얼마나 많은가? 백지에 그리는 그림보다 기존에 잘못된 그림을 지우고 다시 고치는 것이 훨씬 더 힘든 법이다.

마치 왕관의 금 밀도를 알아내기 위해 애를 쓰다가 목욕탕에서 "유레카!"를 외친 아르키메데스처럼 말이다.

당신과 내가 하는 고민의 대부분의 답은 이미 우리 주변의 주파수를 통해 흐르고 있다. 우리는 시야를 넓히고, 감각을 새롭게 해서 뇌의 안테나를 그 주파수를 향해 열어 두면 된다(대부분이라고 표현한 것 또한, 현재 나 자신의 시야 범위 내에서의 표현이니 이해해 주기 바란다).

문제의 답이 있다고 믿는 것, 없다고 믿는 것, 모르겠다는 것, 찾을 수 있다는 것, 찾을 수 없다는 것, 당신은 이미 눈치챘을 것이다. 이것은 오직 자신의 선택의 문제라는 것을 말이다.

답이 없어 보이는 문제에 대해 집중하여 답을 찾아가는 것을 불교용어로 '화두'라고 한다. 불교 수행자는 자신에게 질문을 던진다. "나는 누구인가?" 묻고, 또 묻는다. 그 과정에서 깨달음을 얻어 간다.

당신과 나의 대부분은 특정한 종교의 수행자가 아닐 것이다. 종교가 있을 수도 있고, 없을 수도 있다. 하지만, 자신이 누구인가에 대한 질문은 평범한 일상을 살아가는 누구에게나 필요한 것이다. 이 질문은 자신의 정체성과 지금까지의 선택과, 자신과 관련된 모든 것을 깨닫게 해 줄 것이다. 진정 자신이 누구인지 자신에게 지속적으로 질문을 던져 보도록 하자. 답이 나오면, 또 묻고, 또 묻고, 필요하다면 적어 보아도 좋다. 실제로 소그룹으로 이 훈련을 해 본 적이 있는데, 그 자리에서 20개의 답을 채우기도 힘들었다.

당신과 나는 방금 (모든 것에서 답을 얻는다)는 선택을 한 것이다. 그렇기 때문에 그 관점에서 시야를 넓히고, 감각을 새롭게 할 수 있다. 그리고, 답을 찾을 것이다.

우리가 그토록 찾아 헤매던 답을 무려 100년도 이전에 쓰여진 책에서 발견했을 때의 희열과 놀라움을 느껴본 적이 있는가? 실제로 고전문학에는 현대인들이 고민하는 정신적, 감정적, 철학적 의문에 대한 답변들로 가득하다. 그럴 때마다 우리의 정신적-영적 성장들이 현대의 기술의 발전의 속도를 따라가지 못한다는 생각에 안타깝기도 하지만, 이런 생각 또한 나 자신의 좁은 시야일 수 있다는 생각으로 다시금 희망과 기대를 품어 본다.

앞서 '마크툽'에서도 언급했지만, 이미 많은 것들이 기록되어 있다. 당신과 나는 그것에서 원하는 답을 찾을 수 있다. 보물지도를 갖고 나만의 보물을 찾으러 가는 기분이 들지 않는가? 그것은 이미 그 자리에 있다.

현실 바라보기

새로운 감각을 통해 시야를 넓히고, 당신과 나의 목표 지점을 흐르는 주파수에 우리의 뇌 안테나를 고정하고 가면, 지속적으로 목표를 이루어낼 수 있는 아이디어와 방법들이 눈에 띄게 될 것이다. 우리의 뇌는 과거의 데이터 속에서도 연관된 사람들을 찾아낼 것이고, 기억나게 해 줄 것이다. 여기에 기대감이라는 감정까지 더해지면, 새롭게 탑재한 고성능 엔진에 최고 품질의 연료를 부어 주는 것과 같은 효과가 일어난다.

여기까지는 좋다. 이렇게 간단하다고? 그렇다. 이것을 모두 이해하고, 실제로 할 수 있게 된다면 엄청나게 간단하면서도 대단한 효과를 낼 수 있는 마음의 힘을 소유한 사람이 될 것이다. 그런데, 왜 많은 사람이 이 간단한 일을 하지 못하고 있는가? 물론 이렇게 인식한 것도, 나 자신의 좁은 시야 때문일지도 모른다. 실상은 마음의 힘으로 자신의 목표를 이루어가는 사람이 엄청나게 많을지도 모른다. 다만 드러내놓지 않기 때문에 모르는 것일 수도 있다.

그러다 어느 순간 흔한 표현으로 '현타' 즉, 현실을 자각하는 시간이 온다. 마치 달콤한 꿈을 꾸고 있었는데, 누군가가 나를 흔들어 잠을 깨우는 것처럼 말이다.

당신은 어디에서 이 책을 읽고 있는가? 혹시라도 집이 없어서 노숙을 하고 있는가? 좁은 고시원에 있는가? 자신의 방 안인가? 거실인가? 카페인가? 차 안인가? 주변을 둘러보면, 지금 당신의 현실을 알 수 있을 것이다.

하지만, 어떤 감각과 시야로 주변을 둘러볼 것인지는 순전히 당신의 선택에 달려 있다. 현실을 자각하는 것은 매우 중요한 일이다. 그러나, 무엇이 진짜 당신과 나의 현실인가? '현타'라는 표현에서 내가 이해한 '현실 자각'은 기존의 낡은 감각과 좁은 시야를 유지하라는 의미가 크다.

이 차이를 명확하게 이해하길 바란다. 당신도 나도 말이다.

마음성형

연구보고마다 조금씩의 차이는 있지만, 지금도 당신과 나의 주변에서는 초당 4000억 비트의 정보가 흐르고 있고, 2000비트 정도의 정보를 뇌가 인식하고, 실제 40~50비트 정도만을 의식해서 처리한다고 한다. 이것이 모여 우리의 현실이 되는 것이다. 우리에게 허락된 채널이 몇 개인가?

우리가 진정으로 깨달아야 할 현실은 지금 당신과 내 눈앞의 환경이 지금까지 우리의 감각과 시야를 통해 뇌의 안테나가 선택해 온 결과이고, 이 결과는 언제든 우리가 원하는 방향으로 변경할 수 있는 선택권을 가졌다는 것이다.

지금 우리 눈앞의 현실은 지금까지 낡은 감각과 좁은 시야의 결과라는 것이다. 이것은 기존의 선택을 인정해야 될 부분이지, 앞으로의 현실도 동일하게 반복된다는 뜻이 아니다. 그러니 제발 '현타'라는 말로 다시 낡은 감각과 좁은 시야로 돌아가지 말라.

사기꾼들의 큰 특징 중 하나는 서두에 당신과 나의 흥미를 끌 법한 진실을 하나 말해 준다는 것이다. 그리고 당신과 내가 그것을 신뢰하면, 그 하나의 논리로 모든 것을 덮으려고 한다. 그들의 최종 목표는 그들의 이익이다. 그들은 자신의 이익을 위해서는 수단과 방법을 가리지 않는다.

그런데, 이런 사기꾼들이 특정한 사람으로서만 존재하는 것은 아니다. 때론 여론을 통한 사회의 목소리로, 친한 친구의 입을 통해, 그리고 나 자신의 마음속에서도 이런 사기꾼들이 존재한다. 그들은 당신과 나를 위한답시고, 친근하게 다가와 부드러운 목소리로 거짓말을 늘어놓는다. 그 결과는 무엇인가? 우리 에너지의 고갈이다.

그 무엇이든 당신과 나의 감각을 새롭게 하고, 시야를 넓혀서 원하는 주파수에 안테나를 고정하려 할 때, 그것을 제한하는 즉, 가능성을 닫아

버리는 주변과 내면의 목소리를 끊어 낼 수 있어야 한다. 특히나 이제 막 시작하려는 단계에서는 더 그렇다.

사기꾼들의 목소리를 분별하는 방법은 여러 가지가 있겠지만, 가장 기본은 그 목소리를 따라 갔을 때, 누구에게 이익이 되느냐를 판별해 보면 판별이 쉽다. 순수한 사랑의 마음에 의한 행동들은 상대방에게도 이익이 되고, 당신과 나 자신에게도 이익이 된다.

나 자신을 향한 탐구의 여정

외부의 어떤 환경과 조건을 전혀 바꾸지 않은 상태로 오직 생각의 관점만을 바꾸어서 행복을 느낄 수 있을까? 라는 물음에 대한 내 대답은 '그렇다'이다. 당신도, 나도 그런 경험들이 있을 것이다. 혹은 반대의 상황을 맞이한 적도 있을 것이다.

당신과 나. 우리의 대부분은 편하고 익숙한 것을 선호한다. 그러면서도 자연스럽게 이 상황이 좋아지기를 바란다. 자신의 상황과 환경이 더 나아지길 바란다면 뭔가 대단한 결단을 해야 하는 것은 아니다. 현재까지 나의 시야에서는 사람은 쉽게 변하지 않는다. 그렇다면, 어떻게 해야 하는가? 사람은 쉽게 변하지도 않고, 대단한 결단을 해야 하는 것도 아니라면?

당신은 그 해답을 찾고 싶어서 이 책을 펼쳤을 것이고, 나 또한 그 해답을 찾고 싶어서 이 책을 쓰는 중인지도 모르겠다. 그 해답은 사람마다 다르겠지만, 당신과 내가 공통적으로 공유 할 수 있는 부분은 우리 각자 자신을 향한 탐구의 여정이다. 나 자신을 향한 탐구의 여정 가운데 우리의 두 번째 목표인 [마음성형]이 자연스럽게 이루어지길 기대한다. 그렇다면, 우리의 첫 번째 목표들은 더 자연스럽게 이루어질 것이기 때문이다.

일반적으로 사람들이 원하는 많은 재산, 좋은 집, 좋은 차, 휴양지에서의 휴식, 사회적 성공 등은 모두 이 탐구 여정의 부산물이다. 작은 목표들이 될 수 있겠지만, 최종적인 목표라고 할 수는 없다. 나 또한 그러한 것들을 원한다. 그러나 지금까지 그것들을 목표로 삼아서 실제로 이루었는가? 엉뚱한 방향으로 열심히 달렸던 것만을 고백할 수 있을 뿐이다. 오히려 느린 듯 보여도 자신만의 제대로된 탐구 여정의 길을 밟는 사람들이 더 빠르게 자신만의 해답을 찾고, 삶의 좋은 것들을 누리는 것을 볼 수 있다.

지금 이 순간. 이제까지 바쁘게 움직이던 낡은 감각들을 쉬게 하자. 아직은 익숙치 않지만, 새로운 감각들을 깨워 보자. 느껴지는 모든 것을 다르게 인식해 보자. 나로부터 시작해서 이 우주까지 인식의 범위를 상상의 힘을 통해 넓혀 보자. 아인슈타인도 상상의 힘으로 빛에 올라타서 상대성 원리를 완성하지 않았는가? 또 반대로 범위를 좁혀서 내 몸 안의 작은 세포의 세계까지도 하나하나 인식해 보도록 하자. 지금도 우리의 심장을 비롯한 장기들은 우리가 매순간 의식하지 않아도 활동하고 있지 않은가? 그러나 우리가 의식의 손을 내밀면, 더 생동감 있게 움직일 것이다. 그리고 우리 뇌의 안테나의 범위를 당신과 내가 원하는 곳을 향하여 고정해 보도록 하자.

당신과 내가 원하는 것. 모든 것은 우리 안에 있고, 우리 안에서부터 시작된다. 같은 장소, 같은 사람, 같은 사건을 겪어도 사람마다 해석은 모두 다르다. 그렇기 때문에 이 책을 함께 읽어도 사람마다 결과는 다를 것이다. 그러나 다른 사람의 결과를 크게 신경 쓸 필요는 없다. 당신은 오직 당신 자신만을, 나는 나 자신만을 신경쓰면 된다. 이것은 이기적인 것이 아니라 겸손함이다. 절대로 타인의 인생의 결과에 대해서 이런저런 평가를 내릴 수 없는 것이다. 그렇기 때문에 이 책의 0순위 독자는 나 자신이라고 한 것이다.

[마음성형]이 이루어진 이후에는 씨앗을 뿌리고, 자신의 탐구 여정의 폭을 넓히기 위해 더 많은 공부와 독서를 이어갈 수 있다. 그러한 행동들은 적극 응원할 만하다. 그리고 그 자체가 굉장히 재미있을 것이다. 기존에는 읽어도 무의미해 보였던 내용들이 이제는 삶의 풍성한 성과들로 나타나고, 공부해도 써먹을 곳이 없다고 생각했던 것들의 활용도가 무궁무진해진다면, 삶이 얼마나 풍성해지고, 공부가 얼마나 재미있어지겠는가?

이 모든 것은 나 자신을 알아가기 위한 여정이다. 당신과 나의 대부분은 아직 자신에 대해 잘 모르고 살아왔다. 자신을 알아가는 것에 있어서는 현재의 나이도, 환경도, 그 어떤 상황도 관계 없다.

과거-현재-미래

시야를 넓히는 과정에서는 공간뿐 아니라, 시간의 범위까지 가능하다. 이것은 우리에게 엄청난 기회의 창을 열어 준다. 기존의 낡은 감각들은 과거의 기억들을 그리워하고, 아직 일어나지도 않은 미래의 일들을 걱정하며 현재의 시간들을 낭비하고 있었다.

이제는 새로운 감각 인식과 전체의 시간을 바라보는 시야를 통해 현재의 순간을 사는 법들을 깨우쳐 가도록 하자.

과거의 기억

당신은 돌아가고 싶은 삶의 순간이 있는가? 혹은 돌아가고 싶지 않은 삶의 순간이 있는가?

아마도 두 가지 모두가 뒤섞여 있을 것이다. 어떤 것은 잊혀진 것도 있고,

오랜 시간동안 남아 있는 것도 있을 것이다. 그리고 그 각각의 사건들은 당시의 감정을 싣고 있다. 이 감정들은 당시의 일들을 더 명확하게 기억나게 해주는데, 그 당시의 일은 이미 지나간 일이지만, 감정은 아직 남아 우리의 낡은 감각을 함께 프로그래밍하는 경우가 많다.

당신은 물을 무서워하는가? 그렇다면, 어린시절 물에 대해 공포심을 느낄만한 사건을 겪어서 생긴 트라우마인 것이다. 그리고 대부분은 그 대상을 처음에 겪었을 때의 기억이 크게 각인된다. 나의 경우에도 깊은 물에 빠져 죽을지도 모른다는 공포를 두 번 정도 겪었는데, 물에 대해 특별히 공포감은 없기 때문이다.

과거의 감정들은 우리가 의식하지 못하는 무의식에도 프로그래밍 되어 있다.

먼저는 그것들을 인지하는 것이 중요하다. 이미 지나온 과거를 바꿀 수는 없다. 그렇지만, 그것에 억눌려 있던 감정들을 인정해 주고, 그 기억들 또한 새로운 감각으로 바라보는 태도를 선택한다면, 그 감정에 의해 프로그래밍 되어 있던 나 자신을 자유롭게 풀어 줄 수 있다. 이것 역시 오직 자기 자신만이 할 수 있는 일이다. 나 자신의 과거와 그 감정들을 누가 대신 기억해 줄 수 있겠는가?

현재 인식

당신과 나는 지금 이 순간만을 살아간다. 지금 이 순간도 찰나에 과거로 편입되어 가는 중이다. 이 순간에 집중해라. 지금도 당신과 나의 주변을 빠르게 흘러가고 있는 정보의 주파수들을 느껴보라. 어떤 판단도 하지 말고, 과거의 감각들을 조용히 잠재우라. 그저 차분하게 흐름들을 살펴보고, 가장 마음에 드는 주파수를 떠올리면 된다.

최고의 미래로 초대

지금까지 당신과 내가 어떤 인생을 살아왔건, 새로운 감각과 넓은 시야, 그리고 뇌의 안테나를 원하는 주파수에 맞춘 것을 유지한다면, 지금껏 경험해 보지 못한 최고의 날들을 현재로 불러들이게 될 것이다. 나도 현재는 간헐적으로 맛보는 상태이다. 말로 할 수 없는 기쁨이 우리 안에 가득하고, 새로운 힘이 솟아오른다. 고개를 살짝만 돌려도 짜릿할 정도의 벅찬 감정들이 올라온다. 소수의 어떤 이들은 이런 일들이 아주 자연스럽다. 매일이 새롭고, 매일이 기쁘고, 기대와 소망으로 가득한 나날이 이어진다면 어떻겠는가?

시간에 대한 넓은 시야

이제 당신과 나는 '과거-현재-미래'라는 시간에 대한 시야를 확장하도록 하자. 어린 시절 즐겨하던 '부루마불'이란 보드게임을 기억하는가? 주사위의 수에 따라 전세계를 여행하며 들리는 국가마다 휴양지와 호텔을 짓는 게임 말이다. 당신과 나의 시간을 상상할 수 있는 가장 넓은 보드 게임판이라고 생각해 보자. 다만 게임의 방법은 우리가 선택할 수 있다. 주사위 수의 선택권이 우리에게 있음을 기억하자.

시간에 대한 인식과 시야의 확장은 나 자신에게 큰 위로를 주었다. 나는 우리 인생이라는 시간의 한계성 속에서 꼭 무언가를 이루어내야 한다는 압박이 있었기 때문이다. 이 내면의 사기꾼은 내 주변 사람들의 입을 통해서 일하기도 했고, 각종 언론과 매스컴을 통해서 일하기도 했다. 물

마음성형

론 지금은 그것이 나 자신의 뇌의 안테나 덕분이라는 것을 인정하지만 말이다.

당신과 나 우리 모두 현재의 시간을 산다. 이 현재의 시간이라는 것은 어느 시점을 잘라내어 말 할 수 있는 것은 아닌 것 같다. 결국은 자신의 과거와 현재의 순간 미래를 한번에 살아내는 것이다. 일정과 약속시간, 스케쥴 등과 같은 기준을 위한 시간에 대해서는 나 또한 여전히 시간을 재고, 일정을 조율한다. 다만 우리 인생 전체의 그림 속에서 시간에 대한 태도와 시야의 변화는 나 자신의 선택들을 가장 좋은 것으로 채울 수 있게 해 주었다. 무엇이 가장 중요한 것이고, 그것을 선택할 수 있는 힘이 있다는 것을 깨닫는 것. 또 한번 나의 마음을 성형해 간다.

시야를 넓힌 삶의 연금술

태어나서 처음으로 새로운 경험을 하게 되었을 때 우리는 흔히 '신세계'라는 표현을 한다. 말 그대로 새로운 세계에 발을 들여놓으면, 모든 것이 낯설지만 흥미롭고 신선하다. 뭔가 두근거리고, 신나기도 한다.

당신과 나의 감각을 새롭게 하고, 시야를 넓히는 과정 중에서 우리는 아직 우리의 목표들을 이루지 못했을 수도 있다. 하지만, 기존과 다른 세계, 이전과는 다른 사람들, 매일 보았던 것들인데 어딘가 낯선 환경들을 맞이하고 있을 것이다. 이 자체가 당신과 나의 삶을 경이롭게 해 주고 있지 않은가? 이 감각을 꾸준하게 유지하도록 하자.

오늘은 어제와는 전혀 다른 순간이다. 우리는 매일 아침마다 새로운 하루를 맞이하는 것이다. 이 하루는 이세상 그 누구도 맞이해 본 적 없는 순간들이다. 모든 순간들을 자신의 온세포를 열어 만끽하도록 하자.

넓어진 시야를 통해 우리는 무한한 기회의 장을 살펴보고, 그 중에서 가장 마음에 드는 것을 선택할 수 있는 힘을 갖게 되었다. 이 힘은 원래 우리 자신이 갖고 있었던 것이다.

아직은 감각을 새롭게 하는 것, 시야를 넓히는 것이 쉽지 않다고 생각할 수 있다. 재차 강조하지만, 상상력의 힘을 적극 활용하라.

어린 시절 우리의 대다수는 모두 상상력의 달인이었다는 것을 기억하라. 언젠가 우리는 상상 속에서 우주선을 조종하고, 정글을 탐험하고, 의사가 되기도 하고, 때론 슈퍼맨이 되기도 했다. 지금은 그 정도로 어려운 상상을 하는 것이 아니다.

우리 몸을 구성하고 있는 세포들에게 독립적인 마음이 있다는 것을 인정하고, 상상으로 그 모습을 그려 보는 것이다(몸에 바이러스가 들어왔을 때, 세포들이 모여서 이 바이러스를 받아들일 것인지 몰아낼 것인지 투표를 통해 결정한다고 생각해 보자. 바이러스를 몰아낼 것으로 결정하면, 세포들은 힘을 합쳐 바이러스를 공격할 것이다. 상상이 가는가? 이것은 상당히 재미있고, 효과적인 방법이라 생각한다).

그리고, 자신의 몸으로부터 의식을 확장하여 상상력이 허락하는 범위까지 시야를 확장해 보자. 자신이 사는 동네까지도 좋고, 국가, 지구, 은하계, 우주까지 좋다. 얼마나 많은 사람, 많은 기회, 많은 주파수들이 존재하고 있는가?

(기분 나쁘고, 위험하고, 경험하기 싫은 주파수와 가능성들에 대해서는 채널을 돌리면 그만이다. 오직 당신과 내가 관심을 끄면 그것들이 우리에게 다가올 수 있는 기회는 없다. 다만 그들이 자신의 존재를 어필할 때 우리가 지

속적으로 관심을 주기 때문에 우리 삶에 침투하는 것뿐이다.)

삶의 기회는 언제든 우리에게 열려 있다. 그것을 알아보지 못하고, 외면하는 것은 순전히 우리의 이전 모습이 아닌가? 이것이 잘못되었다고 생각하지는 않는다. 다만 안타까운 것이다. 특히 나 자신에게 말이다. 기회를 놓칠 수는 있다. 그러나 이것이 기회인지조차 알지 못했다는 것이 특히나 안타까운 것이다. 당신과 나는 안타까움을 유지하고 있을 것인가? 지금부터는 모든 기회가 우리에게 열려 있고, 무한한 가능성의 주파수에서 원하는 것을 선택해서 이룰 수 있는데 말이다. 그 기회들 또한 우리가 알아봐 주기를 기대하지 않을까? 그들도 안타깝게 만들 것인가? 결과는 순전히 당신과 나의 선택에 달려 있을 뿐이다.

누구나 자신의 세상을 살아간다

나는 이 책에서 종종 당신의 안부를 묻고 싶다. 당신은 지금 어떤 상황인가? 학생인가? 회사에 다니고 있는가? 군대에 있는가? 병원에 입원 중인가?

우리의 대다수는 표면적으로는 특정한 범주에 소속되어 살아가는 것처럼 보인다. 혹은 인생의 시간을 영유아, 어린이, 청소년, 청년, 중년, 장년, 노년 등으로 나누어 생각하기를 좋아한다. 특정한 범주, 특정한 시간대에 살고 있는 사람들에 대해 규정 짓기를 좋아한다. 때론 타인이 정한 규정 속에서 '이래야만 한다'라는 생각을 갖고 있지는 않은가?

삶의 역경을 이겨내거나 신체적 장애를 넘어서서 자신만의 삶의 노선을 구축한 사람들을 본 적이 있는가? 나는 헬렌 켈러를 떠올릴 때면, 정말 인간의 한계는 어디인가? 하는 생각을 하게 된다. 보지도, 듣지도 못하는 사람이 어떻게 글을 쓰고, 자신의 의사 표현을 할 수 있게 된 것인가? 닉 부이치치는 어떠한가? 사지가 없음에도 전 세계를 다니며 강연을 하고, 사람들에게 꿈과 희망을 심어 주고 있다.

더 많은 사람들이 있겠지만, 우선 이 두 명만 생각해 보더라도 말이다. 당신과 내가 이 둘과 동일한 상황이라면, 저들과 같이 될 수 있겠는가? 이들은 타인이 정해 둔 '이래야만 한다'라는 규정과 규범을 뛰어 넘은 사람들이다.

우리 중에도 신체적 장애가 있을 수 있다. 정신적-환경적 장애도 있을 수 있다. 보통의 시야에서는 장애를 장애로 받아들인다. 나의 경우에는 어땠는지 아는가? 장애가 아닌 것도 장애로 받아들였다.

그러나 삶의 감각을 새롭게 하고, 시야를 넓히고, 자신이 원하는 주파수를 선택한 사람들은 어떻게 되었는가? 장애를 디딤돌로 삼았고, 기회를 발견하고, 최선의 결과를 내었다. 왜 아픔이 없겠는가? 그들이 겪었을 아픔과 슬픔은 내가 상상도 할 수 없을 것 같다. 그럼에도 그들은 그곳에 머무르지 않기로 결심한 것이다.

당신과 내가 어떤 환경, 어떤 상황, 어떤 입장에 있다 하더라도 가장 중요한 것이 무엇이겠는가? 우리의 현재를 어떻게 인식할 것이냐는 것이다. 그리고 앞으로 어떤 방향을 선택할 것인지 말이다.

누구도 예외 없이 자신이 보고, 듣고, 믿는 세계 속에서 살고 있다. 자신의 세계에서 옳은 것은 자신이 선택한 것뿐이다. 그리고 자신의 인생 속에서 자신의 선택을 책임지면서 산다. 이것이 우리 인생에서 가장 슬프면서도 희망적인 이야기인 것 같다.

그 누구도 타인의 인생을 판단하고 평가할 권리를 갖고 있지는 않다. 당신과 나는 각자 자신의 삶을 책임질 수 있을 뿐이다.

동일한 환경 속에서 같은 시간을 살아도 그것을 느끼는 것은 사람마다 다르다. 당연한 것 아니겠는가? 그렇게나 많은 주파수들 중에 인간이 인식할 수 있는 범위는 한정적이니 말이다.

다시 한번 당신의 안부를 묻고 싶다.

당신은 지금 어떤 상황인가?

사람마다 다른 결과

당신과 나의 두 번째 목표를 한번 더 상기해 보도록 하자. 우리는 우리 [마음의 밭]을 가꾸고자 한다. 길가, 돌밭, 가시떨기가 가득한 마음을 [좋은 땅]으로 바꾸고자 한다. 좋은 땅에 좋은 씨앗을 뿌리고 잘 가꾸어 주면, 30배, 60배, 100배의 결실을 얻을 수 있기 때문이다.

그래서 우린 필요한 여러 준비를 하고, 기회들을 살펴보고, 원하는 것을 심기로 한다.

당신과 나는 우리의 마음밭을 갈고, 관리하는 농부가 된 것이다. 길가이건, 돌밭이건, 가시떨기가 가득하건 혹은 좋은 땅이건, 공통된 것은 우리는 모두 마음이라는 땅을 갖고 있다는 것이다.

태어나면서부터 재산이 많은 집에서 태어난 사람도 있고, 가난하게 태어난 사람도 있다. 외모가 출중하게 태어난 사람도 있고, 그렇지 못한 사람도 있다. 화목한 가정에서 태어난 사람도 있고, 그렇지 못한 사람도 있다. 받은 것이 많은 사람도 있고, 전혀 받을 것이 없는 삶도 있다. 신체적으로 온전하게 태어난 사람도 있고, 선천적으로 장애나 병을 안고 태어난 사람도 있다. 그러나 모두 공통된 사항은 당신과 나는 마음의 밭을 소유하고 있다는 것이다.

당신이 태어나면서부터 많은 것을 갖고 태어났다면, 현재 갖고 있는 것과 마음의 밭을 통해 더 많은 것들을 수확하라. 많은 것을 갖고도 마음이 돌밭이어서 술이나 향락에 빠져 사는 사람들이 얼마나 많은가?

당신이 태어나면서부터 아무것도 받은 것이 없다면, 마음의 밭을 가꾸는 것이 당신과 나의 기회가 아닌가? 당신의 마음의 밭을 갈고, 좋은 땅을 만들어서 당신이 손해 볼 것이 무엇인가? 우리가 지금까지 함께 나눈 것들이 이미 알고 있는 것인가? 그렇다면, 인생에 적용하라. 해 봤는데 안 되던가? 얼마나 해 봤는가? 김연아가 트리플악셀을 성공하기 위해 얼마나 많은 엉덩방아를 찧었을 것이라고 생각하는가?

우리의 외적인 상황과 환경은 우선 고려 상황이 아니다. 당신과 나는 없는 것에 집중하지 말고, 있는 것에 집중해야 한다. 새로운 감각과 넓은 시야는 우리에게 있는 것을 활용하게 해 주는 것이다. 당신과 내가 뇌를 소유하고 있기 때문에, 뇌의 안테나를 움직일 수 있는 것이다.

우리 자신에게 기쁨과 소망을 충만하게 하기 위해서는 외부의 그 무엇이 필요한 것이 아니다. 당신과 나는 지금 당장 그것을 느낄 수 있다. 그 방법은 지금까지 수차례 반복해서 얘기했다. 이 기쁨과 기대와 소망과 삶의 모든 좋은 감정들을 지속적으로 느낄 수 있도록 하자. 날마다 새로운 감각들을 활성화하고, 낡은 감각들은 영원히 꺼 두도록 하자. 자신에게 최고의 순간들을 허락하도록 하자.

타인의 삶과 결과는 그들의 것이다. 당신과 나는 오직 우리 자신의 결과에만 집중하고, 마음의 밭을 가꾸어 가도록 하자.

일상에 미리 감사하기

아무런 일도 일어나지 않고 있는 지금의 일상이 얼마나 감사한가.

큰 교통사고에도 몸이 멀쩡해서 기적이라는 목사님 이야기가 기억나는가? 크고 작은 병에 시달리면, 건강했던 몸이 얼마나 그리운가?

지금 자신의 인생에 아무런 변화가 없는가? 그저 하루하루 반복되는 삶을 살고만 있는 것 같은가? 모든 것이 의미가 없어 보이는가? 아무 것도 하고 싶지 않은가?

그런 순간에도 우리는 주변을 흐르는 위험의 가능성들을 잘 피하고 있는 중이다. 그조차 감사하지 않은가? 아무런 변화가 없는 일상에서 미리 감사하는 습관은 꽤 효과가 있다.

우리가 감사하지 않아야 할 상황은 없다는 것을 한번 더 기억하자.

상상력에 감정 더하기

당신과 나의 삶을 더 풍성하게 만들어 주는 삶의 연금술을 나누며, 인지(시야)의 장을 마무리하고자 한다.

우리는 새로운 감각을 여는 것과 시야를 넓히고, 원하는 주파수에 뇌의 안테나를 맞추는 것이 모두 상상력의 힘을 통해 가능하다는 것을 알아보았다. 이것은 뇌의 시연이지만, 여기에 우리의 감정이라는 연료를 더하면, 더욱 생동감 있게 연출할 수 있다.

우리는 영화를 보며 주인공이나 배우들에게 감정을 이입한다. 그리고, 그 배우를 영화 속의 캐릭터로 인식하는 것이지, 그 배우 자체로 생각하지는 않는다. 그런데 누군가 영화를 보다가 외친다. "어? 저 사람 이순신 장군이 아니에요. 저 사람 최민식입니다." 이 무슨 황당무계한 말인가?

그런데 잘 생각해 보자. 이 황당무계한 말이 우리의 마음 세계에서는 곧잘 통한다는 것이다. 마치 밭에 씨앗을 뿌렸는데, 새가 날아와서 쪼아먹고 가는 것처럼 말이다. 영화배우들이 극중 인물에 집중해서 마치 그 사람 같이 연기하면 우리는 찬사를 보낸다. 그리고 배우들은 그 어느 때보다 진지하게 작품에 임한다.

당신과 나도 작품에 임하는 배우와 같이 감각을 열고 시야를 넓히는 상상의 시연을 들어가보도록 하자. 사실 너무 진지할 필요가 없기는 하다. 다만 상상으로 들여다본다고 해서 이것이 영화처럼 허구는 아니라는 것이다. 실화를 바탕으로 한 영화들도 당시의 상황을 재연하지 않는가? 우리의 시연도 그와 같은 것이다. 그렇게 자신의 새로운 감각들과 넓어진 시야 속에서 발견한 새로운 기회들에게 자신만의 감정을 입혀 보자. 불필요한 잡음들은 때론 당분간 들릴 수 있겠지만, 당신과 내가 관심을 주지 않으면 사라지게 될 것이다.

요리하거나, 농사를 지을 때도 한 가지 도구만을 가지고 모든 것을 하기는 어렵다. 물론 숙달된 마스터들은 한 가지 도구 혹은 도구가 필요 없을지도 모른다. 그렇지만, 아직 당신과 나에게는 몇 가지 도구가 더 필요한 듯싶다. 명확한 목표와 목적, 넓은 시야와 선택권만을 활용해도 당신은 벌써 멋진 요리를 완성했을 수도 있다. 하지만 아직 우리에게는 몇 가지의 도구가 더 남아있다. 어떤 도구를 활용하든, 당신에게 가장 좋은 결과를 안겨 주리라 믿는다.

III
마음의 정화

마음을 정화한다는 것은 마음의 밭을 청소하는 것과 같다. 관리되지 않은 길가에는 온갖 쓰레기들이 나뒹군다. 돌밭에는 당연히 돌들이 많을 것이고, 가시떨기에는 그 아래에 어떤 땅이 있는지조차 모르게 수풀이 무성하다.

우리는 종종 어떤 씨를 뿌려야 잘 자랄지 고민했을지도 모른다. 지금도 많은 사람들이 씨앗에만 집중하고 있다. 그러나 당신과 나는 이제 어렴풋이 깨닫고 있을 것이다. 물론 씨앗도 중요하겠지만, 그 수확의 결과를 결정하는 것은 당신과 나 자신의 마음밭을 얼마나 잘 관리하느냐에 달려있다는 것을 말이다.

왜? 안 되지?

예전에는 매우 소수의 사람들만이 마음의 힘에 대해 깨닫고, 그것을 활용하였으나 최근에는 많은 사람들이 마음의 힘에 관심을 갖고 배워 간다. 당신과 내가 마음의 힘에 대해 배우고자 한다면, 관련 책자나 선생님을 찾는 것이 그리 어렵지 않은 일이다. 특히나 마음이나 영적 수련을 다루는 영역에서는 분별력을 잘 갖추어야 한다. 아마 당신도 나와 비슷한 생각을 하고 있을거라 조심스럽게 예상해 본다.

그러다보니 나의 경우엔, 그리고 많은 사람들이 가장 쉽게 접할 수 있는 것이 마음에 관련한 도서를 통해서 마음의 힘을 기르고, 활용하는 방법들을 배우고자 한다. 그렇게 배운 마음의 활용법을 바탕으로 원하는 성과를 이룬 사람들도 많을 것이다. 당신도 그랬을 수 있다.

하지만 매우 안타깝게도 나의 경우에는 그렇지 못했다. 특정하게 마음의 힘으로 무엇인가 이룬 것을 떠올리기가 힘들 정도로 말이다. 혹시 당신도 그러한가?

당신은 지금까지 마음의 힘에 대해 전혀 신경쓰지 않고 살아왔을 수도 있다. 딱히 배워야 할 필요성을 못 느꼈을 수도 있다(그래도 다행인 것은 아직까지 이 책을 읽고 있다는 것이다). 혹은 예전에는 관심을 가졌다가 잘 되지 않다 보니 무관심해졌을 수도 있다.

그렇다면, 왜 어떤 사람들은 마음의 힘을 잘 활용할 수 있었고, 또 나를 포함한 어떤 사람들은 책에서 배운 내용들이 잘 되지 않았을까? 이것은 두 가지의 이유로 볼 수 있다. 첫 번째는 우리 자신의 마음밭에 쓰레기와 돌과 가시떨기가 가득하기 때문에 순수하게 가르침을 수용하지 못한 이유이고, 두 번째는 배운 것에 대한 훈련 부족이다. 훈련에 대해서는 뒤에서 다시 논의할 것이고, 지금은 '순수한 수용'에 대해 나눠 보도록 하자.

머리로 이해하는 것, 가슴으로 받아들이는 것

특정한 사건을 겪으면서, 한 친구가 이런 말을 한 적이 있다. "머리로는 이해가 되는데, 가슴으로는 받아들이기가 힘들어요." 이러한 표현을 종종 들어본 적이 있을 것이다. 최근에 이런 느낌을 받아본 적이 있는가? 누군가와 다툼을 했다거나, 특정한 상황에서 느낀 개인적인 경험들을 떠올려 보자.

흔히 '가슴으로 받아들인다'라는 표현은 '마음으로 받아들인다'와 동일하게 사용할 수 있을 것이다(당신과 나의 세포 하나하나에도 마음이 있다는 것이 기억날 것이다). 이성적으로는 분별할 수 있지만, 도저히 자신의 마음의 밭에 수용할 수 없을 때 느껴지는 심정들이다.

이렇게 극적인 감정들은 분별이 상대적으로 쉽게 분별이 가능하다.

당신과 내가 독서를 통해 마음에 대해 배우거나, 좋은 강연, 좋은 글귀, 영상 등을 통해 마음의 힘에 대해 배웠던 것들은 그 순간에 우리에게 영감을 주거나 짧은 깨달음을 준 것 같음에도, 우리 삶에서는 책의 저자들과 같은 드라마틱한 변화가 없어 보이는 이유는 당신과 내가 일상적인 배움(학습)에 있어서도 머리로만 이해하고, 가슴(마음)으로 받지 못한 까닭이다.

[마음성형]의 과정에서 이전에 읽었던 책들을 다시 읽고 있다고 고백한바 있다. 많은 책들이 표현방식과 깊이는 다를지언정, 모두 비슷한 맥락을 이야기하고 있고, 또 어떤 방법이든 자신에게 잘 맞는 것이라면, 효과가 있다는 것을 한번 더 깨닫게 된다.

백지 만들기

그렇다면, 당신과 나는 왜 순수하게 마음에 관한 힘과 활용법에 대해 받아들이지 못했을까? 머리로는 이해한 것도 왜 실제 마음의 밭에는 제대로 심겨지지 못했을까?

(모든 비유에서는 적절한 범위를 찾아가야 한다. 모든 학습과 배움 혹은 좋은 생각의 씨앗들이 전부 안심겨졌다고 볼 수는 없다. 일부는 심겨졌을 것이고, 또 일부는 사라졌을 것이다. 좋은 땅에서도 모든 씨앗이 다 결실을 낸다

고 볼 수는 없다. 그러나 당연하게도 길가와 돌밭에 뿌려지는 씨앗보다 좋은 땅에 심겨지는 씨앗들이 더 좋은 결실을 맺을 것이다. 특정하게 이런 이유 하나 때문에 우리가 원하는 결과를 얻지 못하는 것은 아닐 것이다.)

우리 마음의 밭을 가만히 들여다보면 원하는 답을 찾을 수 있을 것이다.

우리는 앞서 목표를 설정하고, 시야를 넓히는 과정들을 살펴보았다. 그리고 뒤에서는 이 모든 것을 훈련하는 과정들과 실제로 증명하는 과정에 대해서 나누게 될 것이다. 그런데, 당신과 내가 이 책을 모두 읽고, 쓰고 난 이후에 어떤 태도를 취하게 될까?

한번 더 머리로 이해하고 끝내게 될 것인가? 혹은 진심으로 이것을 받아들여서 자신의 마음을 성형하고, 이 책의 내용들을 받아들여 볼 것인가?

머리로 이해하고 끝나는 것이 아닌, 진심으로 받아들이기 위해서는 우리 마음밭의 수많은 돌들과 가시떨기들을 제거해야 한다. 종종 날아오는 새들도 말이다.

앞서 우리는 감각을 새롭게 하는 것에 대해 상상해 보았다. 알고 있는가? 지금도 당신의 몸속 세포는 끊임없이 새롭게 생성되고 있다. 당신과 나는 그것을 인식해서 시야를 넓히고 있다. 그리고, 목표의 주파수를 찾아 안테나를 고정시킨다. 이제 수신된 주파수는 마음의 밭에 심겨지고 투영되어 삶에 나타나게 될 것이다. 그런데, 마음의 밭에 아직도 쓰레기와 돌과 가시떨기들이 널려 있다. 이것을 어떻게 치워 버릴 것인가?

이 주제는 정말 쉽지 않다. 그러나 정말 기쁜 사실이 무엇인지 아는가? 당신과 나의 삶에서 이 쓰레기들과 돌과 가시떨기만 제거해도 우리는 특정한 목표를 이루지 못한다 하더라도 엄청난 행복을 맞이할 수 있다는 것이다. 아무 것도 심지 않고, 아무 것도 자라지 않아도 말이다. 당신의 인생에서 그런 순간들이 있었을 것이다. 아무런 이유 없이 갑자기 기분이 좋아졌던 경험 말이다. 나의 경우에는 어린 시절에는 그런 경험들이 잦았는데, 어느 순간부터 줄어들기 시작했다. 마음을 너무 방치한 까닭이다.

좋다. 쉽지 않더라도 당신과 나는 이 쓰레기들과 돌과 가시떨기들을 치워 버리고, 태워 버릴 수 있다. 그래서 잠시만 마음을 비유한 대상을 바꿔 보도록 하자.

마음을 밭으로 비유하는 순간부터 당신과 나는 우리가 알고 있는 '땅'의 그림에 초점을 맞춘다. 이것은 순전히 비유이지, '마음=밭'을 공식화 하는 것이 아니다. 우리의 이해를 돕기 위한 도구일 뿐이다. 이 도구가 어떤 면에서 당신과 나의 이해를 방해한다면, 잠시 넣어둘 필요도 있다. 당신과 내가 등산을 하는데, 텐트가 필요하다고 해서 텐트를 계속 펼쳐놓은 채로 산을 올라갈 필요는 없지 않은가?

잠시 동안만 우리의 마음을 한 장의 그림이라고 생각해 보자. 시야를 넓혀서 과거와 현재, 미래를 한 장의 그림으로 본 것이 기억날 것이다. 우리의 마음을 한 장의 그림으로 본다면, 그것에는 무엇이 그려져 있는가? 마음은 우리가 생각할 수 있는 것, 취할 수 있는 태도, 감정, 의식적 무의식적 인식의 총합이다. 이 그림의 색채감은 어떠한가? 분위기는? 그림 아래의 스케치 부분도 확인이 되는가? 객관적으로 바라본 당신의 마음의 그림에 대한 소감은 어떠한가?

이 또한 당신과 나의 상상력을 총동원해야 할 것이다. 나 또한 쉽지 않은 작업임을 고백한다. 그렇지만, 가능하고 즐거운 여정이기를 소망한다.

당신과 나의 상상의 능력에 따라 다르겠지만, 어찌되었건 우리는 자신의 그림을 어느 정도까지는 확인했을 것이다. 최소한 색감에 대한 느낌 정도까지라도 말이다. 그럼 이제 그 그림을 걷어서 태워 버리도록 하자. 마음의 그림을 태우는 것은 자신의 마음을 부정하는 것이 아니다. 우리의 목적은 기존의 그림 아래에 깨끗한 백지가 나오도록 하는 것이다.

상상의 시연이라 할지라도, 아주 새하얀 백지가 나오기 위해서는 많은 마음의 그림들을 태워야 할 것이다. 때론 태우기가 아깝다는 생각이 들지도 모른다. 그러나 항상 아깝다고 생각하는 그림보다 아무 것도 없는 새하얀 종이가 더 좋은 상태임을 깨닫도록 해 보자.

삶의 자유 선택

당신과 나에게 주어진 선택의 힘은 상당히 막강하고, 유용한 힘을 지녔다는 것을 이미 말한 바 있다. 우리는 지금 이 순간부터 우리의 삶을 통해 벌어질 모든 일들에 대한 선택권과 그 선택에 따른 책임이 있다. 이 책임은 회피할 수가 없다. 좋은 선택들을 한다면, 책임감이 매우 기분 좋게 다가올 것이다.

이 책에 적힌 모든 내용. 그리고, 앞으로 우리의 마음을 지속적으로 가다듬고 관리하기 위해 배워갈 내용들과 관련된 도서들. 새로운 감각과 넓어진 시야, 목표의 주파수를 향해 고정해둔 뇌의 안테나. 이 모든 시작은 기존의 마음속 쓰레기들과 돌과 가시떨기를 제거하면서 시작된다. 이것들을 제거할 때 가장 좋은 질문은 이것이다. "나는 이것들을 간직하는 것이 좋은가? 아니면, 이것들을 버리고 자유를 택하는 것이 좋은가?" 마음속 쓰레기들을 제거하는 것이 자유를 선택하는 길이다. 마음의 자유는 무엇이든 이루어낼 수 있는 가능성의 시작을 알린다.

거듭 말하지만, 당신과 나에게는 선택의 힘이 있다. 지금 이 책을 덮고, 마음의 힘에 대해서 무관심해지는 것도 선택이고, 일부만 선택해서 믿는 것도 선택이고, 전적으로 수용하는 것도 선택이다. 이 선택은 당신뿐 아니라, 나에게도 해당된다.

이 책을 쓰면서 최근에 깨닫게 된 사실이 있다(물론 그 밑바탕에 있는 생각들이 나로 하여금 이 책을 쓰게 만들었는지도 모른다). 지금의 내 모든 상황, 나의 모든 환경, 앞으로 나아갈 모든 미래에서 지금 내가 무엇을 하고 있는가? 라는 질문이 떠올랐다. 잘 다니던 회사를 나오고, 남들이 흔히 말하는 미래설계를 하는 것이 아니라 전혀 엉뚱한 방향으로 가고 있는 것처럼 스스로 느껴졌다. 그것도 갑자기 말이다. 혼돈이 왔다. 내가 잘하고 있는 것인가? 제정신인 것인가? 뭔가에 홀린 것은 아닌가? 정말 마음의 힘을 통해 목표를 이룰 수 있겠는가?

이것이 모두 지난날 마음을 통해 목표를 이루어갈 수 있는 수많은 방법들이 있는 책들을 읽고도 전혀 결실이 없어 보였던 내 자신의 마음의 그림이었다. 선택을 해야 한다. 지금까지의 그림을 따라 다시 취업을 하고, 세상의 방법들을 따라 살아가든지, 혹은 이 그림을 지금 태워 버리고, 마음의 힘을 믿을 것인지.

마음의 힘을 믿기로 결정하여 아직도 이 책을 쓰고 있다.

어떤 선택을 하든간에 자신의 인생은 자신이 책임질 수밖에 없다. 하지만 이 책은 최소한 자신의 마음을 통해 인생을 설계하고, 목표를 달성하고 싶은 바람을 갖고 있는 당신과 나를 위해 쓰여져 가고 있다.

이전에 마음에 관한 책들을 읽어 본 적이 있는가? 혹은 마음에 관련된 책은 처음 읽어 보는가? 어느 쪽이든 관계없다. 당신과 나는 지금부터 다시 시작이다.

과거 우리의 선택과 마음에 심겨진 결과물들이 지금 당신과 나의 인생의 그림이다.

마음의 그림들을 그대로 둔 채, 인생을 되돌려 리셋한다면 어떤 결과가 펼쳐질까? 예상하겠지만, 지금과 정확하게 똑같은 결과들이 펼쳐질 것이다.

우리가 이 장에서 기억해야 할 요점은 두 가지이다. 마음의 힘의 존재와 위력을 순수하게 인정해서 수용하고, 그것을 위해 마음밭의 쓰레기와 돌과 가시떨기들을 치워 버리는 것이다. 지금까지 그려진 마음의 그림들을 떼어서 태워 버리고, 그 아래의 새하얀 빈 공간을 얻는 것이다.

혹은 시야를 넓혀 당신과 나의 마음밭 혹은 마음의 그림의 배경을 엄청나게 확장시키는 것도 하나의 방법이다. 그렇게 되면, 약간의 쓰레기와 돌, 가시떨기는 문제가 되지 않을 수도 있다. 그렇지만, 이 책에서 나눌 범위를 벗어나는 부분이기 때문에 이 부분은 각자가 탐구해 볼 과제로 남겨 두도록 하겠다.

당신과 내가 지금까지 읽었던 많은 자기계발서들과 마음의 힘을 다룬 책들은 정도는 다르겠지만, 대부분 효과가 있는 방법들을 알려 주었을 것이다. 문제는 그것이 나 그리고 또다른 나 자신인 당신에게는 효과가 없었을 수도 있다는 것이다.

분별력은 갖추되, 모든 것을 순수하게 받아들이도록 하자. 세상에는 사람들을 속이려는 것들이 참으로 많다. 그러다보니 진실된 것도 받아들이기 힘든 시대이다. 때론 순수하게 받아들이려다보니 손해를 보는 것 같은 경우도 발생한다. 그래서 우리는 절대 손해를 보지 않기 위해 더 많은 마음의 문을 닫아 버리곤 한다. 결국 그것은 자신의 인생에 가장 큰 손해인지도 모른다.

백지 상태의 마음에서는 아주 간단한 붓질 한 번만으로도 멋진 작품이 탄생할 수 있다. 그리고 그 백지 상태는 원래 우리가 갖고 있었던 순수성의 상태이다. 마음의 힘을 다루는 것은 우리 자신에게서 없는 것을 힘겹게 쟁취하는 것이 아니다. 원래 우리 자신의 힘을 되찾는 것이고, 일깨우는 것이고, 불필요한 짐을 내어 버리고 자유를 얻어 가는 것이다.

정화1 - 자신을 바라본다

[마음성형]은 자신의 현재 상태를 부정한 상태에서 자신 스스로와 타인과 세상을 속이는 것이 아니다. 특히나 SNS가 널리 사용되어지면서 자신을 전혀 다르게 포장하고, 가짜 인생을 사는 것이 얼마나 쉬워진 일인가. 누군가를 속인다는 것은 결국에는 자기 자신을 속이는 일이고, 자신을 속이는 것은 삶 전체가 빈껍데기처럼 스스로 부정당하는 것이다. 속이 빈 껍데기는 약하다 보니 그것을 보호하고자 자신은 더 강한 속임수와 두려움과 분노와 증오등의 감정들을 방출하고자 한다. 하지만 그 빈껍데기를 자신의 힘으로 부숴 버릴 수 있다면, 오히려 삶의 무한한 가능성을 맛보게 되지 않을까?

당신과 내가 우리 자신과 세상을 의도적으로 속이고 있지 않더라도, 우리는 스스로에게 속고 있는 부분들이 있다. 우리를 속이는 것이 마음밭 안에 있는 쓰레기와 돌과 가시떨기 등의 잡초들이다. 우리는 그조차도 우리의 일부라고 생각하고 있다. 그렇기 때문에 자신을 온전하게 바라볼 수 있는 시야가 필요하다.

그대로 인정하기

최근 많은 사람들이 마음챙김과 명상에 대해 관심을 보이고 있다. 이러한 마음관련 수행에 있어서 공통적으로 말하는 것이 있는데, 바로 '그대로 바라보기'이다. 특정 사물과 사람, 환경, 상황 등에 대해서 어떠한 판단도 내리지 않고, 바라본다는 것이다. 당신과 나의 마음은 기존의 경험과 느낌들을 바탕으로 거의 자동적으로 판단을 내리곤 한다. 그 판단은 다시 감정의 옷을 입는다. 감정의 옷을 입은 판단은 이제 당신과 나에게 자신이 우리 자신이라고 주장한다.

물론 긍정적인 감정의 옷을 입은 판단이 자신을 더 행복하고, 좋은 곳으로 인도한다고 생각할 수 있다. 다만 지금은 어떤 것이 좋다, 나쁘다라는 판단조차 내려놓고, 그저 있는 그대로를 바라보려는 시도인 것이다. 그로 인해 당신과 나는 어떤 것이 대상이고, 어떤 것이 판단이고, 어떤 것이 감정이고, 최종적으로 이 모든 것을 인식하는 우리 자신을 볼 수 있기 때문이다.

우리가 찾으려는 것은 지금 이 순간의 온전한 나 자신이다.

이것을 지칭하는 용어는 조금씩 다르지만, 불교와 마음챙김, 형이상학적 이론을 다루는 곳에서는 '참자아'라고 부른다. 참자아의 상태는 불교에서 주창하는 열반(깨달음)의 경지이다. 그러나 우리가 지금 그러한 경지까지 지금 당장 도달할 수 있는 것이 아니기 때문에, 부담은 내려놓도록 하자.

우리가 인식할 수 있는 자신의 몸, 우리의 오감을 통해 보여지고, 들려지고, 느껴지는 모든 것에 대해 어떠한 판단도 내리지 말고 그대로 바라보도록 해보자. 혹 판단이나 그에따른 감정이 올라오면, 그것에 대해 이름을 붙여 주도록 하자. 꽃을 보고 아름답다고 생각하는 것, 벌레를 보고 징그럽다고 생각하는 것, 날씨가 좋아 기분이 좋은 것, 주변이 시끄럽다고 생각하는 것 등이 모두 당신과 나의 판단이다. 지금은 이 모든 대상들을 어떻게 하려는 것이 아니다. 단지 대상과 느껴지는 모든 것을 나열해 놓는 것이다.

상상의 훈련을 통해 넓어진 시야도 활용을 해 본다. 당신과 나 자신의 새로워진 감각을 통한 세포, 우리 주변을 흐르고 있는 가능성의 주파수들, 뇌의 안테나, 우리의 주변 공간, 지역, 국가, 지구, 은하계까지 당신과 내가 의식할 수 있는 모든 것을 그대로 나열해 본다. 그것들은 우리가 의식했든, 그렇지 못했든 언제나 그 자리에 있는 것들이다. 하지만 당신과 내가 그것들을 의식하는 순간부터 이 모든 것들은 우리에게 의미가 있다. 외부에서 내부로, 다시 내부에서 외부로 공간과 시간을 뛰어넘어 당신과 내가 의식할 수 있는 모든 부분을 총집합해서 하나의 입체적인 홀로그램을 구성하는 것이다. 이것은 조금만 시간을 투자하면 숙련도에 따라 인식된 범위는 달라지겠지만, 지금 당장 누구나 해 볼 수 있는 기법이다. 이것을 통해 무언가를 변화시키거나 얻으려는 목적을 잠시 내려놓도록 하자. 그것은 자연스럽게 자신만의 부산물들을 내어줄 것이다. 다만 [마음성형]과 마음의 [정화]의 한 과정임을 인지하고, 모든 것을 있는 그대로 바라본다는 것만 기억하자. 그래야 당신과 내가 자기 자신을 바라볼 수 있다. 우리가 할 수 있는 것과 할 수 없는 것을 구별해낼 수 있다.

자신에게 솔직해지기

당신은 어떤 이유로 [마음성형]을 하고자 하는가? 우선은 이유야 어떻든 자신의 마음을 성형하겠다는 용기에 박수를 보내고 싶다. 자신의 삶을 변화시키고자 하는 최소한의 갈망이 있어야 자신의 마음을 직접 성형할 수 있다. 이것은 당신에게 자신을 변화시킬 만한 에너지가 남아 있음을 뜻한다(아무런 에너지가 없는 사람들에게는 이 책의 후반부에서 에너지를 흘려 보낼 수 있는 방법들에 대해 나눠 보게 될 것이다).

변화에 대한 최소한의 에너지가 남아 있다는 것은 분명 긍정적인 신호이다. 하지만, 이 책을 쓰고 있는 나는 더 큰 기대를 품게 된다.

당신과 나는 반드시 자신의 [마음성형]을 이루어서 우리의 마음밭을 좋은 땅으로 만들도록 하자. 그래서 어떤 환경, 어떤 상황, 어떤 사람을 만나도 30배, 60배, 100배로 인생의 풍성한 결실을 거두고, 더 나아가 마음의 연금술사가 되어 우리의 가족과 주변 사람들과 이 사회 전체와 이 지구의 모든 사람들에게 사랑과 행복의 선한 영향력을 전파하도록 하자.

이것은 기대이다. 순전히 나 자신의 기대이다. 최종적으로 '사람'으로 지칭된 모든 인류가 자신의 마음을 다스리는 법을 깨닫고, 삶의 의미를 찾기를 바란다. 하지만 그 모든 전제는 당신과 나다. 지금까지 이 책을 읽으면서 눈치챘을 것이다. 나는 '우리'라고 표현하기도 하지만, 가장 먼저 '당신과 나'라고 지칭한다. '당신'은 결국 '또 다른 나 자신인 당신'이다.

당신은 왜 이 책을 읽게 되었는가? 나는 왜 이 책을 쓰게 되었는가?

처음부터 '인류'의 마음을 행복하게 하고, 어떤 '구루'가 되기를 소망했겠는가? 나는 어떠한 '선생'의 자리조차도 조심스럽다. 내가 무언가를 '알고' 있기 때문에 이 책을 쓰고 있는 것이 아니다. 오히려 내가 '모른다'라는 것이 더 맞는 것 같다. 다만 이제는 무엇을 모르는지 조금씩 깨달아 가는 중일 뿐이다.

시작은 매우 단순한 '관찰'을 통해서였다. 거리를 지나가는 사람들, 도로 위의 수많은 자동차들, 인터넷과 매체들을 통해 들려오는 소식들. 왜? 어떤 사람들은 저렇게 잘 사는 것처럼 보일까? 왜? 어떤 사람들은 이토록 힘들게 살까? 누군가는 오늘 기업공개(IPO)를 통해 수백~수천억의 투자를 받고 엄청

마음성형

난 돈을 번다. 누군가는 오늘 생활고를 비관해 어린 자녀와 함께 스스로 목숨을 끊는다. 당신과 나, 그리고 온 인류는 지금 이순간에도 동일한 시간대를 살아가는데, 국가, 지역, 사회 등의 공간에 따라서도, 재산, 교육, 직위, 직업 등의 분류에 따라서도 전혀 다른 삶을 살아간다. 혹은 같은 공간, 같은 부류의 삶을 사는 사람들도 마찬가지이다.

그리고 나 자신을 본다. 나는 어떤 삶을 살아가고 있는가? 매일매일이 새롭고, 행복한가? 가슴뛰는 열정으로 새로운 기회들을 바라보고 있는가? 보람되고 충만한 하루하루를 살고 있는가? 이 인생이 정말로 너무나 아름다운가? 만나는 모든 사람들이 사랑스러운가? 이 모든 질문 중에 단 하나의 YES라도 있는가? 안타깝게도 그렇지 못했다.

주변에 이런 사람이 있는지 한번 떠올려 보자. 그리 똑똑하지도, 능력이 뛰어나지도 않다. 그러다보니 실수도 자주 하고, 실패하기도 하고, 사람들에게 잘 속기도 한다. 그런데 이 사람이 무언가를 하면 꽤 잘된다. 사업도, 사람들과의 관계도, 인생도 모두 대체적으로 이 사람은 잘 풀려 가는 것 같다.

주변에 이런 사람이 있는가? '그리 똑똑하지도' 않다는 말에 속지는 말라. 그리 똑똑하지 않다고 해서 멍청하다는 뜻은 아니다. 예를 들어, 빌게이츠도 '그리 똑똑하지도' 않을 수 있는 것이다. 말하고자 하는 것은 '그가 거둔 성공에 비해' 똑똑해 보이지 않는 우리의 판단을 말한다. 여기에서는 판단을 사용해 보도록 하자.

흔히 말하는 성공이라는 것은 '똑똑한' 순서의 크기대로인가? '능력이 탁월한' 순서의 크기대로인가? 이것을 생각할 때마다 삼국지(三國志)의 유비를 생각해 보게 된다. 유비는 전투의 능력으로 따지면, 형편 없을 지경이다. 관우와 장비는 그렇다 하더라도 조조에 비해도 이렇다 할 만한 능력이 없다. 전략에 대해서도 대부분 제갈공명에 의지한 것이 대부분이고, 우유부단하며, 실리보다는 명분에 집착한 모습을 종종 보여 준다. 그럼에도 약간의 논란의 여지는 있겠지만, 대부분은 유비가 삼국지의 주인공이고, 위대한 지도자였다는 사실에 동의하게 된다. 왜인가? 여러 이유를 댈 수 있겠지만, 지금 우리가 나누고자 하는것은 유비의 시작점이다. 의용군을 조직하고, 전투에 나가고, 결국에 국가를 건설하여 다스리는 모든 과정에서 유비는 자신의 지위와 권력이 높아지고 강해지길 바라는 모습을 보이지 않는다. 백성이 평안하고, 평화로운 시대를 열고자 하는 꿈을 갖고 있었고, 당시 통일 국가인 한漢나라가 유지되기를 바랐던 인물이다. 즉 넓은 시야, 순수한 열망, 충성된 마음이 유비가 가진 최고의 무기였던 것이다.

당신과 나는 어떠한가? 우리가 바라는 성공을 거둘 만큼 똑똑한가? 능력이 탁월한가? 물론 우리는 자신의 능력을 지속적으로 발전시켜야 할 자신에 대한 의무가 있다. 그렇지만, 우리가 바라는 것들은 전적으로 우리의 지능이나 지식, 능력으로부터 온다고 보기 힘들다. 다시 한번 당신과 내 주변의 혹은 알고 있는 사람들 중에 성공했다고 인정할 만한 사람들을 떠올려 보자. 당신은 그 사람들보다 똑똑하지 못한가? 당신은 그 사람들보다 능력이 없는가? 단순하게 운이 없다고 생각하는가? 운은 순전히 우리가 통제할 수 없는 범위에 있는 것인가?

이 세상의 어떤 '사람'이 이룬 일은 당신과 나도 할 수 있다. 다만 난이도가 다를 뿐이다. 우리가 미술을 공부한다면, 지금 당장 레오나르도 다빈치처럼

「모나리자」와 같은 그림을 그리기는 힘들 것이다. 그렇지만 자신의 작품세계를 창출해 가는 화가로 성장해 가는 것은 전혀 무리가 없지 않은가? 음악도, 운동도, 사업도, 공부도, 우리가 할 수 있는 모든 세계에서 적용되는 것이다. 그런데 왜? 대다수의 많은 사람들이 그리하지 못하고 있는 것인가?

[마음성형]의 과정 중에서 가장 어렵다고 느껴지지만, 좋은 부분이 이 지점인 듯하다. 거듭 말하지만, 당신과 나에게는 선택권이 있다. 우리는 이 모든 것을 부정할 수도 있고, 수용할 수도 있다. 나는 수용의 입장으로, 100%의 수용을 위해 노력하고 있는 것이다. 왜? 노력하는가? 아직도 내 마음의 밭에 남아 있는 쓰레기, 돌, 가시떨기들이 자신들의 존재를 어필하기 때문이다. 오랫동안 나 자신이 그것에 길들여져서 살아왔기 때문이다. 마음의 밭을 좋은 땅으로 성형하는 것은 농사의 시작이다. 밭을 갈아야 씨를 뿌리지 않겠는가. 좋은 땅으로 갈아 놓은 이후에도 알게 모르게 자라나는 잡초들과 외부에서 던져지는 쓰레기와 돌들을 골라내야 한다. 하지만, 처음 [마음성형]을 통해 잘 관리된 좋은 땅은 이제 어떤 것이 쓰레기와 돌과 가시떨기들인지 구분이 가능하다. 그렇기 때문에 처음의 구분과 정화 작업이 어려운 것이다.

그런데 어떤 부분이 좋은 지점인지 알겠는가? 마음과 쓰레기를 구분하고, 돌을 고르고, 가시떨기를 태워 가는 과정 자체, 나 자신을 그대로 바라보게 되는 이 시간 자체를 즐길 수 있게 되는 것이다. 당신과 나는 어쩌면 우리 자신의 마음의 만족을 위해 상당히 많은 돈을 지출하고, 또 다른 에너지와 시간을 들이고, 그로 인해 오히려 포기해야 하는 부분들이 있을 수도 있다. 그러나 자신을 온전하게 바라보고, 자신의 마음의 밭을 가꾸어 가는 것은 달리 필요한 것이 없다. 그저 이 책을 통해 그 과정을 이해하고, 상상하고, 자신이 깨닫는 범위만큼의 변화를 주는 것뿐이다.

또 한번 불편을 선택하다

자신을 바라보는 과정 중에 한 가지 팁을 나누고, 다음 장으로 넘어가 보려 한다.

당신과 나는 지금까지 어떤 선택을 하면서 살아왔는가? 인류 전체를 놓고 보자면, 불편함을 편한 상태로 만들어 주는 것에 집중하여 과학이 발달되어 왔다. 그래서 지금 시대를 살아가는 우리들은 과거에 비해 얼마나 편안한 삶을 살고 있는가? 그러나 이 모든 것이 우리를 행복하게도 만들어 주는가?

우리는 한 끼의 식사를 위해 그리 많은 노력을 기울이지 않아도 된다. 냉장고에 저장해 둔 음식과 식재료들이 있고, 없는 것은 시장과 마켓에서 구매할 수 있다. 24시간 운영되는 편의점들에는 식재료뿐 아니라 3분 이내에 엄청난 맛을 내는 인스턴트 음식들이 즐비해 있고, 배달음식과 맛있는 식당들도 많다. 오히려 우리는 그것 중에 가장 좋은 것을 선택해야 하는 것에 우리 선택의 힘을 써야 할 실정이다.

우리가 식재료를 채취하고, '사냥'해서 식사를 해결하는 수준까지는 아니더라도, 직접 만들어가보는 과정을 선택해 보는 것은 어떤가?

이것은 하나의 예시에 불과하다. 꼭 음식뿐이 아니라, 옷을 입는 것, 집에서 휴식을 취하는 것, 놀이를 하는 것, 사람들과 만남을 이어 가는 것, 길을 걸어가는 것, 사업을 하는 것 등의 당신과 내가 할 수 있는 모든 영역에서 기존에 했던 편리한 방식이 아닌, 조금은 불편한 것들을 선택해 보는 것이다.

합리적인 방식이 아닌, 비합리적으로 보이는 것을 선택해 보는 것이다. 자신에게 이익이 되는 것이 아닌, 손해처럼 보이는 것을 선택해 보는 것이다.

예능PD와 작가들은 진작에 이런 팁을 잘 활용한 듯 보인다. 부족할 것 없어 보이는 연예인들이 불편하게 밥을 짓고, 여러 제한사항들을 두어서 조금은 불편해 보이는 여행들을 우리가 재미있게 시청하는 것을 보면 말이다.

이런 선택들은 조금은 부족하고, 바보 같아 보이지만, 당신과 나의 시야를 넓히고, 우리 마음밭의 쓰레기와 돌들과 가시떨기들을 버리고 태우는 것에 꽤 도움이 되리라 생각한다. 나 자신에게도 꽤 도움이 되었기 때문이다.

당신과 나 자신의 본체와 우리를 둘러싼 물리적, 정신적 실체와 에너지들을 바라보는 것이 '정화'의 시작이다. 무엇을 하고자 한다면, 이 과정이 힘들게 느껴질 수도 있다. 우리가 해야 할 일은 오직 이 모든 것을 어떤 판단도 없이 바라보는 것뿐이다.

정화 2 - 타인을 바라본다

상대방은 자신을 비춰 주는 거울이라는 말을 들어 본 적이 있을 것이다. 이 말이 진실임을 깨달아가는 순간이 있는데, 당신과 내가 직접 그것을 느껴야 타인을 바라보는 시야를 통해 우리 자신의 마음의 밭을 정돈할 수 있다. 왜냐하면, 우리의 과거 인식과 지금껏 정리되지 않았던 마음의 프로그램들은 타인의 실수나 잘못, 이해되지 않는 행동 등 우리에게 인식되어지는 상대방의 문제점들이 상대의 마음밭에 쓰레기와 돌과 가시떨기가 있어서 그런 것이라고, 즉 상대방 마음의 문제라고 생각하도록 유도하기 때문이다.

상대방이 나 자신을 비춰 주는 거울이라는 말이 진실이라면, 상대방의 문제는 상대방 마음의 문제가 아니다. 이것을 머리로만 이해할 것이 아니라, 새로운 감각을 동원해 느껴 보도록 하자.

친절한 사람

이런 내용의 영상을 본 적이 있는가?

한 청년이 길을 걷는다. 길에서 만나는 어른들이나 아이들과 매우 반갑게 인사한다. 무거운 짐을 지고 가는 노인의 짐을 들어 주기도 하고, 자전거를 타다가 넘어진 아이에게 다가가 괜찮다고 위로해 주기도 한다. 누가 봐도 멋지고, 성실한 청년의 모습이다. 그런데, 동일한 사람이 집에 들어와서는 전혀 다른 모습을 보인다. 밥 먹었냐는 어머니의 물음에 귀찮은 반응을 보인다. 무거운 화분을 옮기는 어머니를 도와주지도 않고, 오히려 그런 것은 왜 키우냐며 내다 버리라고 짜증을 내고 밖으로 다시 나가 버린다.

예전에 공익광고에서 비슷한 내용을 본 기억이 있다. 이러한 영상의 주 목적은 '가까운 사람'에게 더 잘하자는 내용이다.

당신과 나도 이런 사람들을 주변에서 본 적이 있는가? 자신과 관계 없는 사람들에게는 매우 친절하지만, 가까운 가족이나 친구, 직장 동료에게는 그런 친절함이 없는 사람들 말이다. 혹시 당신과 나의 모습은 아닌가?

공익광고와 같이 가까운 사람에게 친절하게 잘하자는 말을 하고 싶은 것은 아니다. 당신과 내가 여기에서 주목해야 할 점은 우리 주변의 사람들이 무엇보다도 더 우리 자신을 잘 비춰 주는 거울이라는 것이다. 다음 장에서 우리는 이 세상이 당신과 나 자신을 비춰 주는 거대한 거울임을 알아보게 될 것이다. 그전에 먼저 우리 주변을 비춰 주는 거울을 우리의 가까운 상대방들을 통해 볼 수 있는 것이다.

상대방은 마음의 과거-현재-미래

'당신의 가장 가까운 사람 5명의 평균이 당신이다'라는 말도 있다. 그만큼 우리 주변 사람들은 우리에게 영향을 끼친다는 의미일 것이다. 반대로 당신과 나 자신도 주변 사람들에게 영향을 끼치고 있지 않은가? 우리는 상대방의 평균에 플러스를 주는 사람인가? 마이너스를 주는 사람인가? 우선 판단은 보류하도록 하자. 우리에게 필요한 것은 우리 자신을 제대로 바라보고 우리 마음밭의 쓰레기와 돌과 가시떨기들을 치워 버리는 것이니 말이다.

나는 위 명제를 확장한 내용을 깨닫게 되었는데,

'내 주변의 사람들은 내 마음의 과거-현재-미래를 비춰 준다.'

이것은 나 자신의 [마음성형]을 통해 깨달은 것인데, 앞으로 당신과 내가 마음성형을 통해 자신의 마음의 밭을 갈아 엎고 관리해 가는 과정에서 우리가 얼마나 잘 해나가고 있는지 바로 확인할 수 있는 '이정표'와 같은 역할을 할 수 있다.

잠시 당신과 내 주변의 가까운 가족들과 친구들, 동료들, 이웃들을 떠올려 보자. 자신을 그대로 인정한 것과 동일하게 상대방들에게도 어떠한 판단도 내리지 말고 그냥 바라보도록 하자. 어떤 사람은 당신을 만날 때마다 하소연을 하는 사람도 있을 것이다. 작은 일에도 화를 내는 사람도 있을 것이고, 자신의 이익만을 추구하는 사람도 있을 것이다. 되도록 어떤 판단과 감정도 없이 그저 떠올려 보기만 하자.

이것이 우리 마음의 '과거-현재-미래'이다. 누군가를 통해 밝은 미래의 마음을 본 사람도 있을 것이다. 혹 밝은 미래의 마음을 발견하지 못해서 낙담할 필요는 없다. 거울은 예측을 해 주는 도구가 아니다. 그대로 비추어 주는 도구이다. 당신과 내가 [마음성형]을 통해 자신의 마음밭을 좋은 땅으로 가꾸어 내면, 거울은 바로 주변 사람들을 통해 행복한 '과거-현재-미래'의 모습들을 비추어 줄 것이다.

억눌린 감정들을 깨닫다(미숙한 감정 처리)

당신과 나의 목표를 이루어 감에 있어서 우리의 감정들은 두 가지의 얼굴을 하고 있다. 하나는 에너지로써 사용되어지는 감정의 얼굴이다. 우리의 목표를 이루기 위해 긍정적인 감정의 에너지들을 고취시킬 필요가 있다. 또 다른 하나는 '쓰레기, 돌, 가시떨기'의 역할을 하는 감정들이다. 우리는 어쩌면, 제대로 감정을 다루는 방법들을 배우지 못하고 살아왔을 수도 있다. 이 부분은 나 자신이 가장 뼈저리게 느끼고 있는 부분이다. 감정을 제대로 분류해내지 못하고, 느끼지 못한다면, 그 어떤 기법으로도 감정의 에너지들을 다룰 수 없는 것이다.

정화의 작업은 결국 우리 자신에게 있는 '쓰레기, 돌, 가시떨기' 등과 같은 감정들을 분류해 내고, 그것들을 내다 버리고, 태워 버리는 작업이다. 인지 심리학 등의 분야에서도 과거의 기억을 더듬어 트라우마를 극복하고, 무의식의 내부에 가라앉은 감정의 찌꺼기들을 수면 위 마음으로 올려서 걷어 내는 심리치료를 하고 있다.

전문적인 심리치료의 과정이 아니더라도 시중에서는 수많은 마음에 관련한 서적들을 통해 당신과 나의 마음에 대해 배우고, 정화하는 기법들을 배울 수 있을 것이다.

그럼에도 과거에는 나 자신이 감정 자체를 다루는 방법에 미숙했기 때문에 삶에 적용이 되지 않았던 것이다. 물론 마음에 관한 책들이 주는 삶의 유익함은 상당하다. 다만 아주 작은 관점의 변화를 너무 오랜 시간 동안 이루지 못했던 나 자신이 안타까웠던 것뿐이다. 그럼에도 불구하고, 지금이라도 제대로 [마음성형]을 이루어가고 있는 것이 행복하다.

당신과 나는 [마음성형]의 모든 과정들을 통해 우리 자신의 감정들을 바라볼 수 있게 될 것이다. 밭에 필요한 양분들이 햇빛과 물과 밤(휴식)이라면, 마음의 밭에 필요한 양분들은 사랑, 용기, 평화일 것이다. 그것은 농부가 따로 신경쓰지 않아도 자연스럽게 찾아오는 것들이다. 그러나 '쓰레기, 돌, 가시떨기'들은 치워 내고, 태워야 할 것이다.

당신과 내가 그것들을 치워 내지 못하고, 태우지 못했던 가장 큰 이유는 그것의 존재를 몰랐거나(무지), 그것이 필요하다고 생각했거나(착각), 그것을 치우기 싫었기(외면) 때문이다.

가벼운 예를 한번 들어 보자.

지금 집 냉장고를 열어 보도록 하자. 각종 음식들과 식재료들이 있을 것이다. 오랜만에 정리한다는 생각으로 냉장고 속에 무엇이 있는지 하나하나 꺼내서 살펴보도록 하자. 냉장고 안에 이런 것이 있었나?(무지) 이것이 계속 필요한 것인가?(착각) 이건 버리기는 싫은데 (외면)에 해당하는 것들이 있는지 보도록 하자. 냉장고가 아니라 서랍장이나 옷장도 괜찮다.

냉장고와 서랍장, 옷장도 마찬가지겠지만, 특히나 당신과 나의 마음은 버릴 것들을 확실하게 구분하는 것이 최선의 방법이다. 그리고 그것이 마음을 정화하는 것의 시작이다. 당신과 나의 마음밭 위에는 무엇들이 있는가?

타인을 통한 감정 느끼기

다시 당신과 내 주변의 가까운 가족들과 친구들, 동료들, 이웃들을 떠올려 보자. 이번에는 그들에게 투영된 자신의 감정을 함께 떠올려보도록 하자(이런 감정이 있었나? 이런 감정들은 필요해, 그냥 이 감정을 유지할래). 이런 감정들과 생각들이 올라오는 것이 있는가? 먼저는 그 모든 감정들을 인지하고, 느껴주는 것이 첫 번째 할 일이다.

자신을 바라봄으로 감정을 끌어올리는 것은 먼저 타인을 통해 느껴지는 감정들을 느낀 이후에 자연스럽게 연결하기가 쉽다. 긍정적인 감정이든, 부정적인 감정이든 솔직하게 느껴주도록 하자. 당신과 나의 감정에 대해 그 누구도 알 수도 없고, 판단할 수도 없다. 그 감정들을 느껴주어야 흘려보낼 수 있다. 사랑과 용기와 평화의 에너지들은 흘려보내도 지속적으로 충전되어진다. 그렇기 때문에 긍정적인 감정이든, 부정적인 감정이든 함께 흘려보내는 것이 좋다.

인정해 주고 풀어 주기

느껴진 감정을 이제 놓아 줄 차례이다. 우리는 주변의 사람들을 우리 감정의 거울로 활용할 수 있다. 지금 중요한 것은 당신과 내가 타인에게 투영된 감정들을 우리 자신의 것으로 인정하고, 무한의 공간으로 풀어 주는 것을 이해하고 실행할 수 있으면 된다.

가장 가까운 사람부터 한 명씩 얼굴을 떠올려 본다. 그 사람에 대한 나의 주된 감정은 무엇인가? 이 감정이 나로부터 시작되어 그 사람에게 투영되었다는 것을 인정할 수 있는가? 이 감정을 순수하게 인정해 주고, 시야를 넓혀 무한한 공간 속으로 풀어 줄 수 있는가?

처음에는 하루에 한 명씩 할 수도 있을 것이다. 익숙해진 이후에는 특정한 상황에 맞닥뜨렸을 때, 예를들어 상대방과 문제가 발생한 상황에서도 즉시 나의 감정이 상대방에게 투영되었음을 인지하고 응급조치를 통해 문제를 해결해 나갈 수 있을 것이다.

한 가지 팁을 더하자면, 다음과 같은 질문을 던지는 것이다.

나는 이 감정을 계속 붙잡고 있는 것이 좋을까? 혹은 이것을 내려놓고, 자유로운 것이 좋을까?

어떤 쪽을 선택하든, 당신과 나는 자신이 선택한 것을 얻는다는 사실을 잊지 말자.

상대방 정화해 주기

당신과 나 주변의 어떤 사람이 병에 걸려 아프거나, 업무상·사업상에 어려움을 겪고 있다거나, 가족간의 관계 혹은 사람들과의 관계에 있어서 힘들어하고 있다는 소식을 들은 적이 있을 것이다. 이것은 오직 그 사람만의 문제인가? 혹은 우리와 가까운 사람들이 변화하고, 발전했으면 좋겠다는 생각을 할 때가 있는가?

이제 당신과 나는 우리가 만나는 모든 상대들이 우리 자신의 마음의 '과거-현재-미래'를 비추는 거울인 것을 알게 되었다. 그렇다면, 그들의 인생에서 일어나는 일 중에 당신과 내가 인식하는 범위까지는 우리에게도 책임이 있다는 것이다(너무 무겁게 생각하지는 말자. 상대방을 정화해 주고, 축복하고, 사랑해 주는 것은 아름다운 책임감이니 말이다).

오히려 좋은 사실은, 상대에게 투영된 나 자신의 마음의 '쓰레기, 돌, 가시 떨기' 등을 제거해서 상대방도 정화되고, 어려운 문제들을 이겨 나갈 수 있다는 것이다. 이 모든 일에 있어서 당신과 나는 상대방에게 말을 건넬 필요도 없고, 생색을 낼 필요도 없다. 알아주기를 바라는 것도 아니겠지만, 결국 상대방도 알게 될 것이다.

상대방을 위해 기도한다는 것이 이런 것이다. 그리고, 그것은 우리가 배운 대로 자신의 감정들을 느껴 주고, 우리의 마음밭을 가꾸어 나갈 때, 상상 이상의 위력을 발휘할 수 있다.

모든 것은 당신과 내가 직접 시도해서 깨닫기를 소망한다. 당신을 위해 기도한다.

정화 3 - 세상을 바라본다

이제 이 세상 전체가 당신과 나의 마음을 비추어 주는 거울임을 인식하고, 정화해 줄 시간이다. 당신은 지금 어떤 세상 속에서 살고 있는가? 나와 같은 세상 속에서 살고 있는가? 전혀 다른 세상 속에서 살고 있는가? 아마도 우리의 대부분은 모두 각자가 창조한 세상 속에서 살고 있을 것이다. 그리고 그 창조는 자신의 마음속 그림에서부터 시작하여 세상이라는 거울에 반영된 현실이라는 것을 이제 당신과 나 모두 깨달아 가고 있다. 나는 이 간단한 깨달음을 얻는 것에 참으로 많은 시간이 소요되었다. 그럼에도 깨달음은 언제든

값진 것이다. 지금이라도 깨달아 가는 것이 얼마나 다행인가

그들이 사는 세상

TV나 인터넷, SNS 등을 통해서 유명 연예인이나 재벌들의 소비와 삶을 엿보는 경우가 많다. 그럴 때 '그들이 사는 세상'이라는 표현을 쓰곤 한다. 같은 시간대, 같은 공간을 살아가면서도 전혀 다른 삶을 살아가는 사람들을 바라보며 많은 사람들의 부러움을 사곤 한다. 당신과 나의 경우는 어떠한가? 어떤 감정이 올라오는가? 잠시 그 감정을 허용해 보도록 하자.

이제 전혀 반대쪽의 '그들이 사는 세상'을 보도록 하자. 아프리카 대륙, 동남아 빈민층의 삶 또한 다양한 매체를 통해서 우리에게 '거의 매일' 전달되어진다. 그들 역시 같은 시간대, 같은 공간을 살아가면서도 전혀 다른 삶을 살아가고 있다. 이번에는 당신과 나의 어떤 감정이 올라오는가?

이 양극단의 삶. '그들이 사는 세상' 자체가 당신과 나의 마음을 투영해 주는 거울이다. 이 진실 앞에서 당신과 나에게 느껴지는 감정은 무엇인가? 잠시 동안 그 감정을 허용해 주도록 하자.

사실 이 글을 쓰고 있는 입장에서도 마찬가지이지만, 읽고 있는 당신도 알 수 없는 부담감이 올라올 수 있다. 그 또한 자유롭게 풀어 주도록 하자. 지금 우리가 탐구해 갈 것은 세상이 우리 마음을 비추어 주는 거울이라는 것을 실제로 느낄 수 있도록 하기 위함이다. 우리가 어떤 힘을 갖고 있는지 먼저 알고, 그 힘을 활용할 수 있을 때 세상에 대한 각자의 사명을 부여받고 감당할 수 있을 것이다. 강한 힘에는 강한 책임이 따르는 법이니까 말이다. 다만 지금은 그 힘을 배워 가는 중이니 감당하기 힘든

부담을 느낄 필요는 없다.

이제 우리가 실제로 알고 있는 사람 중에 가장 행복한 삶을 살고 있다고 생각하는 사람들을 떠올려 보자. 가장 부유한 사람일 수도 있고, 가장 화목한 가정을 이룬 사람일 수도 있고, 가장 똑똑한 사람일 수도 있을 것이다. 정해진 기준은 없다. 당신과 내 생각이 기준일 뿐이다. 그들에게 느껴지는 당신과 나의 감정은 무엇인가? 잠시 동안 그 감정을 허용해 주도록 하자.

그리고, 우리가 실제로 알고 있는 사람 중에 가장 불행한 삶을 살고 있다고 생각하는 사람들을 떠올려 보자. 경제적으로 어려움을 겪고 있는 사람일 수도 있고, 가정이 파탄난 사람일 수도 있고, 병에 걸려 아픈 사람일 수도 있다. 한두 명이 아닐 수도 있다. 생각나는 모든 사람들을 떠올려 보도록 하자. 그들에게 느껴지는 당신과 나의 감정은 무엇인가? 잠시동안 그 감정을 허용해 주도록 하자.

대중매체와 인터넷 등을 통해 들려지는 모든 소식들, 당신과 내가 개인적 친분 등을 통해 보고 듣게 되는 모든 소식들. 이 모든 것이 우리의 마음 속에 있는 것들을 세상이라는 거대한 거울이 투영해서 보여 주고 있는 것이다.

거울의 조정

그렇다면, 어떻게 이 거대한 거울에 투영된 세상의 현실을 바꿀 수 있을까?

당신도, 나도, 처음부터 답을 알고 있었는지도 모른다. 거울은 대상을 그대로 비추어 주고 있는 속성을 갖고 있기 때문에, 결국은 거울에 비추어지는 대상을 바꾸어야 하는 것이다.

마음성형

그 거울에 비추어지는 대상이 우리의 마음이라는 것은 매우 오래전부터 공공연하게 알려진 비밀이다. 더 이상 비밀이라고 하기에는 너무나 많이 알려진 진실이다. 그럼에도 예전의 나 자신을 포함한 많은 사람들이 이 거울의 비밀과 현실을 바꾸는 기법을 깨닫지 못하고, 자신의 인생에서 활용하지 못한 것일까? 어찌보면 이것이 가장 중요한 [마음성형]의 이유이다. 우리의 대다수는 자신의 마음이 어떻게 '생겼는지도' 잘 모르고 살아가는 경우가 많다. 어떻게 생겼는지도 모르는데, 무슨 수로 마음을 바꾸겠는가. 자신의 마음에 무엇이 담겨 있는지, 이것이 진정 자신에게 필요한 것인지, 불필요한 것인지에 대한 분별력도 없는 상태에서 어떻게 마음의 밭을 가꾸어 나갈 수 있겠는가.

다행하게도 현재의 많은 사람들이 자신의 마음에 더 관심을 갖고 공부해 나가고자 한다. 그렇다. 이제 우리는 자신의 마음을 더 공부해 나가야 한다.

이 세상을 비추는 거울이 엄청나게 크다고 생각해 보자. 우리 개인의 '과거-현재-미래'를 기록한 인생의 그림을 떠올렸을 때처럼, 상상력의 힘을 발휘해 보자.

이 거울은 엄청나게 크기 때문에 우주만 한 크기가 필요할 것이다. 그러나 기발한 상상력을 통해 거울의 범위를 나누어 가 보도록 하자. 우선은 이 지구만 한 거울의 범위로 나누고, 필요에 따라 국가별 크기만 한 거울, 자신이 속한 지역의 거울, 자신의 인생 범위 안의 거울로 나누어 보는 것이다. 상상의 힘을 최대한 동원하라.

자신의 인생을 비추어 주는 거울이 모여 지역을 비추는 거울이 되고, 그 거울이 모여 국가, 지구, 그리고 우주를 비추어 주는 거울이 된다. 아무리 큰 거울이라도, 그 속성은 변하지 않는다. 거울은 당신과 나의 마음을 그대로 비추어 준다.

그리고, 거울에 비추어진 마음은 다시 우리의 마음에 영향을 준다. 이 부분을 잘 이해했으면 좋겠다. 우리가 물리적 거울을 통해 헤어스타일을 확인해서 바꾸고, 옷 단장을 새로 하고, 자신을 꾸며 나가는 것처럼 말이다. 마음을 비추어 주는 세상의 거울 또한 당신과 내가 그 비추어진 모습을 통해 마음을 지속적으로 바꿀 수 있도록 영향을 주는 것이다.

거울을 통해 비추어진 당신과 나의 마음을 다시 '당신과 나의 마음'이 본다. 그 순간 우리에게 감정의 에너지들이 마음에 공급된다. 이 감정의 에너지들은 두 가지 얼굴을 하고 있다고 했다. 우리가 원하는 현실을 창조할 수 있게끔 영양을 공급해 주는 역할 혹은 우리 마음밭의 '쓰레기, 돌, 가시떨기'의 역할 말이다.

긍정적인 영양을 공급해 주는 감정의 에너지들은 괜찮겠지만, 마음에 '쓰레기, 돌, 가시떨기'를 투척하고, 잡초들이 자라나게 되면 어떻게 되겠는가? 그대로 세상을 비추는 거울에 비추어질 것이다. 그것들이 '쓰레기, 돌, 가시떨기'라는 것을 분별할 수 있는 것만도 대단한 것이다. 대다수는 그것이 자신의 인생이라고 생각하며 '당연한' 것이라고 생각한다. 우리중에 세상은 불공평하고, 위험하고, 힘겹고 치열하게 살아야만 '생존'할 수 있다고 공공연하게 주장하는 사람들이 얼마나 많은가. 이 사람들 또한 당신과 나의 마음을 비추는 거울에 의한 것이다.

이제 앞에서 배운 대로 이 감정의 에너지들을 따로 분류하고, 인정하고, 홀

마음성형

려보내도록 하자.

매 순간의 질문

세상을 비추는 거울을 통해 느껴지는 감정들을 분류하고, 흘려보내는 모든 작업에 있어서 가장 중요한 부분은 그 감정들을 '느끼는' 것이다. 대부분은 그 감정을 느끼고 인정해 주기만해도 자연스럽게 해소가 되는 경우가 많다.

너무나 슬픈 감정이 들어서 펑펑 울어 본 마지막 기억이 언제인가? 특히나 성인남자라면, 이 부분이 더 취약할 것이다. 나도 어려서부터 남자가 우는 것은 창피한 일이었다. 그러다보니 감정을 억누르고자 애쓰는 것이 감정을 느끼고 표현하는 것보다 더 자연스럽게 굳어져 가는 것이다. 나중에는 울고 싶어도 울지 못하는 경우가 생긴다. 자신의 감정을 자연스럽게 느끼고 해소하는 방법을 잊어버리게 된 것이다.

반대로 너무나 기뻐서, 혹은 재미있는 상황에서 온 몸으로 크게 웃어 본 마지막 기억이 언제인가? 큰 웃음은 우리 몸 속의 장기까지 뒤흔드는 느낌을 받게 한다. 웃음을 통한 육체적, 정신적, 영적 유익은 그 자체로도 책 한 권을 써야 할 정도이다. 타인의 웃음을 위해 노력하는 코미디언들은 최고의 직업을 가진 사람들이라고 생각한다.

자신의 감정 상태 중 대표적인 것들과 이상적인 상태들을 적어 보도록 하자.

'무관심, 질투, 억울함, 그리움, 슬픔, 공포, 갈망, 분노, 자존심, 용기, 수용, 평화'

'용기, 수용, 평화'가 우리의 감정이 향해야 할 지점들이다.

이 분류가 절대적이라고 할 수는 없겠지만, 이제껏 자신의 감정에 대해 무지하고, 필요하다고 착각하고, 억눌러서 외면하고 살아왔다면, 상당한 도움이 될 것이다.

처음에는 우리 시야가 선택한 주파수의 주된 감정들을 분류해서 흘려보내는 시간들을 따로 갖도록 하자. 이것은 '훈련'의 파트에서 더 자세하게 알아보겠지만, 하루를 시작하는 아침과 마감하는 저녁시간에 할 수 있는 좋은 루틴으로 자리잡을 수 있을 것이다.

이것이 익숙해지면, 우리 삶의 순간순간에서 세상에 투영된 자신의 마음을 바로 알아보고, 그 감정을 느껴서 분류하고, 그 즉시 흘려보낼 수 있게 될 것이다.

나-타인-세상

당신과 나는 (정화)의 장을 통해 각자의 자신과 타인과 세상을 이전과는 다르게 바라보고, 그것을 비추는 거울에 따른 마음과 감정, 그리고 다시 그것을 비추어 주는 거울에 대해 이제 막 이해하기 시작했다.

이것은 이전에 우리가 전혀 몰랐던 사실들은 아닐 것이다. 세상이 우리 자신의 마음을 비추는 거울이라는 표현은 어린아이들도 동화책이나 선생님들을 통해 배웠을지 모른다. 우리도 언젠가 누군가를 통해, 혹은 그 무엇을 통해서도 한번쯤은 보고, 들었던 내용일 것이다. 나도 그렇다. 그럼에도 이 놀라운 진실에 대해 무감각했던 것이 지금까지의 상태였다. 때론 이 또한 외면하고 싶었는지도 모른다. 좁은 시야 속에 길들여져서 이제 그만 현실을 보라는 음성을 들었을 지도 모른다. 무엇이 진짜 현실인가?

인간의 선택권이라는 힘이 이래서 정말 무서운 것이다. 우리는 정말 자신이 선택한 현실을 살게 되기 때문이다. 당신은 앞으로 자신의 인생이 어떻게 될 것이라고 진실로 생각하는가? 바라는 것 말고 진실로 말이다. 진실로 믿는 그것이 정말 당신의 인생이 될 것이고, 진실로 생각하는 내 인생이 앞으로의 내 인생이 될 것이다. 선택권이라는 힘은 우리 인생에 절대적인 행복을 갖다 주기도 하지만, 최악의 불행도 겪게 해 줄 수 있는 것이다.

어느날 갑자기 두려움을 느끼게 되었다. 이렇게 생각과 그 생각에 입히는 감정은 순식간에 찾아오는 경우가 있다. "내가 지금 무엇을 하고 있는 것이지?" "내가 제정신인건가?" 모두가 어렵다고 하는 시대에 내 인생에서 이제 막 찾은 안정감을 스스로 박차고 나와서 지금 나는 무엇을 하고 있는 것인가? 두려움을 입은 생각은 다시 활개를 치려고 짝이 되는 생각들을 모으고 있는 중이다. 여기에 감정을 입혀서 에너지를 올리면, 현실이라는 거울에 나타나게 될 것이다. 두려운 예감은 꼭 현실에서 나타났던 과거의 경험처럼 말이다.

"그만." 더 이상 두려움의 감정에 에너지를 주지 않기로 결단했다. 그리고 감각을 새롭게 하고, 빠르게 시야를 넓혀서 원하는 주파수에 뇌의 안테나를 맞추었다. 두려움은 흘려보내고, 다시 한번 목표를 되새겨 본다. 지금까지 인생을 살아오면서 나의 마음밭에 쌓인 '쓰레기, 돌, 가시떨기'들이 얼마나 많은가. 다행인 것은 이제 새로운 '쓰레기, 돌, 가시떨기'들을 쌓아 가는 것이 아니라 기존의 것들을 분류하고, 인정해 주고, 치우고, 태워 버리고 있다는 것이다.

지금까지 수많은 책들을 통해서 현실의 거울을 바꾸기 위해서는 거울에서 나와서 자신의 내부를 바꾸어야 한다는 말을 얼마나 많이 배웠던

가. 그럼에도 이제 막 거울에서 나왔다. 이것이 오늘 내 삶의 기적이다. [마음성형]을 통해서 현실의 거울에서 나온 것 말이다.

정화를 통한 삶의 연금술

왜 그런 것인지 이제 기억도 잘 나지 않지만, 언젠가부터 사람들 앞에서는 나 자신의 감정을 드러내는 것을 금기시했던 시절이 있었다. 때론 그것이 꽤 도움이 되었다. 오히려 감정을 바로바로 드러내는 사람들을 보면 불편할 정도이니까 말이다.

감정을 숨기는 것, 드러내는 것, 어떤 것이 좋다고 판단하지는 않으려고 한다. 다만 감정을 숨기는 것이 습관화되다 보니 자연스럽게 감정을 느끼고, 표현하는 것이 어려워졌다. 감정의 에너지들이 자연스럽게 활동하고, 인정해 주고, 해소되어야 하는데, 느껴 주지 못하다 보니 마음의 다른 쓰레기, 돌, 가시떨기들과 얽혀서 무엇이 필요하고, 무엇이 버려야 할 것들인지조차 분간이 되지 않았던 것이다.

마음을 다루는 사람들, 서적, 방법들은 많이 찾아볼 수 있다. 그 모두를 배우고 경험해 보지는 못했지만, 내가 배우고 경험해 본 것들은 적어도 내 마음을 편안하게 해 주었다는 것에 있어서는 모두 좋았다고 생각한다(아마 당신도 마음에 관한 많은 것들을 알고 있었을 것이다). 그럼에도 항상 마음이 어려웠던 것을 애써 외면하면서 살았던 것은 아닐까? 무엇을 놓쳤던 것인가?

[마음성형]에서의 정화는 나 자신의 마음을 있는 그대로 바라보는 것부터 시작한다. 먼저 자기 자신에게 솔직해질 수 있는 용기와 인정으로부터 시작하는 것이다. 이 또한 쉬운 일은 아니지만, 가능한 일이다.

그리고 내 마음을 그대로 비추어 주는 타인과 세상이라는 거울을 통해서도 바라본다. 무엇을 하려고 애쓰는 것이 아니다. 약간의 연습이 필요할 뿐이다. 간단한 질문을 스스로에게 던져볼 뿐이다. 바라보기만 해도 마음은 스스로 정화될 수 있다.

이렇게 간단한 것을 왜 이토록 오랜 시간 동안 깨우치지 못하고 살아왔을까? 자신의 마음을 바라볼 수 있고, 마음밭 위의 각종 생각과 느낌, 감정, 쓰레기, 돌, 가시떨기 등을 살펴볼 수 있고 관리할 수 있다면, 지금까지 당신과 내가 마음에 대해 배웠던 것들도 큰 효력을 발휘할 수 있을 것이다.

지금까지 마음에 대해 나의 가장 큰 문제는 나 자신의 마음을 보지 못하고, 느끼지도 못한 채로 마음에 대해 배우려 했고, 그 마음을 통해 삶을 바꾸려고 노력했다는 것이다. 그러다보니 너무 힘든 것이다. 당신은 어떠했는가?

무엇을 말하고자 하는 것인지 충분히 이해했으리라 믿는다. 마음을 다루는 모든 것에 있어서 가장 기본적이지만, 정말 많은 사람들이 놓치고 있는 부분을 강조하고 있는 것이다. 물론 모든 사람들이 그런 것은 아니다. 다만 아직도 마음에 대해 어려워했던 나 자신과 또 다른 나 자신인 당신의 이해를 돕기 위해 애써 보았다.

능력의 한계점 풀어 주기

마음의 정화를 통해 자신의 마음밭에 있는 '쓰레기, 돌, 가시떨기' 등을 치워내다 보면, 그것을 타인과 세상의 거울이 비추어 반영하게 된다. 이것은 즐거운 작업이 될 것이다. 한번에 모든 것이 변한다면 좋겠지만, 정확하게 당신과 내가 자신의 마음밭을 정돈한 만큼일 것이다. 거울이라는 것이 그렇지 아니한가.

그러다 보면 이전에는 불가능해 보였던 것들의 가능성을 발견하게 될 것이다. 쓰레기와 돌과 가시떨기 사이에서 너무나 오랫동안 잊고 살아왔던 꿈의 씨앗을 발견할 수도 있다. 이것은 마치 마음의 광산을 탐험하는 것과 같다.

어린 시절, 우리는 무엇이든 될 수 있었다. 지금도 마찬가지이다. 마음의 밭을 가꾸어 가는 상태에서는 그것의 가능성들을 엄청나게 발굴해 나갈 수 있다. 당신과 내 마음밭의 원래 속성이 그러하기 때문이다. 원래의 힘을 되찾는 것이다.

능력의 한계점을 푼다는 것은 어디까지나 인간의 범주 안에서의 부분이다. 마음의 힘을 다룬 많은 책들 중에서 '자신의 본래 모습, 참 자아, 에고를 벗어 버린 나, 진짜 자신' 등을 서술할 때, 드러내놓고 우리의 참 모습은 '신'이라고 표현하는 경우가 있다. 이것을 받아들이고, 받아들이지 않고는 독자의 자유이다. 그러나 이 책의 저자인 나의 입장은 저들이(참 자아를 신이라고 하는 사람들) 오해하고 있다고 생각한다.

인간의 능력을 넘어선 것처럼 보일 때 우리는 그가 신 같아 보이지 않는가. 아마 타임머신을 통해 당신과 내가 과거로 넘어가서 총이나 전기충격기 등을 통해 맹수나 사람을 제압하는 모습을 보인다면, 우리도 그들에게 신과 같아 보일 것이다.

인간의 고유한 능력은 아마도 우리가 생각했던 것보다 더 월등한 것 같다. 그래서 [마음성형]을 통해 마음의 힘을 다루는 법을 배우는 것은 이런 인간의 고유한 능력을 회복하려는 노력이다. 이런 힘들이 생각보다 뛰어나다 보니 오해받을 수 있는 것 아닌가.

중요한 것은 마음의 힘을 다루는 영역은 분명 신의 영역과 다르다는 것이다. 이것을 혼돈하게되면 형이상학적 철학과 양자물리학 등의 좋은 이론들이 악용될 수 있다.

자신의 참 모습이 신이다, 아니다를 놓고 논쟁할 생각은 없다. 선택은 개인의 자유이다. 그리고 이것은 나 자신도 모르는 분야이다. 그러나 자신을 신의 위치로 올리려는 시도가 오히려 진실에서 눈을 가리는 또 하나의 가시떨기가 될 수 있음을 기억하라.

우리는 원래 건강하고, 부유하고, 행복하고, 짜릿하고, 용감하고, 평화로운 삶을 살도록 설계되어 있다. 우리가 숨 쉬고, 보고, 듣고, 느껴지는 모든 것이 기적과도 같은 순간인 것이다.

이제 우리의 제한된 시야가 기적이라고 생각하는 것들을 숨 쉬는 것처럼 자연스럽게 이루어낼 수 있는 시간이다.

이것을 위해 그동안 우리는 얼마나 엉뚱한 곳에서 애쓰고, 노력하고, 땀흘리고, 힘겹게 살아왔던가? 거울에 비추어진 현실을 바꾸기 위해 거울을 바꾸어 봐야 아무 소용이 없다는 것을 알게 되었으니, 이제는 그것에 비추어진 원래 대상. 당신과 나의 마음밭을 아름답게 가꾸어 주면 된다. 너무나 간단한 진리가 아닌가.

감동의 마법(존재 상태를 변화시키는 가장 확실한 방법)

앞으로 당신과 내가 우리의 마음밭을 가꾸어 가면서, 우리 자신과 타인과 세상에 우리가 할 수 있는 가장 확실한 마법과 같은 비법을 알려 주도록 하겠다.

당신과 나는 마음의 밭을 치우고, 갈아 엎는 [마음성형]의 정화 작업에 대해 알아 보았다. 이것은 밭의 성질을 바꾸는 것인데, 이것을 성공해 내면, 당신과 나의 존재가 변화된다는 것을 의미한다. 기존에는 쓰레기와 돌과 가시떨기가 수북했던 쓸모 없던 땅이 깨끗하게 정돈된 비옥한 토양으로 바뀐 것을 상상해 보자. 그곳에는 당신과 내가 원하는 모든 것을 심어서 30배, 60배, 100배로 수확해 낼 수 있다. 그곳에는 아름다운 집을 지을 수도 있고, 멋진 나무들을 심어서 수목원을 만들 수도 있다. 우리가 상상할 수 있는 모든 것을 할 수 있게 변화되는 것이다. 그리고 이것은 타인과 세상이라는 거울을 통해서 바로 확인할 수 있게 된다. 말 그대로 현실에 나타나게 되는 것이다. 이 모든 것이 [마음성형]을 통해 존재의 상태를 변화할 때 가능한 일들이다.

마음을 바라보는 과정에서 쓰레기와 돌과 가시떨기들을 치우고, 깨부수고, 태워 버리는 것이 처음에는 만만한 작업이 아니다. 바라보고, 인정해 주고, 풀어 주고, 흘려보내는 과정들을 지속적으로 해 줘야 한다. 이 또한 훈련이고, 그 훈련의 과정에서 회복되는 기쁨을 느끼는 것 자체가 당신과 나에게 큰 선물이 될 것이다.

이 과정에서 우리는 종종 치우기 힘들어 보이는 것들을 만나게 될 수 있는데, 그때마다 이것을 시험 삼아 해 보도록 하자. 비법은 간단하다.

[어떻게 하면, 감동시킬 수 있을까?]

이것은 앞으로 자주 당신과 내가 나누게 될 주제이다. 감동의 대상은 누구든 가능하다. 당신과 나 자신을 감동시키기 위해 고민할 수도 있고, 타인을 감동시키기 위해 고민할 수도 있고, 세상을 감동시키기 위해 고민할 수도 있다.

누군가에게, 혹은 어떤 상황에서, 혹은 어떤 장소에서 깊은 감동을 느껴 본 적이 있는가? 자연의 웅대함은 우리를 종종 감동시킨다. 예상치 못한 친절도 우리를 감동시킨다. 자신을 희생하여 우리를 지켜 주는 사람은 우리를 감동시킨다.

누군가를 감동시켜 주고 싶다면, 먼저 당신과 나 자신이 감동할 수 있어야 한다. 그것을 느껴봐야 한다. 가장 최근에 감동을 느껴 본 적이 언제인가? 누군가를 감동시킨다는 것은 쉽지 않은 일이지만, 가장 어려운 것 중의 하나가 나 자신이 감동을 느끼는 일이다(적어도 마음성형이 되기 이전의 상태에서는).

자신을 감동시킬 수 있는 사람은 타인도 감동시킬 수 있다. 타인을 감동시킬 수 있는 사람은 세상을 감동시킬 수 있다. 당신과 내가 감동시킬 수 있는 범위가 우리 마음밭의 크기가 될 것이다.

그러기 위해 가장 먼저 자신을 감동시킬 수 있는 방법들을 찾아봐라. 자연을 통해서인가? 사람을 통해서인가? 시나 음악을 통해서인가? 영화를 통해서인가? 운동을 통해서인가? 일의 성취를 통해서인가? 그동안 접해 보지 못했던 것이 있다면, 찾아보도록 하자.

당신과 나 자신이 감동하게 되면, 우리 마음밭의 쓰레기와 돌과 가시떨기들이 녹아 내리는 것을 느낄 수 있게 될 것이다. 그러면, 타인과 세상의 거울이 그것을 비추고, 그들에게도 감동을 전해 줄 수 있게 된다. 얼마나 멋진 선순환의 시작인가.

자신의 분야에서 자기 자신과 타인과 세상에 감동을 주는 사람들을 생각해 보자. 아무리 간단하고, 누구나 할 수 있어 보이는 일들을 통해서도 감동을 주는 사람들이 있다. 같은 노래도 누가 부르느냐에 따라서 감동의 깊이가 다르다. 자기 일에 대한 실력 향상은 감동을 주기 위해 시간과 노력을 붓는 것이다. 얼만큼의 마음과 영혼을 담아 냈는지에 따라 느껴지는 감동이 다르다.

당신과 나는 우리의 마음을 성형하면서 이 부분에 대해 지속적으로 고민하고, 알아 가게 될 것이다. 그리고 이것은 지금 당장이라도 해 볼 수 있다. 당신에게 감동을 선물하라. 그것이 꼭 물질적인 소비를 통해서만 가능한 것이 아니라는 것은 자신이 잘 알 것이다. 물론 필요하다면 자신에게 물질적인 선물을 주는 것도 좋다. 하지만 우리가 원하는 것이 이 정도의 수준이 아니라는 것을 느끼고 있지 아니한가? 자신의 마음을 들여다보면서 즐거운 마음으로 고민해 보기 바란다. 그리고, 타인과 세상에게 줄 수 있는 감동에 대해서도 생각해 보자. 우리는 자신의 언어를 통해서 감동을 전해 줄 수 있다.

당신이 하는 일은 그러한 감동을 전해 주기 가장 적합한 대상이다. 자신의 일을 통해 타인과 세상에 감동을 주는 사람은 흔치 않다. 그러다보니 그 흔치 않은 사람들은 모두 성공했다. 그리고 무엇보다 자신에게 돌아오는 감동을 통해 그 누구보다 행복할 것이다.

당신은 학생인가?

공부를 통해 얻을 수 있는 결과가 아닌, 공부하는 자체를 통해 타인과 세상에 전해 줄 수 있는 감동이 무엇일까?

당신은 직장인인가?

어떤 업무를 맡고 있는가? 고객을 직접 대면하는가? 거래처를 대면하는가? 제품과 서비스를 기획하는가? 프로세스를 진행하는가? 생산하는가? 관리하는가? 자신의 업무를 통해 어떤 감동을 전해 줄 수 있을 것인가?

당신은 장사를 하는가?

당신에게 고객은 어떤 의미를 갖고 있는가? 고객은 당신을 통해 무엇을 얻고, 당신은 고객을 통해 무엇을 얻는가? 오늘 만나는 고객에게 어떤 방법으로 감동을 전해 줄 수 있겠는가?

당신은 누구인가?

음식을 만드는가? 청소를 하는가? 아이들을 돌보는가? 그림을 그리는가? 음악을 하는가? 글을 쓰는가? 정치를 하는가?

많은 기업에서도 고객 감동을 실현하기 위해 노력한다. 이것이 상투적이 되어서는 안된다. 그러기 위해 그 감동을 통해 얻어지는 결과에 집착할 것이 아니라, 그 감동의 상태를 목표로 삼아야 한다. 당신과 나, 타인, 세상 모두 말이다.

목표를 향해 가는 것, 목표로부터 시작하는 것

이제 [마음성형]의 정화를 통해 삶의 연금술들을 나눈 것을 마무리하고자 한다.

당신과 나의 대다수는 목표에 대한 그림이 저 산꼭대기 위에 있는 것과 같은 그림을 갖고 살아오지는 않았는가? 적어도 나는 그렇게 살아왔다. 그리고, 그 목표를 이루기 위해서는 험난한 협곡과 바윗덩이들을 기어오르고, 간혹 나타나는 맹수들과 싸우며 가야 한다고 믿으며 살아왔다. 그렇게 오랜 시간 동안을 쉬지 않고 달려왔음에도 아직 목표는 멀게만 느껴질 때가 있다. 혹은 목표지점이라고 생각하고 올라온 지점이 생각과는 너무 다른 모습들에 실망할 때가 있다.

이 모든 것은 당신과 내가 우리 자신에 대해 너무나 무심해서 모르고, 오해했던 것들이 많아서 비롯된 것은 아니었을까. 오해로 비롯된 목표들은 엉뚱한 방향을 안내해 주고, 우리는 이제 왜 그것을 이루어야 하는지에 대한 목적도 상실한 채 그저 목표라는 표지점만을 보고 나아갔던 것은 아닐까?

이제 목표에 대한 새로운 정의를 당신과 내가 써 나가도록 하자. 자신의 진정한 목표는 저 멀리 산꼭대기 위에 자리한 것이 아니라, 당신과 내가 [나]라고 부르는 우리의 본체 안에 있다. 이 본체는 많은 부분 [마음]을 통해서 일한다. [나=마음]이라고 오해해서는 안된다. 마음은 어디까지나 나를 위해서 일해 주는 고마운 존재이다. 그런데, 자꾸 마음이 나의 본체라고 주장을 한다. 그러다보니 [나] 자신도 혼동이 온다. 시야를 넓게 가지자. 다시 말하지만, 마음은 나 자신이 아니다. 이 마음을 잠잠하게 하고, [쓰레기, 돌, 가시떨기]들을 치워 주고, 태워 줘서 잘 관리해 주면, 나의 목표의 씨앗들이 잘 자라날 수 있게 그 역할을 다해 준다. 그것은 타인과 세상의 거울을 통해 비추어 주고, 목표의 완성은 당신과 나의 현실에 나타나게 된다. 이 마법과 같은 일들을 위해 당신과 내가 마음을 성형하고 있는 것이다.

IV

마음성형 훈련

당신과 나는 마음성형을 통해 의식과 무의식의 프로그램을 수정해서 목표를 달성하고, 존재의 상태(위치)를 성장시킬 수 있다. 우리는 앞장에서 그에 필요한 도구들을 알아보았다. 이제 그것을 실제로 활용할 수 있는 훈련을 할 시간이다.

마음을 밭田으로 비유한 것에 대해서는 이제 많은 이해도가 있을 것이다. 때로는 마음을 프로그램으로 표현하기도 한다. 이미 당신과 나는 자신의 목표설정과 시야, 정화의 과정을 통해 이전보다 더 많이 각자의 마음의 상태를 확인했을 것이라 생각한다.

또한 그 자체가 [마음성형]의 과정이다.

그러나 이 수준에서 머물면 마음의 밭이 과거와 같이 원상 복귀되는 것은 시간문제이다. 오히려 이전보다 더 마음의 상태가 딱딱한 길가처럼 되어서 그 어떤 것도 들어갈 틈이 없게 될지도 모른다. 전혀 말이 통하지 않는 사람을 본 적이 있는가? 최근에는 어디서든지 그런 사람들을 만나게 된다(그것이 내 마음의 어떤 부분을 비추어 주는 것인지 점검해 보는 중이다).

마음의 밭은 눈에 보이는 땅 위의 부분(의식)과 눈에 보이지 않는 땅속(무의식)의 부분으로 나뉘어져 있다. 우리는 땅 위의 부분만을 볼 수 있다. 물론 필요에 따라 땅을 파헤칠수록 땅속을 볼 수 있게 될 것이다. 땅속을 보는 순간, 무의식은 더 이상 무의식이 아닌, 의식의 상태가 된다. 그리고, 더 깊은 땅속이 생기는 것이다. 우리는 이제 이 반복적인 순환에 대해 어느 정도 이해를 하고 있을 것이다.

그렇기에 우리의 목적은 땅 위의 훈련(의식의 훈련)을 통해 땅속의 성질(무의식의 성질)까지 변화시키는 것이다. 우리는 무의식의 모든 부분을 알 수는 없다. 이 책에서 그 부분까지 알아보려 한다면, 감당이 되지 않을 것이다. 그렇기 때문에 우선은 당신과 나 개개인의 무의식 수준까지만 변화시키는 목적을 갖고 있다는 것만 기억하도록 하자.

무수한 실패

마음의 힘에 관한 책이 얼마나 많을까? 당신도 몇 권 정도 읽어 본 적이 있을 것이다.

두근거리는 마음으로 책에 써진 내용들을 마음으로 시험해 보곤 한다. 하루, 이틀…… 아무 일도 일어나지 않는다. 무언가 방법에 오류가 있는 것인지도 모른다. 내용을 정확하게 이해하지 못한 것일지도 모른다. 분명 책에서는 책의 방법을 통해 효과를 본 사람들의 사례가 나오는데 말이다. 다른 책도 읽어 본다. 이것저것 모두 해 본다. 되는 것이 하나도 없다.

당신의 모습인가? 이것은 나의 모습이기도 하다. 크고 작은 많은 마음의 실험들을 해 보았다. 특정한 물건에 대해, 사람에 대해, 건강에 대해, 돈에 대해…… 어쩌다가 우연의 일치로 된 것 같은 사건들이 있다. 그렇지만, 그것이 마음의 힘에 의한 것이라기보다는 그저 상황적으로 그리 된 것으로 보인다.

그리고 책 속의 사례자들도 믿고 싶지만, 점점 신뢰를 잃어 간다.

사례자의 얘기가 나와서 덧붙이자면, 눈치챘겠지만 이 책에는 사례자가 없다. 당신과 나만 있을 뿐이다. 물론 타인의 사례가 있다면 이야기가 풍성해진다. 사실 이 부분에 대해 고민을 하지 않았던 것은 아니다. 이를테면, [마음성형]에 대해 더 전파한 이후에 많은 사례들을 만들어내고 이슈화시킨 이후에 책을 멋지게 출간하는 것이다. 약간의 노력만 기울인다면, 그것이 나에게 더 좋은 일이다. 그러나, 가장 먼저 나 자신의 [마음성형]을 이루어 가고 있다는 것과, 당신의 [마음성형]을 이루는 것이 타인의 사례들을 통해 스토리를 풍성하게 하는 것보다 중요하다는 판단으로 가장 먼저 책을 통해 당신과 나 자신에게 [마음성형]을 안내하고 있는 것이다.

그렇다면, 무엇이 문제인가? 책의 모든 방법들이 틀린 것인가? 사례자가 거짓말을 하고 있는 것인가? 왜 다른 사람들은 되는 것이, 나는 안 되는가?

초반에도 이 부분에 대해 잠시 알아본 적이 있다. 마음이 성형되지 않은 상태에서는 마음의 힘을 다룬 모든 이론들이 큰 힘을 발휘하기 어렵다는 것을 말이다.

마음밭의 상태는 사람마다 모두 다르다. 그것은 마치 최면술사가 최면을 걸 때, 최면에 잘 걸리는 사람이 있는 반면, 전혀 최면이 먹히지 않는 사람도 있는 것처럼 말이다. 최면에 잘 걸리는 상태를 지칭하는 것이 '최면 감응력'이라는 말이다.

당신과 나의 마음 또한 특정한 이론을 받아들였다고 생각했지만, 우리의 마음밭의 상태에 대해서는 대체로 무심했다. 마음밭에 무엇이 있는지 몰랐고(무지), 쓰레기나 돌이나 가시떨기가 어느 정도는 필요하다고 생각했고(착각), 때론 치우기 싫었다. (외면)

반면에 어떤 사람은 자신이 의식했던 것이든, 그렇지 않은 것이든 마음의 밭이 잘 정돈된 사람이 있다. 그런 사람에게는 마음의 힘을 활용할 수 있는 방법들에 대해 알려준 책과 스승들이 자신의 마음밭을 더 풍성한 열매로 가득하게 만들어 주었을 것이고, 그것이 타인과 세상의 거울을 통해 현실로 나타났을 것이다(그들이 기존에 자기계발서의 사례자들이다).

타고나지 못한 많은 사람들. 당신과 나는 어떻게 해야 할까? 이미 우리는 답을 알고 있지 않은가? 자신의 [마음성형]을 이루어내면 된다.

지금까지 얼마나 많은 실패를 맛보았는지 전혀 관계없다.
에디슨도 전구를 발명할 때 수천 번의 실패를 겪고도, 단 한 번의 성공을 통해 필라멘트를 발견하지 않았는가? 심지어 에디슨은 필라멘트를 발견하지 못했던 실패들을 '필라멘트가 되지 않는 물질을 발견한 성공'이라고 인터뷰했다고 알려져 있다. 그는 시야가 넓은 사람이었다.

당신과 나는 [마음성형]이 숙달되도록 한번만 성공해 내면 된다.
지금껏 인생에서도, 마음의 힘을 활용하는 것에 있어서도, 꿈을 이루는 것에 있어서도, 어떻게 살아왔는지는 상관없다. [마음성형]을 이루어 낸 이후의 삶은 그 이전의 삶과 전혀 다르게 우리의 현실을 세상이라는 거울을 통해 보여 줄 것이다. 한 번의 성공 이후에는 [마음성형]이 숙달되어 지속적으로 우리의 마음을 관리해 나아갈 수 있다.

마음의 힘을 다룬 책들은 아무 문제도 없다.

물론 전혀 엉뚱한 방향을 다룬 책들도 있다. 하지만 그 또한 당신과 나는 구분해 낼 수 있을 것이다. 나 또한 이전에는 분별력이 낮다 보니 모든 마음의 이론들에 대해 혼돈이 오는 시기가 있었다. 다행인 것은 주변의 좋은 스승들과 지속적인 마음성형의 훈련을 통해 분별력도 갖추어져 왔다는 것이다.

당신도 [마음성형]이 훈련된 이후에는 책 속의 사례자들과 마찬가지로 마음의 힘을 활용하여 원하는 목표를 달성하고, 무엇보다도 [마음의 평안]이라는 가장 좋은 것을 받게 될 것이다.

지금까지의 당신과 나의 실패는 에디슨과 마찬가지로 생각하자. 우리는 지금껏 마음의 힘을 활용하는 것에 실패 한 것이 아니라, 그것을 받아들일 수 없는 마음밭의 상태를 발견한 것으로 말이다.

이렇게까지 해야 돼?

[마음성형]을 이루기 위해 우리가 알아본 도구는 총 세 가지다.

'목표 설정-인지(시야)-정화'

앞 장의 이 부분들만 읽어 보더라도 상당 부분 마음이 성형된 것을 알 수 있을 것이다.

[훈련]의 파트와 다음에 나올 [증명]의 파트는 [마음성형]의 심화 과정이다.

서두에 나눈 것처럼, 우리의 마음이 원상 복귀되지 않도록 필요하다면 마음의 땅속(무의식)까지 파내어서 새로운 씨앗을 심고(목표), 원하는 열매를 바라보고(시야), 불필요한 것들을 솎아내면서(정화) 관리해 주는 과정이다.

당신과 나의 첫 번째 목표와 두 번째 목표를 기억하는가? 첫 번째 목표를 적어 둔 것을 매일 마음의 밭에 심고 있는가? 우리의 두 번째 공동 목표는 [마음성형]이다. 자신의 마음이 얼마나 성형되었는지는 그 누구보다도 자신이 잘 알고 있지 않은가? 우리 마음을 비추는 타인과 세상이라는 거울을 통해서 도 말이다.

훈련의 과정은 이 첫 번째와 두 번째 목표를 '한 번' 성공해낼 때까지를 한 번의 순환Cycle으로 이해하면 된다.

당신은 지금껏 몇 번의 실패를 겪어 왔는가? 너무 많은 실패를 겪었을 수도 있고, 반대로 수많은 성공을 거두었을 수도 있다. 그런데, 한번도 실패하지 않는 사람들이 있다. 그들은 단 한번도 도전하지 않은 사람들이다. 때론 한두 번 실패한 이후에 이것은 되지 않는 것이라고 포기하는 사람들이 대다수이 다. 나는 그런 사람들을 잘 알고 있다. 나 또한 그런 부류의 사람이었기 때문 이다.

당신이나 나에게 누군가 피겨 스케이트를 주고 [트리플 악셀]이라는 고난이도 기술을 해 보라고 한다. 가능하겠는가? 그렇다면, 김연아 선수 에게 피겨 스케이트를 주고 멋진 점프를 보여달라고 해 보자. 어떤 이야 기를 하고 싶은 것인지 당신도 알 것이다. 우리는 스케이트 한두 번을 타 보고 [트리플 악셀]에 도전하지 않는다. 물론 스케이트를 타는 것이 몸에 익으면 뒤로 가거나 가벼운 점프에는 도전해 볼 수 있을 것이다. 김연아 선수는 어떨까? 멋진 기술을 보여 주기 위해 그녀가 몇 번이나 빙상 위에 엉덩방아를 찧었을 거라 생각하는가? 훈련의 과정에서 한두 번, 수십 번, 수백 번 넘어지고 쓰러졌을 모습을 생각해 보자. 언제까지 했을까? '될 때까지'이다. 그렇다고, 훈련의 첫 날 될 때까지 하겠다고 무리하게 덤벼 들지도 않았을 것이다. 훈련의 과정을 짜고, 기술을 연마하고, 코치와 피 드백을 나누고, 기술의 감을 잡을 때까지, 기술을 성공할 때까지, 최초의

마음성형

성공은 얼마나 짜릿한가? 이후에는 그것이 언제든 가능하도록 감을 유지하기 위해 지속적으로 훈련한다.

당신과 나의 인생에 있어서의 첫 번째 목표와 [마음성형]의 목표에 있어서는 어떠한가? 한두 번 되지 않는다고 해서 이 모든 마음의 힘과 도구들을 부정할 것인가? 해 볼 만큼 충분히 도전해 봤다는 생각이 드는가? 이제는 포기해도 된다는 생각이 드는가?

나 또한 마음의 힘을 활용한다는 것이 가능한가에 대한 의구심을 가진 시간이 많았다. 아직도 정확하게 기억이 난다. 중학교 2학년 시절 『신념의 마력』을 읽은 이후로 처음 마음의 힘에 대한 관심이 생겼다. 이후로 수많은 책들을 읽었지만, 책 속의 사례자들처럼 뭔가 느껴지는 것도, 삶에 나타나는 것도 없어 보였다. 그러나 나 자신이 한 가지 잘 한 것이 있다면, 끝까지 포기하지 않았다는 것이다. 이 부문만큼은 스스로 칭찬하고 싶다. 나에게는 이 책을 완성하는 것 자체가 나 자신의 [마음성형]이다.

당신과 나의 첫 번째 목표에 얼마나 많은 도전을 해 본 것 같은가? 시도는 해 보았던가? [마음성형]이라는 두 번째 목표는 또 어떠한가? 과거에 마음성형까지는 아니더라도 자신의 마음을 다스리려는 시도를 얼마나 많이 했던가? 사실 그것에 비하면 첫 번째 목표는 아무것도 아닐 수도 있다. 그 수 많은 시도가 실패로 돌아갔을지라도 당신이 이 글을 읽고 있다면, 적어도 당신은 살아 있지 않은가? 어제도, 오늘도 이 글을 읽지 못하고 스스로 삶을 포기한 또다른 당신과 나 자신인 우리들이 얼마나 많겠는가? 절대로 포기하지 말고 시도하자.

언제까지 시도해야 하는지 확인할 수 있도록 팁을 알려 주겠다. '이렇게까지 해야 돼?'라는 생각이 드는 시점에서 한 발자국 더 앞으로 나가면 된다.

훈련과정

훈련의 과정은 간단하다. '목표-인지-정화'의 과정을 반복하는 것이다. 첫 번째 목표의 난이도에 따라 한 번의 목표달성 순환Cycle 주기는 다를 것이다. 작은 목표라도 성취해 보는 기쁨과 습관을 들인다면 좋겠다.

사람이 하나의 습관을 익히는 데 짧게는 3일 혹은 7일에서, 길게는 21일, 66일, 100일 정도가 걸린다고 한다. 이것은 당신과 나의 개성에 맞게 계획해서 각자의 프로그램을 만들어 볼 것을 추천한다. 왜냐하면, 그것이 모든 가능성을 열어 두는 방법이기 때문이다.

모든 훈련의 과정에서 첫 번째 목표는 처음에는 하나씩 해 보는 것을 추천한다. 그리고 두 번째 공통 목표인 [마음성형]은 항상 따라다닌다. 노트나 다이어리에 자신의 훈련과정과 마음밭의 상태, 그에 따른 타인과 세상에 비추인 거울의 반영을 기록해 두는 것도 추천한다.

반복의 기적

모든 훈련의 과정과 습관의 정착에 있어서 꾸준한 반복은 기적을 만들어 낸다.

혼자 목표를 상기할 때에도, 특정한 상황과 환경, 사람과 맞닥뜨리게 되는 순간마다 '목표-시야-정화'의 모든 과정을 반복하라. 악기를 배우며 조율하는 연주자처럼, 특정한 기술을 연마하는 선수처럼, 목표의 가능성에 주파수를 고정하고, 그것을 대하는 마음밭을 청소해 나가는 것이 당신과 나의 천성이 되도록 반복하고, 반복하라.

모든 사고의 습관이 되도록 반복 훈련하고, 노트나 태블릿이나 휴대폰으로 적고, 입으로 선포하라. "목표 달성의 길에 불평만 늘어놓는 친구가 끼어드는 이유는 무엇 때문이지? 이 친구는 내 마음의 밭에 무엇을 비추고 있는 것이지?"라는 식으로 말이다.

우리는 이제 알고 있다. 불평을 늘어놓는 친구의 잘못이 아니라는 것을 말이다. 친구는 당신과 나 자신의 마음밭을 그대로 비추어 주고 있을 뿐이다. 그것은 우리의 잘못도 아니다. 하지만 그것을 어떻게 처리하느냐는 이제 우리의 책임이다. 그것이 무엇인지 알았기 때문에 우리는 자연스럽게 태워 버릴 수 있다. 예전처럼 타인에게 책임을 전가해서, 새로운 쓰레기를 마음의 밭에 생성하지 않아도 된다.

이것이 자연스럽게 숨을 쉬고, 길을 걷고, 밥을 먹는 것과 같이 모든 상황에서 녹아들 때까지 반복적으로 훈련하는 것이다. 처음 젓가락질을 배울 때는 익숙하지 않았지만, 지금은 자연스럽고, 쉽게 되는 것처럼 말이다. 이 훈련도 그렇게 익숙해질 것이다.

의식적 훈련

[1만 시간의 법칙]을 알고 있을 것이다. 어떤 분야의 전문가가 되기 위해서는 최소 1만시간을 훈련해야 한다는 것이다. 하루 3시간씩이라면 10년, 하루 10시간씩이라면 3년의 시간이 걸린다. 한 분야의 [전문가]가 되기 위해서는 훈련이 필수적이라는 것을 보여 주는 한 단면이다. 하지만, 꼭 이것이 정답이라고 볼 수는 없다. 특정한 기술이나 일에 익숙해지고, 전문가가 되기 위해서 훈련은 필수적이다. 이 부분에는 동의한다. 하지만 무조건 시간을 투자한다고 해서 실력이 향상되는 것은 아니다. 항상 의식적인 훈련이 동반되어야 투

자된 시간에 대비하여 실력이 향상되는 것이다.

당신과 나는 이 책을 통해 두 가지의 목표를 설정했다. 개인의 첫 번째 목표와 [마음성형]이라는 두 번째 목표 말이다. 그리고, 이 목표의 성취를 위해 훈련을 하는 것이다. 내가 당신과 나 자신에게 일깨워 주고 싶은 것은, 이 훈련의 과정 자체를 즐기라는 것이다. 휴가를 내서 처음으로 해외여행을 가기 위해 공항으로 가던 기억이 있는가? 소풍날 아침에 친구들과 버스를 타고 이동하던 것이 생각나는가?

당신과 나의 목표는 '첫 번째 목표의 성취+마음성형'이다. 그리고 훈련의 과정은 당신과 내가 그 목표의 성취로 가는 '이동의 과정'이다. 무엇을 말하고 싶은지 알 것이다. 이 과정 자체가 설레이고, 즐겁고, 행복하고, 기대되는 전체 과정의 일부분이라는 것이다.

다만 훈련의 과정에서 꼭 기억해야 할 것이 이 자체가 훈련임을 의식하고 있는 상태의 유지이다.

당신은 이 책을 읽고 있는 과정, 혹은 본격적으로 목표를 성취하고, [마음성형]을 위한 훈련에 들어섰다. 첫 번째 목표를 노트에 적고, 시야를 넓힌다. 상상의 힘을 통해 자신의 세포 수준에서의 마음부터 확장하여 상상할 수 있는 가장 넓은 우주까지 시야를 넓혀 본다. 그리고 당신 주변에 흐르고 있는 주파수 대역을 살펴보고, 마음에 드는 주파수를 선택하여 뇌의 안테나를 해당 주파수 방향으로 맞춘다. 마음밭의 상태를 살펴보고, 굳은 부분은 깨어 부수고, '쓰레기, 돌, 가시떨기' 등은 분리해서 버리고, 태워 버린다. 목표의 씨앗이 마음의 밭을 통해 열매를 맺고, 그 결과물이 타인과 세상의 거울을 통해 비추어질 때, 당신과 나의 첫 번째 목표가 성취되었다.

이 전체의 과정을 당신과 나는 의식해야 한다. 그것을 위해, 지금까지 우리가 당연한 듯 대해 왔던 모든 우리 주변의 사물과 상황, 사람에 대해서 새롭게 인식하는 훈련이 필요하다.

아는 것이 힘, 할 줄 아는 것이 결과

"방법은 아는데, 그게 말처럼 쉽니?"라는 말을 들어 본 적이 있는가?

지금의 시대는 각종 노하우와 꿀팁, 방법들을 알려 주는 플랫폼과 사람들로 넘쳐난다. 당장 '다이어트'라는 키워드를 어디든 검색해 보면, 포털사이트이건, 영상플랫폼이건, SNS건 각종 전문가들로 넘쳐 난다. 그런데, 다이어트는 왜 이렇게 어려운가? 다이어트는 몸의 지방을 줄이고, 근육을 늘리는 것이 최고로 좋은 방법이다. 이를 위해 식이요법과 운동을 병행하는 것이 일반적인 방법이고, 식이요법과 운동의 방법에 따라 수많은 방법들이 파생되어 나온다. 내가 굳이 말하지 않아도 우리의 대다수는 다이어트 방법을 몇 가지 이상 알고 있을 것이다.

그런데 재미있는 사실이 무엇인가? 거의 누구나 다이어트의 방법을 알고 있다. 그런데도 실제적으로 다이어트에 성공하는 사람은 많이 드물다.

당신과 나의 두 번째 목표이자 이 책의 목표인 우리의 [마음성형]은 이 부분을 돌파하고자 훈련하고 있다. 여기까지 읽은 당신, 그리고 여기까지 이 책을 쓴 나는 첫 번째 목표를 성취하는 방법과 [마음성형]을 하는 방법을 알게되었는가? 이 '안다'라는 것을 머리로만 인식하는 것이 아닌, 자신의 온 세포의 마음들이 실제적으로 받아들여야 그것을 '할 줄 안다'가 될 것이다.

훈련의 초반에서 당신과 나는 작은 성취들을 이루어 갈 것이다. 그리고 간헐적으로 깨달음의 순간들을 맞이할 것이다. 그것은 깨달음이라는 단어 외에 표현할 길이 없다. 모든 것이 풍성하고, 모든 것이 자연스럽고, 평안한 상태 말이다.

실패 계획 훈련

이 세상에 실패한 인생을 살고 싶거나, 어떤 일이든 실패하고 싶은 사람은 없을 것이다. 당신은 지금껏 어떤 인생을 살아 왔는가? 성공의 연속인가? 실패의 연속인가? 혹은 성공과 실패가 적절하게 섞여 있었는가? 어떤 이들은 자신의 인생에서 전혀 실패가 없었다고 하는 사람도 있다. 그들은 흔히 실패라고 표현하는 것을, 성공을 위한 시도로 보기 때문이다.

이제부터 당신과 나는 그 시도들을 미리 실패할 것을 계획하는 훈련을 시도해 보고자 한다.

아주 작은 시도들도 좋다. 아니, 오히려 작은 시도들이 더 좋은 것 같다. 너무 무리한 시도들로 에너지를 소진하지는 말자. 방법들은 여러 가지가 있을 것인데, 무엇이든 좋다.

당신과 나의 대다수는 '합리적' 사고를 하는 사람들이다. 그리고 많은 부분에서 '효율성'을 추구한다. 그 외에도 많은 자신의 특성을 살펴보라. 그리고 그것을 통해 실패할 수 있는 계획을 세우고 추진해 보는 것이다. 비합리적 선택을 해 보고, 효율성이 전혀 없는 것들을 찾아 보는 것이다. 그 외에도 자신의 특성과 다른 것들을 찾아보자.

이 훈련은 엉뚱해 보이지만, 새로운 시야를 확보하는 것에 도움이 된다. 나의 경우에는 이런 시도를 통해 지난 20년 이상 다니던 장소의 전혀 새로운 길을 발견하고, 새로운 즐거움을 추가하게 되었다.

새로운 도전과 시도는 당신과 나의 마음에 이전에 느끼지 못했던 활력의 에너지를 불어 넣어 준다. 그런데, 그 도전과 시도에서 실패를 맛본다면, 마음은 새로운 종류의 가시떨기들을 키워낼 가능성이 있다. "거 봐, 해도 안 되잖아." "내 이럴 줄 알았지. 안 되는 건 안돼." 등 말이다. 그러나 우리의 훈련 중에는 미리 실패를 계획해 두었기 때문에, 그 자체를 축하해 줄 수 있다. 같은 상황과 환경에 기존과는 전혀 다르게 반응하면서, 이것이 훈련임을 받아들여라.

실전의 상황에서도 프로 축구선수들이 90분간 1골을 넣기 위해 얼마나 많은 슈팅에 실패하는가? 실전도 그러니 훈련의 상황에서는 어떻겠는가? 그저 실패하는 골과, 그냥 실패하는 것은 당신과 나에게 아무 도움이 되지 않는다. 하지만, 의식적으로 실패하고, 그것을 축하하는 것은 지속적으로 새로운 시도를 일으키고, 이 모든 것이 성공하기 위한 훈련의 과정임을 깨닫게 될 때, 마음은 행복을 타인과 세상의 거울에 비추어 줄 것이다.

절제의 기술(중독된 감정 조절)

최근 인터넷을 통해 이른바 [도파민 금식]이라는 것이 유행을 타는 것을 본 적이 있다.

내용은 상당히 흥미롭다. 도파민은 뇌의 신경전달물질 중의 하나인데, 주로 쾌락에 관계된 감각을 자극하는 것으로 알려져 있다. [도파민 금식]은 일정 기간 동안 도파민을 분비할 만한 행위를 하지 않는 것이다. 식욕, 알콜, 니코틴, 카페인, 게임, 쇼핑, 성적자극, 휴대폰 등 현대인이 중독되기 쉬운 것들을 일정 기간 중단하는 것이다.

이것의 결과가 꼭 도파민에 관계되어 특정한 뇌의 화학작용을 돕는지는 모르겠으나, 분명한 것은 특정 자극을 '절제'하는 것은 그것을 '조절'할 수 있는 힘을 갖게 된다는 것이다. 그리고, 육체적인 절제와 조절을 통해 당신과 나의 마음의 밭을 정비할 수 있다는 것에도 의미가 있다.

　오래 전 회사를 다닐 때 한 가지 불만은 사람들이 나를 무시하는 경향이 있는 것 같다는 생각이었다. 이런 생각이 들면 특정한 실험을 해 보게 된다. 동일한 행동을 내가 했을 때와 다른 사람이 했을 때, 사람들의 반응을 통해서 말이다. 나의 예상은 적중했고, 그 이후로 회사를 다니기가 싫었다. 생활을 위해 일정기간 더 다녔으나, 결국 회사를 그만두게 되었다.

　이후에 또 새로운 환경으로 회사를 다니게 되었다. 이번에는 그냥 입사한 것이 아니라, 그간의 능력들을 인정받아 입사제의를 받게 된 것이다. 그것이 나를 기분 좋게 만들었다. 그러나 얼마 지나지 않아, 또 비슷한 일들이 생기고, 사람들이 나를 무시하는 것 같은 기분이 들었다. 이번에는 조금 더 합리적으로 생각해 보기로 했다. 사람들과 많은 대화를 통해 이런 기분들이 나의 착각이라는 것을 깨달으려 했고, 회사에는 새로운 프로젝트를 준비하여 제안서를 올려서 나의 능력을 인정받고자 했다. 그 결과, 나는 깨닫지도 못하고, 제안서도 통과되지 않았다. 또 나는 회사를 그만두게 되었다.

　이후로 회사를 다닐 생각이 없었다. 그리고, 사람들, 세상이 뭔가 잘못되었다는 생각이 들었다. 이 세상을 바꾸고 싶다는 생각이 들었다. 그런데 그런 힘은 없다. 화만 쌓이고, 울분만 늘어간다.

　하지만 시간이 흐르고, 또 어쩔 수 없이 새로운 회사를 다니게 된다. 많은 시간동안 느낀 것이 많았기 때문에 사람들의 무시는 어느 정도 적응한 것 같다. 물론 화는 나지만. 업무 특성상 사람들을 상대하는 일들이 많앉고, 많은 사람들이 업무적 도움을 요청했다. 그러던 어느날. 나 자신이 나에게 도움을 요청하는 사람마다 조금씩 다르게 반응하고 있다는 것을 깨달았다. 내가 좋아하는 사람들은 흔쾌하게 요청을 들어 주고, 그렇지 않은 사람들에게는 물론 요청을 들어 주면서도 미적지근한 태도를 보이는 것이다. 이것을 깨닫고, 나에게 요청을 하는 모든 사람에게 내가 좋아하는 사람과 동일한 태도를 보이고자 노력해 보았다. 쉽지 않았지만, 항상 그것을 의식하도록 노력했다. 내 마음의 태도가 바뀌자 그것을 비추는 타인과 세상도 바뀌기 시작했다.

처음으로 회사가 싫어 그만두는 것이 아니라, 꿈을 위해 인생에서 가장 오래 다닌 회사를 퇴직했다.

이것은 나의 짧은 경험담이다. 나는 '무시당하는 것 같다'라는 감정에 중독되어 있었던 것이다. 그리고, 그것을 비추어 준 마음의 밭에는 나 자신이 타인과 세상을 무시하는 돌덩이들이 굴러다니고 있었던 것이다. 이 돌덩이들을 치우지 않으니 타인과 세상의 거울은 그대로 마음의 밭을 현실로 비추어 준다. 그것은 나 자신에게 '~것 같은' 감정을 전달해 주고, 나는 어느덧 그것에 중독되어 가는 것이다.

그것에 중독되었다는 것, 마음에 '쓰레기, 돌, 가시떨기'들이 있다는 것을 깨닫는 것만으로도 엄청난 발전이다. 그것을 꾸준하게 의식하고 있다면, 마음을 좋은 밭으로 가꾸어 나가는 데 크게 도움이 될 것이다. 그럼에도 육체적-정신적 절제를 통한 훈련은 당신과 나의 마음밭을 가꾸는 것에 한층 더 강력한 도구가 될 수 있다. 그것은 밭을 가는 것에 삽을 써서 가느냐, 트랙터를 쓸 수 있느냐의 차이와도 같다.

물론, 무조건 절제를 해야만 [마음성형]을 할 수 있고, 더 빠르고 강력하게 할 수 있는 것은 아니다. 그리고, 마음의 세계에서 빠르다는 시간 자체도 의미가 없다. 다만 우리의 훈련 과정에서 한두 가지의 절제를 통한 훈련방법들은 상당한 유익과 목표의 이해도를 올려준다.

자신이 절제해야 할 것은 자기 자신이 가장 잘 아는 법이다. 따로 고민할 필요도 없다. 지금 즉시 머릿속에 떠올리는 그것이다. 처음에는 한 가지만을 골라 일정 기간 동안 절제해 보도록 하자. 금지하는 것이 아니다. 절제하는 것이다. 이것이 자신에게 얼마나 큰 성취감을 느끼도록 하는지 경험해 보면 알게 될 것이다. 절제를 시작하면서, 해당되는 욕구에 대한 감정이 중독된 부분이 있는지도 살펴보도록 하자.

또 한 가지 기억해야 할 점은, 자신이 절제를 시작했다고 해서 주변에 절제하지 못하는 사람들을 판단할 필요는 없다는 것이다. 그것은 정말 좋지 못한 에너지이다. 기억하고, 또 기억하자. 당신과 나는 오직 우리 자신만을 변화시킬 수 있는 것이다. 그리고 그 변화에는 타인과 세상을 판단하려고 하는 쓰레기들을 치우는 것도 포함되어 있는 것이다. 그것은 정말 재활용도 힘든 것이다. 타인과 세상은 있는 그대로 당신과 나의 거울을 비추어 줄 뿐이다.

절제를 통해 좋은 점을 주변에 권할 수는 있다. 그러나 상대방이 우리가 절제한 것을 절제하지 못한다고 해서 판단할 권리는 우리에게 없다. 오히려 그것은 우리 자신에게 독이 된다.

훈련의 과정은 기본을 튼튼하게 한다고 생각하자. 최대한 단순하게 하고자 나 또한 노력하고 있다.

나는 한 번에 발차기를 만 번 하는 사람은 두려워하지 않는다.
하지만 하나의 발차기를 만 번 연습한 사람은 두려워한다.

- 이소룡

마음의 점진적 과부하 훈련

육체의 근육을 키우기 위해 웨이트 트레이닝을 해 본 사람은 '점진적 과부하'라는 용어를 알 것이다. 웨이트를 처음 접하는 사람들은 모든 것이 낯설기 때문에, 자신의 힘의 100%를 사용할 수 없다. 그렇기 때문에 자신이 최대로 들어올릴 수 있는 한계의 범위에서 중량과 횟수를 점차적으로 늘려 가는 것이 근육 성장에 큰 도움을 준다.

마음의 근육을 키우는 것도 동일한 맥락으로 생각해 보자. 당신과 나의 마음은 이제 막 자신의 존재를 객관화하였다(그전에는 마음 자체가 나 자신이라고 생각하지 않았던가).

우리는 각자 자신의 마음밭을 가꾸는 농부이고, 이제야 밭을 제대로 볼 수 있는 시야를 확보했다. 그동안 마음의 밭에서 자라 열매를 맺은 것들도 있을 것이고, 아직 개간하지 못해서 딱딱한 길가 같은 곳도 있고, '쓰레기, 돌, 가시 떨기'가 가득한 곳도 있을 것이다. 그 모든 것은 타인과 세상의 거울을 통해 비춰지고 있고, 당신과 나는 이제 막 그것을 깨달은 참이다.

우리 마음의 밭은 당신과 내가 얼마나 개간해 가느냐에 따라 얼마든지 넓혀 갈 수 있다. 그 밭의 소출물들을 통해 자신만 먹고 사는 사람도 있는 반면, 가족, 이웃, 지역사회, 더 나아가 국가와 전세계를 먹여 살릴 수도 있다. 그것을 결정하는 것은 각자 밭의 주인들이 결정할 일이다. 당신은 어떤 결정을 내리겠는가? 나는 어떤 결정을 내릴까?

(어떤 결정을 내리건, 당신과 나는 스스로에게, 그리고 각자의 선택을 존중해 주도록 하자. 선택의 기회는 언제든 창출해 낼 수 있고, 이 선택을 판단할 권한은 누구에게도 없으니 말이다.)

어떤 결정과 선택을 하건, 우리는 마음의 밭에 대해 점진적 과부하를 훈련할 필요가 있다. 이것은 당신과 나의 선택이 각자의 마음밭을 통해 나 자신만 먹고 사는 것이라 하더라도, 훈련에 있어서는 점차적으로 '가족, 이웃, 지역사회, 국가, 전세계'를 먹여 살릴 수 있도록 마음의 밭을 일구어 나간다는 것이다.

처음부터 전세계를 구하겠다는 생각으로 자신의 마음의 밭을 가꾸겠다는 생각을 한다면, 상당히 많은 에너지가 필요할 것이고, 지치게 될 것이다. 반대로, "나 혼자 먹고 살기도 힘든 시기인데, 어떻게 가족은 그렇다쳐도 이웃과 사회까지 먹여 살릴 생각을 하지?"라는 생각을 한다면, 자신의 마음밭 하나 가꾸기조차 힘이 들 것이다. 이것은 어디까지나 당신과 나의 선택권을 넓히고, 마음의 근육을 키우기 위한 훈련의 과정이라고 생각하자.

실제로 한 명의 마음밭의 소출을 통해 인류가 받은 혜택들이 많지 아니한가. 당신과 나는 지금도 그 누군가의 마음밭의 열매를 통해 편리함과 안전함을 누리며 살고 있다. 우리 역시 또 다른 누군가에게 그 열매들을 전할 수 있지 않겠는가?

당신과 나의 첫 번째 목표가 오직 우리 자신만을 위한 것일 수도 있다. 나는 오히려 그것이 자연스러운 것이라고 생각한다. 우리가 점진적 과부하 훈련을 하는 것은 그 첫 번째 목표를 넘어서 보는 것이다.

예를 들어, 당신의 첫 번째 목표가 월 1000만 원의 소득이라고 하자.

당신과 나의 마음은 이 목표를 이루기 위해 시야를 통해 주파수를 확보하고, 마음을 정화하기 시작한다. 그 과정에서 자연스럽게 두 번째 목표인 [마음성형]이 진행중이다.

여기서(아직 첫 번째 목표가 이루어지지 않은 상황), 점진적으로 과부하를 걸어 보도록 하자. 이제 당신의 첫 번째 목표는 당신뿐 아니라, 당신의 가족 구성원 모두의 소득을 월 1000만 원으로 조정되었다. 약간의 혼돈이 올 수 있다. "아직 내 목표도 이루지 못했는데?" "우리 부모님은 나이가 많으신데?" 이런 식으로 과거 마음에 프로그래밍 된 사라진 줄 알았던 '쓰레기, 돌, 가시떨기'들이 또 올라오게 될 것이다. 하지만 무엇이 문제인가? 목표를 이루어 가는 과정은 동일하다. 시야를 더 넓혀서 가족 모두가 월 1000만 원의 소득을 올릴 수 있는 주파수를 찾아내고, 뇌의 안테나를 조정한다. 다시 마음밭의 (아마도 이전보다 넓어지지 않았을까) 상태를 확인해서 새롭게 올라온 '쓰레기, 돌, 가시떨기' 등을 분류해서 버리고, 태워 버린다. 처음에는 조금 당황스러웠지만, 다시금 안정을 찾은 것 같다. 잘 가고 있는 것 같다.

여기서 한번 더 과부하를 걸어 보자. 당신과 내가 속한 회사, 친구들, 이웃 등 우리가 소속감을 느낄 만한 단체 구성원 모두가 월 1000만 원의 소득을 올리는 것으로 목표를 조정한다.

이제 방법은 충분히 알았으리라 생각한다. 말 그대로 과부하 훈련이다. 어쩌면 첫 번째 자신의 목표 자체가 과부하라고 생각했을 수도 있다. 그런 생각 자체가 우리 마음밭의 '쓰레기, 돌, 가시떨기' 중의 하나이다. 세계 최고의 부자들과 당신과 나의 차이점이 무엇인가?

당신이 이 책을 선택해서 읽고 있다는 것은 당신이 똑똑하다는 증거이

다. 당신이 이 책의 제목이 마음에 들었다면, 당신에게는 변화에 대한 갈망이 있다는 것이다. 열정이 있다는 것이다. 희망이 있다는 것이다. 성공의 DNA가 이미 있다는 증거이다. 혹은 이 책을 누군가에게 선물받아서 읽고 있는가? 그렇다면, 당신 자신의 마음밭에 비추어진 거울을 통한 타인이 얼마나 아름다운가? 이미 성공할 수 있는 마음의 밭이 준비된 사람이다.

이 훈련의 목적은 점진적으로 걸어 주는 과부하 자체가 더 이상 과부하가 아님을 깨닫게 해 주는 것에 있다. 훈련을 통해 마음의 근육을 지속적으로 키우도록 하자. 마음의 근육이 없는 상태에서 '내가 전 세계를 구하겠다'라고 선포하는 것은 불필요한 에너지의 소모가 너무나 크다.

그렇기 때문에, 자신의 첫 번째 목표에서 시작하자. 첫 번째 목표에서 점진적 과부하를 걸어 주는 훈련을 주기적으로 실행해 주도록 하자. 훈련의 목표는 마음밭의 근육을 키우는 것이다.

마음밭의 근육이 키워지면, 첫 번째 목표가 작아 보일지도 모르지만, 그 작은 성취가 당신과 나에게는 크게 다가올 것이다.

NIBO 훈련

마음성형의 목표에서 나누었던 Normal in Best out(NIBO)를 마음의 점진적 과부하 훈련에 적용해 보도록 하자. 먼저 자신의 첫 번째 목표를 떠올려 보라. 이제 당신과 나는 자연스럽게 시야를 넓혀 첫 번째 목표가 이루어질 수 있는 주파수를 찾아내고, 뇌의 안테나를 해당 주파수에 맞춰 가고 있을 것이다. 그리고 마음의 밭의 상태를 확인한다. 목표의 결과가 잘 나올 수 있도록 잘 일구어져 있는지, '쓰레기, 돌, 가시떨기' 등은 잘 치우고, 태웠는지. 그 결과는 타인과 세상의 거울에 비추어서 확인해 본다. 좋다. 여기까지 잘해 오고 있다. 여기에서 자신의 마음밭을 비추어 주는 타인과 세상이 당신의 마음밭에 무언가를 준다. 그것은 '쓰레기, 돌, 가시떨기'일 수도 있다. 그러면 바로 치워 버리고, 태워 버리면 된다. 하지만 대개 타인과 세상은 당신과 나의 마음밭에 Normal을 던져 준다. 공감이 가는가? Normal들은 무엇인가?

특별하지도, 그렇다고 무례하지도 않은 일상들 말이다. 당신과 나에게 타인과 세상은 Normal한 인사를 건네고, Normal한 물건을 팔고, Normal한 서비스를 제공하고, Normal한 경험들을 제공한다. 이것이 당신과 나의 훈련의 기회이다. Normal한 것을 마음의 밭으로 받아 Best한 것으로 타인과 세상에게 되돌려 주자.

등가교환의 법칙이라는 것이 있다. 동일한 가치를 갖는 두 상품 혹은 화폐 혹은 에너지를 교환하는 것이다. Normal한 것을 제공하고, Normal한 것을 받는다. Special 혹은 Best 한 것을 제공하면, 동일한 것을 받게 될 것이다(대체적으로 가격이 비싸다).

당신과 나는 지금 이 법칙을 반대로 훈련하는 것이다. 타인과 세상으로부터 Normal한 것을 받을 때마다 Special 혹은 Best한 것으로 주는 것이다. 어떤 일이 벌어질 것이라 생각하는가?

결과에 대해서는 아직 생각하지 말도록 하자. 이것은 당신과 나의 마음밭의 근육을 키우는 훈련이라는 것을 다시금 상기하자. 특정한 결과나 다른 효과를 기대하지 말자. 그런 것들은 훈련의 부산물일 뿐이다. 훈련의 목적을 새기자.

훈련의 세세한 방법은 당신과 내가 각자 고안해 볼 일이다. 좋은 방법들이 생각났다면, 알려 주기 바란다. 이 장을 쓰면서 나의 마음 또한 새로운 기대를 품게 된다.

우리의 무대는 매 순간 펼쳐진다

[마음성형]을 훈련하는 것은 즐거운 실험을 하는 것과 같다.

당신과 나는 삶에서 지금까지의 선택과 경험들을 통해 형성된 마음의 밭이 투영되는 타인과 세상을 경험해 나가고 있다. 우리가 지금까지 자신의 마음에 대해 배우지 않았던 것이 아니다. 지금, 이 순간에도 수많은 사람이 자신의 마음을 다스리고, 이해하고, 알아 가고자 노력한다. 어떤 사람은 태어나면서부터 자신의 마음을 아름답게 가꾸기에 좋은 환경에서 자랐을 수도 있다. 그것은 어머니의 뱃속에서부터 시작되었을 것이다. 우리가 태교를 중요시하는 이유가 있지 않겠는가.

그렇다면, 당신과 나는 어떠한가? 마음의 밭을 아름답게 꾸밀 수 있는 환경에서 우리의 마음밭을 잘 가꾸어 왔는가? 일정 부분은 타고난 환경과 상황의 영향을 인정한다. 그렇지만, 자기 자신의 마음밭을 가꾸는 것은 전적으로 당신과 나 자신에게 달려 있다는 것을 다시 한번 강조하고 싶다.

당신과 내가 태어났을 때의 환경과 상황은 우리가 선택할 수 있는 영역이 아니었다. 그러나 자라나면서 이 환경과 상황을 어떻게 받아들일지에 대한 선택은 우리의 영역이다.

부족할 것 없이 자란 아이가 좋은 환경에서 양질의 교육을 받아 좋은 마음밭을 가꾸어서 타인과 세상에 좋은 영향을 줄 수 있다. 하지만 같은 환경에서 자랐음에도 자신의 마음밭을 가꾸지 못해 괴로워하고, 술과 마약, 향락 등에 빠져 사는 경우도 얼마든지 찾아볼 수 있다.

빈민촌에서 자라 보고 배운 것이 도둑질과 거짓말, 술과 마약 등에 빠지는 것도 흔한 사례이다. 그러나 그곳에서 벗어나기 위해, 혹은 그곳에 꿈과 희망을 심어 주기 위해 부단한 노력을 통해 스포츠스타나 연예인, 성공한 사업가로 거듭나는 것도 어렵지 않게 찾아볼 수 있는 사례이다.

당신은 어떠한가? 나의 경우는 매우 좋은 환경도 아니고, 그렇다고 빈민촌 수준의 환경도 아니었다. 삶의 밑바닥도 경험해 보았지만, 그렇다고 노숙을 했을 정도는 아니다. 그럼에도 '쓰레기, 돌, 가시떨기'로 가득했던 나의 마음은 매일같이 자신을 괴롭히고, 마음에 투영된 타인과 세상을 통해 그 증거들을 확인하는 나날들을 보냈다. 정말 지금까지 살아 있는 것이 기적일 정도로 말이다.

여러 번 고백하지만, 나 자신에게는 지금 이 책을 쓰는 것 자체가 나의 [마음성형]을 이루어 가고 있는 것이다. 또 다른 나의 모습인 당신도 마찬가지이다. 우리는 함께 [마음성형]을 훈련하고, 이루어 가고 있다.

우리가 인식할 수 있는 시간의 개념은 [지금, 이 순간]뿐이다.

이것은 하나의 무대이다. 당신과 나는 시야라는 조명을 통해 마음이라는 무대를 타인과 세상에 상영하고 있다. 우리는 주인공인 동시에 관객이고, 감독이기도 하다.

멋진 작품에는 그에 걸맞는 최고의 시나리오가 존재한다. 작가는 역시나 당신과 나 자신이다. 매 순간 펼쳐지는 무대에 기가막힌 시나리오를 적는 훈련을 해 보도록 하자.

예전에도 비슷한 시도를 해 본 적이 있을 수도 있다. 하지만 지금은 상황이 다르지 않은가?

[마음성형]을 통해 마음에 대해 더 이해하게 되었고, 넓은 시야를 확보해서 무한한 가능성을 깨닫게 되었고, 정화를 통해서 마음의 밭을 치울 수 있게 되었다. 이전과 같은 모양들의 훈련과 내용들을 접해도 체감되어지는 효과는 달라졌을 것이다.

이 훈련들을 통해 당신과 나는 마음밭의 근육을 더 키워 내고, 그로 인해 타인과 세상의 거울에 비춰지는 현실들을 변화시켜 갈 것이다. 그것은 타인과 세상의 환경을 변화시키는 일이다. 이전에 자신의 환경과 조건의 한계로 인해 낙심하고, 좌절한 적이 있었는가? [마음성형]과 그로 인해 키워진 마음밭의 근육들은 이제 상황을 역전시키게 될 것이다.

다만 훈련의 과정에서 가장 신경써야 할 부분은 결과의 내용이 아니라, 훈련 자체에 집중해야 하는 것을 잊지 말자.

훈련의 일상화

당신은 다룰 수 있는 악기가 있는가? 피아노, 기타, 드럼, 바이올린 중에 연주할 수 있는 악기가 있는가? 혹은 다른 악기라도 연주할 수 있는 악기가 있는가? 그것을 매우 능숙하게 다룰 수 있는가? 전문가인가? 아마추어인가?

나는 악기를 잘 다루는 사람들이 굉장히 부럽다. 처음에는 멋있어 보였다. 매번 만나던 친구가 어느날 피아노나 기타를 멋지게 연주하는 것을 보면, 그 친구가 달라 보이지 않던가? 하지만 거의 외계어처럼 보이는 악보와 코드들을 보면 이내 내가 악기를 배워야 겠다는 생각은 저 멀리 사라지곤 했다. 그리고, 무엇보다 마음이 급했다(빨리 멋진 연주를 하고 싶은 것 외에 다른 것을 하고 싶은 생각은 없었던 것이다).

그런 사유로, 현재의 나는 다룰 수 있는 악기가 없다. 그런데 얼마전에 마침 예전에 배우려다 포기한 기타가 집에 있어서 간단한 코드들을 몇 개 짚어 보았다. 어떤 일이 벌어진 줄 아는가? 당연하게도 나의 기타 연주는 엉망이다. 하지만 너무 재미있는 것이다. 먼저는 내가 몇 개의 코드를 '알고' 있다는 것이 스스로 대견스러웠다. 그리고 코드를 짚는 손가락이 아프긴 하지만, 그럭저럭 소리가 나는 것도 재미있었다. 간단한 코드 진행들로 이루어진 노래들을 어설프게라도 연주하면서 불러 볼 수 있다는 사실이 좋았다. 기타를 치면서 노래를 한다는 사실 말이다.

며칠 전에 일어난 일이기 때문에, 아직도 내 기타 실력은 큰 변화가 없다. 변한 것이 있다면, 이제는 급한 마음으로 빨리 멋진 연주를 하고 싶은 생각을 버린 것이다. 지금은 나의 실력에 맞게 간단한 노래라도 하나씩 연주해 보는 재미에 빠져 있다. 그 자체가 너무나 좋다.

모든 예술적 표현, 스포츠뿐 아니라 당신과 내가 활동하는 모든 범위의 행위에는 의식적으로 반복되는 훈련이 필요하다. 의식적인 반복들이 무의식적으로 스며들 때, 우리는 그것을 능숙하게 할 수 있다.

여기서 한 가지 많은 사람이 오해하고 있는 사실이 있는데, 특정한 것이 능숙해지면, 따로 훈련할 필요가 없다는 관점이다. (많은 사람의 오해인지, 나 자신의 오해였는지 모르겠다. 나는 굉장히 오랫동안 그렇게 생각해 왔다. 한

번 자전거를 탈 줄 알면 따로 훈련하지 않아도 계속 자전거를 탈 줄 아는 것처럼 말이다.)

그것은 마치 아무 훈련도 없이 월드컵에 참가하는 축구선수와 같은 것이다. 굉장히 큰 오해인 것이다. 그 어떤 가수도, 연주자도, 운동선수도, 훈련 없이 무대와 경기장에 서지 않는다.

당신과 나는 [마음성형]을 훈련하고 있다. 우리의 무대는 거울을 통해 비추어진 타인과 세상이다. 세상의 모든 예술, 기술, 기법, 방법, 노하우 등은 모두 훈련되어서 빛을 발할 수 있다. [마음성형]은 마음을 치우고, 다루는 일종의 기법이라고 할 수 있다. 이것은 솔직하게 말하자면, 그리 쉬운 방법은 아니다. 많은 동기부여 관련 서적과 강연자들이 마음을 바꾸라고 한다. 그러면 인생이 바뀐다고 말이다. 그런데, 그것이 쉬웠던가? 이루어 냈던가? 당신은 이루어 냈는가? 나는 이루어 내지 못했다. 지금까지. 아직까지도 말이다.

나는 두 가지 중에 하나를 선택해야만 했다.

첫 번째는, 마음의 힘 따위는 잊어버리고, 눈에 보이는 현실만을 받아들이며 살아가는 것, 과거의 현실적 통계를 따져 보니 암울했다. 원하는 것들을 이루는 것은 고사하고, 언젠가 수십 년 내에 육체가 죽기 직전까지 시간을 때우다가 생을 마감하게 될 것이었다.

두 번째는, 어떻게든 나 자신의 [마음성형]을 이루어 내는 것이다. 그래서 진짜 나의 목표, 삶의 기대, 소망, 희망들을 현실로 나타내는 것이다.

당신과 나의 마음은 어쩌면 내가 처음 악기를 배울 때와 같이 급할지도 모른다. 빨리 멋진 연주를 하고 싶을지도 모른다. 마음의 힘을 다루는 책에서 왜 [훈련]이라는 것이 들어 있는지 의아해하며, 이 장을 빨리 넘기고 싶을지도 모른다. 나 또한 이 부분이 상투적으로 흘러가지 않도록 노력하고 있다.

마음의 영역을 마법 소설로 채워갈 수도 있다. [목표, 시야, 정화]의 파트와 [주파수], [뇌의 안테나], [타인과 세상을 비추는 거울] 마음을 성형하기 위해 필요한 도구들이 우리의 판타지를 채워 주기 좋은 소재들이 아닌가?

하지만, 이것은 누군가의 머릿속에서 그럴 듯하게 그려진 환상들이 아니다. 인간의 능력 범위 내에서 이룰 수 있는 최고의 기법이다. 그렇기에 [마음성형]의 모든 소재와 도구들을 받아들이고, 능숙해질 수 있는 훈련이 필요한 것이다. 또한 훈련은 그것들이 능숙해진 이후에도 지속적으로 삶의 일부로 받아들여야 할 부분이다.

마지막 5분 훈련

1849년 12월 혹독한 추위 속에 러시아 세묘노프 광장에서는 28세의 젊은 사형수가 사형집행을 기다리고 있었다. 그에게는 사형집행 직전 마지막 5분이라는 시간이 주어졌다. 그는 지금까지 자신이 알고 있었던 모든 사람을 떠올리는 데 2분을 사용했고, 오늘까지 살게 해 주신 하나님께 감사하고, 곁에 있던 다른 사형수들에게 작별인사를 하는 데 2분을 사용했다. 그리고 남은 1분은 지금 눈에 보이는 자연의 아름다움을 느끼고, 자신을 서 있게 해 준 땅에 감사하기로 했다. 5분이란 시간은 쏜살같이 지나가고, 이제 사형집행의 시간이다. 탄환을 장전하는 소리가 들린다. '철컥' '이제 정말 끝이구나'

그 순간 "멈추시오!" 누군가 외친다. 저 멀리 병사가 달려오며 사형집행을 멈추라는 황제의 서신을 전한다. 사형집행 대신 유배를 가게 되었다. 이후 그 사형수는 4년간 시베리아 수용소에서 유배생활을 하고 풀려나게 된다.

이 사형수는 우리가 잘 알고 있는 도스토예프스키의 일화이다. 우리가 잘 알다시피 도스토예프스키는 이후에 『죄와 벌』, 『카라마조프가의 형제들』 등 시대를 넘어서는 명작들을 남기며 러시아의 대문호로 남았다. 혹독한 추위와 힘겨운 수용소 생활속에서도 도스토예프스키는 자신이 사형당하기 전의 5분을 기억하며, 감사함으로 작품들을 완성해갔다고 한다.

매일 아침 당신과 나는 사형집행을 받기 5분 전에 서 있다. 무엇을 할 수 있을 것인가? 버킷리스트도 1년이라는 시간을 주는데, 너무 극단적이 아닌가? 5분간 우리가 할 수 있는 최선은 무엇인가? 조금만 더 시간을 줄 수는 없는가? 조금만 더 기회를 줄 수는 없는가?

때로는 당신과 나 자신을 볼 때, 유한한 인생을 알고 있음에도 영원히 살 것처럼 안주했던 것이 있지 않았던가? 버킷리스트를 적었지만, 1년이 넘어가도 당연히 내년이라는 시간이 주어질 것이라고 인식하면서 살지 않았던가.

매우 다행하게도 당신과 나는 오늘도 사형집행을 면제받았다. 매일 아침 이 5분을 떠올리는 훈련을 해 보도록 하자. 우리의 삶에서 진정으로 소중한 것들이 남을 것이다. 그것이 우리의 진정한 목표이다. 그것을 달성하기 위해 마음을 성형하는 것이고, 5분간 우리 마음의 '쓰레기, 돌, 가시떨기'들은 빠르게 버려지고, 태워질 것이다.

소그룹 활동(함께하는 훈련)

"빠르게 가려면 혼자 가고, 멀리 가려면 함께 가라"는 말을 들어 본 적이 있을 것이다. 당신과 나의 [마음성형] 훈련 여정은 특히나 더 멀리(넓게)가야 하는 길이기에 모든 훈련 과정에서 자신을 포함 3~4명이 함께 훈련하는 것을 추천하고 싶다(인원은 자신 포함 3~4명이 적당하다. 최소 3명, 최대 4명이다. 인원이 너무 많으면, 집중하기 어렵다. 사실 4명도 많다고 생각한다. 가장 이상적인 수는 3명이다. 그러나 이것은 어디까지나 나의 생각이다. 당신이 잘 분별해서 함께할 것이라 믿는다).

처음에는 모두가 [마음성형]에 대해 생소할 것이기 때문에 당신이 기본적인 개념과 사용할 수 있는 정신적 도구들에 대해 소개해야 한다. 이 자체가 당신에게 상당한 훈련이 될 수 있다. 가장 좋은 학습은 스스로 누군가에게 가르치는 것이라고 하지 않았던가? 나 또한 동일한 이유로 이 책을 쓰고 있다는 것은 이미 여러번 밝힌 바 있다.

구성원 모두가 [마음성형]에 대해 어느 정도 이해가 되었다면, 개개인의 첫 번째 목표와 두 번째 목표인 [마음성형]을 자신의 노트나 태블릿에 적어서 서로 목표를 나눈다. 이제 당신과 함께하는 구성원들은 각자의 목표를 공유한 일종의 공동체이다. 이후 정기적인 모임을 통해 그동안 각자가 점검한 [시야, 마음밭의 상태] 그리고 [정화]의 시간을 갖는다. 혼자하는 훈련과 방법은 동일하지만, 효과는 무척 다를 것이다. 먼저는 구성원끼리 서로가 서로를 비추어 주는 타인의 거울이기 때문이다. 서로의 목표에 대해 자신의 판단, 감정들이 올라오는 것을 바로바로 느낄 수도 있다. 오히려 자신의 목표에 대한 감정의 에너지를 못 느끼던 사람들이 상대의 목표에 대해서는 판단과 감정의 '쓰레기, 돌, 가시떨기'가 올라오는 경험을 할 수도 있다. 지금까지 우리가 자신의 마음밭을 돌보려고 하지 않고, 타인에게 시선이 맞추어진 과거 프로그래밍의 특성 중 하나이다. 이것을 이제는 어떻게 처리해야 하는지 잘 알고 있을 것이다. 시선을 자신의 마음밭으로 돌리고, 제거해야 할 것을 찾아서 느껴주고, 치우고, 태우면 된다.

함께하는 훈련에서 또 하나 주의해야 할 것은 구성원을 제외한 타인에게는 모든 [마음성형] 과정 중에서 나눈 목표와 대화들을 발설하지 않기로 사전에 합의하는 것이다. 물론 이것은 선택사항이지만, 모두가 보다 더 자기자신과 함께하는 구성원들에게 솔직해지기 위함이다. 나의 일기장을 타인이 본다고 생각한다면, 아무래도 의식하게 되지 않던가.

소그룹 훈련에서도 마찬가지이지만, 이 훈련을 통해 함께하는 구성원을 변화시키겠다는 생각은 절대적으로 버려야 한다. 당신과 나를 포함해서 모든 구성원은 모두 각자의 마음을 성형할 수 있을 뿐이다. 다만, 상대를 감동시키는 NIBO는 언제든 가능하다. 이 또한 상대방이 나에게 오늘은 어떤 감동을 줄까 하는 기대는 금물이다. 언제나 방향은 내가 상대에게 어떤 감동을 줄 수 있을까이다. 그것을 통해 당신과 나는 스스로 자신에게 감동을 줄 수 있기 때문이다.

상대가 나에게 이런 것을 주었으니, 나도 이런 것으로 갚아 줘야지라는 등가교환적인 사고도 내려 두자. 만약 그런 생각이 든다면, 상대가 나에게 준 것의 몇배수로 되돌려 주자. 다시 상대가 갚아 준다는 기대 없이 말이다. 서로에게 누가 많이 받느냐가 아니라, 누가 많이 주느냐가 이 훈련의 관건이다. 꼭 소그룹 내에서만 감동과 NIBO를 할 필요는 없다.

타이밍의 예술

어린 시절 자전거를 배우던 기억이 난다. 처음에는 두발자전거의 뒷

바퀴에 보조 바퀴를 달고 탔다. 보조 바퀴가 달린 자전거는 일부러 발로 차지 않는 이상, 절대 넘어지지 않는다. 그렇게 신나게 자전거를 타다 보면, 어느새 자전거가 넘어지지 않도록 지지해 주던 보조바퀴가 창피해지고, 거추장스러워진다. 그래서 과감하게 보조바퀴를 떼어내 버린다.

보조바퀴가 없는 두발자전거는 멋지다. 이제 진짜 자전거 같다. 하지만, 단지 보조바퀴만 없을 뿐인데, 누가 자전거를 발로 차는 것도 아닌데, 자꾸 넘어진다. 넘어지지 않도록 페달을 더 세게 밟아 보기도 하고, 핸들을 좌우로 움직이며 힘겹게 균형을 맞춰나간다. 해질녘 운동장에서 비틀거리던 자전거는 어느 순간 넘어지지 않고 힘차게 나아간다. 원하는 방향으로 핸들을 돌리면 그 방향으로 갈 수 있고, 페달을 돌리거나 브레이크를 사용해서 속도도 조절할 수 있게 된다. 그 순간이 내가 자전거를 탈 수 있게 된 시작이다.

[마음성형]의 훈련을 자전거를 배우는 것과 비슷한 맥락으로 보도록 하자. 처음에는 정신이 없을 것이다. 어떻게 시야를 넓히고, 상상으로 세포를 인지하고, 내 마음이 길가인지, 돌밭인지, 가시떨기인지 구분이 되지 않는다. 하지만 이미 당신과 나는 많은 부분 이해하고 있다. 그리고 어느새 하나하나 오랫동안 묵혀져 있던 마음밭의 '쓰레기, 돌, 가시떨기'들을 분류해서 버리고, 태워 가고 있다. 자연스럽게 말이다. 그런데 아직 타인과 세상의 거울에는 변화가 없어 보인다. 나는 중심을 잡으려고 하는데, 계속 넘어지는 자전거처럼 말이다.

그러다 어느 순간 자전거가 중심을 잡는 것처럼, 타인과 세상의 거울이 변화된 자신의 마음밭을 비추는 것을 느끼는 순간이 온다. 매우 적절한 시점에 말이다.

그렇다. 그것은 매우 적절한 시점에 온다. 나는 그것을 [예술적인 타이밍]이라고 부르고 싶다. 이 타이밍을 한번 맛본 이후에는 이 모든 [마음성형]의 훈련들이 다르게 다가올 것이다.

자전거를 탈 수 있게 된 이후에도 자전거를 더 빠르게 타고 싶다거나, 멋진 묘기들을 부리고 싶다거나, 언제 어디서나 자전거를 타고 싶다면, 기초적인 체력과 자전거의 기술들을 훈련해야 한다. [마음성형]의 훈련도 이와 같은 맥락이다. 한번 마음의 성형을 통해 타인과 세상이 그에 걸맞는 현실을 비추어 주었어도, 그걸로 끝이 아니다. 또한 이 훈련은 즐거운 일이기도 하다. 누군가 당신과 나에게 한 번만 선물을 주는 것과, 매번 선물을 주는 것 중에 선택하라면 무엇을 택하겠는가? [마음성형]의 훈련은 그 자체가 매 순간의 선물이다.

훈련을 통한 삶의 연금술

[마음성형]의 훈련에 대해 따로 커리큘럼을 제시하지는 않으려고 한다. 그렇기 때문에 당신과 나는 자신에게 가장 적합한 기간과 방법들을 스스로 찾아서 훈련에 들어가야 한다. 소그룹 훈련도 마찬가지이다. 당신과 내가 소그룹 리더가 되어, 혹은 소그룹원끼리 의견을 나누어서 훈련의 기간과 방법을 정해 보도록 하자.

어떤 식으로든 커리큘럼을 짜서 당신에게 제시할 수는 있을 것이다. 이 부분에 대해 고민을 하지 않았던 것도 아니다. 기존 나 자신의 전공분야이기도 하다. 그럼에도 세세한 훈련의 방법들과 기간들을 설정하지 않은 이유는, 당신과 내가 조금 더 돌아가더라도 확실하게 [마음성형]에 대해 깨달아서, 목표를 이루었으면 하는 바람이다.

훈련이라는 단어가 주는 느낌이 있다. 무언가 굉장히 힘들고, 열심히 노력해야 할 것 같다. 물론 노력해야 하는 것은 맞다. 그런데 무엇을 노력해야 하는가? 타인과 세상을 비추어서 우리의 현실로 나타나는 거울의 반응들을 통해 최대한 기존의 힘을 빼고, 그러한 것들이 나타난 사유들을 내 마음의 밭을 바라보는 것을 노력해야 한다. 내 마음밭의 '쓰레기, 돌, 가시떨기'들이 올라온 것을 느끼고, 분류하고, 버리고, 태워 버리는 노력을 해야 한다.

즉, 당신과 내가 기존에 외부의 상황과 환경이라고 불렀던 모든 것들에 대해 간섭하고, 참견하고, 중재하고, 해결했던 모든 노력들의 시선을 내부의 마음밭으로 돌려야 한다는 것이다.

당신과 나는 어쩌면 지금까지 특정한 사건이 발생한 원인들을 외부에서 찾으려고 해 왔을 것이다. 그것이 자신에게 좋게 느껴지건, 혹은 좋지 않게 느껴지건, 그것은 판단일 뿐, 자신의 책임은 아니라고 생각했을 것이다. 그렇지만, 이제 당신과 내가 알다시피 우리 인생에서 벌어지는 모든 일들은 우리 각자의 마음밭을 비춰 준 것뿐이다.

책임이라는 단어가 지금의 나에게는 조금 무겁게 느껴졌다. 당신도 그러한가? 그러나 이 경우에는 다른 느낌으로 받아들이고 싶다. 책임감을 피하고 싶은 때가 아닌, 받아들이고 싶었던 경험이 있는가? 누군가를 책임지고 지켜 주고 싶었던 적이 있었던가? 억지로 지워진 것이 아닌, 자발적인 책임 말이다. 이것을 깨닫는 즉시 책임이라는 단어가 나에게 든든하게 다가온다.

당신과 나는 지금까지 살아온 방식과 조금은 다르게 사는 법을 훈련하는 것이다. 나 또한 그동안 수 많은 마음에 관련한 책들과 강의들을 통해 마음의 힘과 내면의 세계를 탐구하는 법들을 배워왔다. 그럼에도 그것을 거울을 통한 외부세계에 적용할 수 있는 이 간단한 원리를 깨우치지 못한 것이다(거울 속의 외부세계를 바꾸는 데 거울 속의 무언가를 바꾸려고 하는 시도가 효과가 있겠는가? 거울에 비추어진 대상 자체를 바꾸어야 하는데 말이다). 이것은 표현은 조금 다르게 되어 있지만, 완전히 동일하게 이미 내가 읽었던 수많은 책들 속에 적혀 있었다. 그 책들을 한두 번 읽은 것도 아니다. 수차례 읽었음에도 깨닫지 못했던 것들이다.

이제 막 당신과 나는 [마음성형]에 대해 알아 가고, 훈련해 가고 있는 중이다. 재미있는 사실은 우리 중의 누군가는 이 책을 읽고 마음성형을 시작해서 단번에 첫 번째 목표를 이루고, 더 큰 목표들을 바로바로 세워 갈 것이라는 것이다. 그것은 일주일도 걸리지 않을 것이다. 단 하루 만에 가능할지도 모른다. 또 누군가는 첫 번째 목표를 이루는 데, 꽤 오랜 시간이 걸릴지도 모른다. 1년이 넘어갈 수도 있고, 10년이 될 수도 있다. 10년의 시간이 긴 것처럼 느껴지는가? 어떤 목표를 세우느냐에 따라 달라지지 않겠는가? 사실상 당신과 내가 제대로 훈련해 간다면, 첫 번째 목표가 이루어지는 시기에 대해서는 크게 개의치 않게 될 것이다. 앞에서 나의 다이어트 경험에 대해 말하지 않았던가. 다이어트는 어느날 갑자기 살이 확 빠져서 나타나는 것이 아니다. 지속적으로 살이 빠져 가면서 변화된 모습들을 다이어트의 과정 중에도 확인해 갈 수 있다. 그 모든 과정이 얼마나 즐거운지는 경험해 본 사람들이 잘 알 것이다.

우리의 [마음성형]의 훈련 과정도 이와 마찬가지이다. 어느날 갑자기 다른 사람이 된 것처럼 도인이 되어서 나타나는 것이 아니다. 당신과 나 자신, 우리의 시야, 우리의 마음의 밭, 그 마음의 밭을 비추어 주는 타인과 세상의 거울, 이 모든 것을 통해 이전과는 다른 삶의 여정을 경험해 나갈 것이다.

그러기 위해 당분간은 더 외부세계에 대해 힘을 빼는 훈련이 필요할지 모른다. 답답한 생각이 들 수 있다. 그때 시야를 넓히고, 원하는 주파수 대역을 확인 후, 자신의 마음의 밭을 들여다보라(이 모든 것이 앞으로 훈련된 당신과 나에게는 매우 빠르게 가능할 것이다).

지금 당장은 특정한 기간과 효과를 체험할 커리큘럼을 제시해서, 당신과 나의 무한한 가능성을 제한하고 싶지 않다. 필요하다면 특정한 목표에 대해서는 자신이 얼마든지 설정할 수 있는 것이다.

이 삶이 훈련이다

[마음성형]의 훈련은 언제, 어디서나, 누구나 할 수 있다는 큰 장점이 있다. 그렇지 않은가? 특정한 외부의 기계장치나 도구가 필요한 것도 아니고, 누군가와 함께 훈련한다면 더 좋겠지만, 혼자 훈련하는 것이 기본 사항이다. 돈이 드는 것도 아니고, 부담되는 것이 전혀 없다.

모든 삶의 무대에서 당신과 내가 훈련 중인 것을 깨닫도록 하자. 목표를 설정하는 것도, 시야를 넓히는 것도, 원하는 주파수의 대역들을 감각으로 찾아가는 것도, 그 감각을 개발하는 것도, 마음의 밭을 바라보는 것도, 불필요한 것들을 분류하고 버리는 것도, 그리고 목표를 이루어내는 것도 말이다. 이 모든 것은 훈련이다.

당신과 내가 지금 일상적으로 수행하고 있는 것들. 걷고, 말하고, 먹고, 읽고, 쓰는 것들도 모두 처음에는 일정 기간의 훈련을 거친 것들이 아닌가? 그리고 지금은 자연스럽게 삶에 스며들어서 그것들을 행하고 있다. 그런데 어느날 당신과 내가 오랫동안 걷지 못하게 되는 상황이 된다면 어떻게 되겠는가? 우리는 다시 걷기 위해 재활 훈련을 해야 할 것이다. 너무나 자연스럽고, 당연하다고 생각했던 것들이 얼마나 감사한 것인지를 깨달으면서 말이다.

당신과 나는 우리의 마음에 대해 오해하고 있었는지도 모르겠다. 때론 그 마음이 우리 자신이라고 착각했는지 모르겠다. 누군가 자신의 마음을 사용하는 방법들을 알려 주더라도 깨닫지 못하고 살아왔는지도 모르겠다. 그래서 어쩌면 처음으로 자신의 마음을 제대로 바라보고, 가꾸어 가는 과정일지도 모른다.

앞으로 이 삶 전체를 통해 제대로 마음이 걸어가는 방법들을 훈련하고, 배워 나갈 수 있다. 당신과 내가 이미 갖고 있었던 마음의 힘을 통해서 말이다.

[마음성형]은 하나의 기술이다. 당신과 내가 특정한 기술을 통해 돈을 벌고 생활해 간다고 생각해 보자. 우리는 이 기술을 익히고자 많은 노력과 시간을 투자했을 것이다. 우리 중의 누군가는 용접을 할 수 있고, 맛있는 요리를 만들 수 있으며, 멋진 집을 지을 수 있는 기술을 갖고 있을 것이다. 기술을 갖고 있다는 것은 멋진 일이다. 그렇기 때문에 많은 사람들이 기술을 배운다. 당신과 내가 기술을 배우고 있다면, 아마도 첫 번째 목표를 달성하기 위한 이유가 많을 것이다. 거기에 두 번째 목표인 [마음성형]의 기술을 추가한다면 어떻겠는가? 많은 사람들이 자신만의 기술을 갖고 있지만, [마음성형]의 기술까지 갖고 있는 사람은 상당히 드물다. 드물다는 것은 귀한 것이고, 귀한 것은 가치가 높다.

훈련이 예술이다

많은 사람들이 부동산에 대한 관심이 높다. 이런 관점을 갖고 있는 나 자신의 마음밭을 살펴보다가 문득 재미있는 생각이 하나 들었다.

만약 당신과 나의 마음의 밭이 실제 돈을 주고 사고 팔 수 있는 것이라면, 과연 얼마를 받을 수 있을까? 라는 생각 말이다. 당신이 구매자라면, 어떤 땅을 사겠는가? 또 얼마의 금액을 지불하겠는가? 시야가 넓고, 안목이 있는 구매자라면, 저평가된 돌밭을 구매해서 땅을 개간해서 생산성이 좋은 농장으로 탈바꿈할 수도 있고, 혹은 수익률이 좋은 건물을 세울 수도 있을 것이다. 반대로 이제 당신이 자신의 마음의 밭을 팔아야 하는 판매자라면, 어떻게 팔겠는가? "나의 마음밭은 돌밭으로 저평가되었지만, 여기에 건물을 세우면 큰 수익을 낼 수 있습니다."라고 주장할 것인가? 자신의 마음밭의 가치를 알아봐줄 시야가 넓고, 안목이 있는 구매자를 찾아 다닐 것인가? 이 또한 방법이 될 수 있을 것이다. 정답이 있는 것은 아니니까 말이다. 상상의 힘을 통해 어떤 마음의 밭을 소유하고 싶은지, 어떻게, 어떤 가격을 받고 팔고 싶은지 잠시 즐겨 보는 것이다.

이 상상을 통해 당신과 내가 얻을 수 있는 것은 무엇일까? 누구나 자신의 마음의 밭을 소유하고 있다. 이것은 사고 팔 수 있는 것은 아니지만, 만약 가능하다면 누구나 좋은 땅을 사기를 원할 것이다. 저 평가된 돌밭을 구매해서 개간하고 싶은가? 그렇다면 굳이 따로 구매할 필요가 있겠는가?

NIBO훈련을 떠올려보자. 당신과 내가 소유한 마음의 밭의 상태가 Normal이다. Normal은 준수한 수준의 평범을 뜻하지 않는다. 그저 아무것도 아니라는 것이다. 아무런 의미도 없는 땅 말이다. 그것이 내것이건, 남의 것이건 상관치 않을 정도로 말이다. 그것이 현재 우리 마음밭의 상태이다. 하지만 우리는 [마음성형]의 기술을 훈련해 나가고 있다. 이 기술을 얼마나 훈련했느냐에 따라 Normal한 우리 마음밭의 가치는 달라진다. BEST를 향해 가고 있다는 것이다.

비어 있는 캔버스를 판매한다면, 5천 원을 받게 될 것이다. 그 위에 누군가가 그림을 그려서 판매한다면, 3만 원을 받게 될 수도 있을 것이다. 그 위에 그림을 그린 누군가가 뱅크시로 알려진다면, 그 그림의 가치는 수억원을 호가하게 될 것이다. 이것이 NIBO이다.

그림 자체는 큰 의미가 없다. 잘 그리는 사람도 있고, 못 그리는 사람도 있을 뿐, 누구나 그릴 수 있다. 당신과 내가 우리의 삶에서 행해지는 모든 일들이 그렇다. 제품을 생산하고, 판매하고, 요리를 하고, 커피를 내리고, 청소를 하고, 운전을 하고, 설거지를 하고, 노래를 하고, 이 모든 일들에 NIBO훈련을 더해 보자.

당신과 나의 삶이. 이 모든 훈련의 과정이. 이 모든 순간 자체가 우리에게 최고의 예술로 다가오는 순간을 꿈꿀 수 있게 될 것이다. 지금은 당신과 나에게 걷고, 말하고, 읽고, 쓰고, 자전거를 타는 모든 것이 일상적인 활동일 수 있다. 그러나 처음에는 그것이 우리 자신에게 도전이고, 훈련이었다. 이 말은 우리의 첫 번째 목표로 가는 지점이 지금 우리에게는 도전이고, 훈련의 과정일지 모르나, 그 목표를 이미 달성한 누군가 혹은 달성한 이후의 우리에게는 그 또한 하나의 일상이 되어 버린다는 것이다. 이 차이를 잘 기억하기 바란다. 이것은 우리가 지금 이 순간의 모든 활동 또한 예술로 바꾸어 버릴 수 있다는 시야이기 때문이다. 주파수를 제대로 찾아낸 것이다.

모든 훈련의 과정을 즐기자. 목표를 달성해서 성취하는 것은 중요한 일이다. 그러나 그 목표는 저 멀리에 있는 것이 아니라는 것을 우리는 이미 알고 있다. 과거에는 지나고 나면 깨달아지는 것들이 있다. 그 순간이 얼마나 소중하고 빛이 났던 것인지 한 없이 그리워진다. 이제는 그것조차 흘려보내고, 현재이 훈련의 순간들이 얼마나 소중하고 빛이 나는 순간인지 깨달을 차례이다.

[마음성형]의 훈련들을 통해 당신과 나는 이전에 경험해 보지 못한 벅찬 감정과 기쁨의 순간들을 맞게 될 것이다. 그것은 외부의 새로운 환경과 조건에 의한 것이 아닐 것이다. 기존에 갖고 있었던 것으로부터 내면에서 올라오는 것이 먼저이다. 마음의 밭을 소유하고 있지 않은 사람은 없다. 그것을 어떻게 관리하여 어떤 삶을 살아갈 것인지는 오직 당신과 나의 선택과 훈련으로 각자가 책임지게 된다.

기뻐할 수 있는 사실은 당신과 나는 이미 지속적으로 [마음성형]이 진행되고 있다는 사실이다.

V
증명 - 가능성을
현실로 창조하기

[마음성형]의 마지막 도구인 '증명'에 대해 알아볼 시간이 찾아왔다. 사실 그 어느때보다 설레이면서도, 얼마나 당신과 내가 이것을 이해하고 받아들일 수 있을지에 대한 마음의 가시떨기들이 올라오는 것을 느꼈다. 다행히 우리는 훈련의 과정들을 거쳐왔다. 올라오는 가시떨기들을 인식하는 즉시 태워버린다. 그렇기 때문에 마음의 상태는 더 자유롭게 받아들일 준비가 되었을 것이다.

마지막 관문

[마음성형]에 있어서 '증명'은 그 뜻 그대로 하나의 증거이다. 그것은 당신과 나의 첫 번째 목표를 '성취'하는 것으로 증명될 수도 있을 것이고, 우리의 두 번째 목표인 [마음성형]이 이루어졌음을 스스로 느끼는 것으로 증명될 수 있다.

여기에 '증명'의 첫 번째 비밀이 숨겨져 있다. 이 모든 증명에 대해 판가름하는 존재는 오직 당신과 나. 자기 자신이다. 이 부분에 대한 부연설명은 잠시 뒤로 미루기로 하자.

증명의 두 번째 비밀은 목표의 성취를 자기 자신이 허락해야 한다는 것이다. 이것이 당신과 나의 마지막 관문이다.

무한한 인식의 존재인 당신과 나는 '마음'이라는 자신의 밭을 통해 타인과 세상을 비추며 살고 있다. 이 밭에 무엇이 있는지, 무엇을 심었는지, 어떤 열매를 맺었는지에 따라 당신과 내가 경험하는 삶이 달라지고 있는 것이다.

부자로 태어났든, 찢어지게 가난하게 태어났든, 자신의 마음밭의 상태에 따라 인생은 달라진다. 다만, 대부분의 사람들이 환경에 마음이 영향을 받다 보니 부자는 계속 부자로 살 확률이 높은 것뿐이다. 마음의 밭을 어떻게 가꾸느냐에 따라 얼마든지 인생역전은 가능하다.

증명하기 싫은 이유

많은 사람들이 행복하고, 안정된 삶을 원한다. 자신의 분야에서 성공하고 싶고, 위대한 업적을 쌓기를 원한다. 그리고 실제로 그렇게 살아가는 사람들이 있다. 반대로 그렇게 살지 못하는 사람들도 많다. 실제로 원하는 인생을 사는 사람들과, 그렇지 않은 사람들의 결정적 차이는 무엇인가?

[마음성형]의 첫 단계에서 핵심이 되는 포인트가 자신의 마음을 그대로 '인정하기'이다. 마음성형을 준비하고, 시야를 넓히고, 마음의 밭을 치우고, 훈련하는 모든 것이 자신의 마음을 인정하고, 타인과 세상은 자신의 마음을 비추어 주는 것임을 깨닫는 것이 시작이다.

이것만으로도 당신과 나의 마음은 변화하기 시작한다. 당연하게도 타인과 세상도 변화하기 시작한다. 당신이 이 책을 읽으면서 어떤 노력을 따로 기울이지 않았어도, 주변의 변화를 감지했다면, 희미하게나마 느꼈을 것이다.

그러나 여기서 끝내면 안 된다. 지속적으로 마음을 훈련하는 사람은 기대하기 때문이다. 처음부터 되지 않으리라고 머리로 판단한 사람은 훈련도 하지 않는다.

왜 판단하는지 아는가? 왜 되지 않을거라 생각하는지 아는가?

[마음성형]의 첫 단계인 '인정하기'에 들어가기 싫기 때문이다. 당신과 나 자신, 우리의 환경, 우리의 상황, 예상되어지는 결과. 이것은 사람에 따라 다르겠지만, 대개 끔찍하다. 정말이다. 나 자신이 가장 잘 알고 있다. 이것을 인정하는 것이 나 자신을 부정하는 일 같이 느껴진다. 그 마음이란 것이 나 자신이 아닌데도 말이다.

시야를 넓혀서, 원하는 주파수를 찾고, 그것에 안테나를 맞추어서 마음밭의 상태를 확인한다.

이것은 지금까지의 당신과 내 인생을 변화시킬 수 있는 방법이다. 이 내용은 조금씩 다르지만, 많은 사람들이 알고 있는 내용이다. 또 많은 사람들이 비슷한 내용으로 훈련을 한다. 그런데, 왜 아직 많은 사람들이 원하는 삶을 살지 못하는 듯 보이는가?

먼저 자신의 마음을 인정하기 시작해야 한다. 많은 사람들이 마음의 힘을 통해 목표를 성취하지 못하는 이유는, 자신의 마음을 인정하지 못하기 때문이다. 대개는 도전조차 하지 못한다. 언제까지나 가능성의 세계에 살고 싶기 때문이다. 가능성이 실현 불가로 판명되는 것보다 언제까지나 가능성으로 남는 것을 자신의 마음이 더 원하기 때문이다.

허락하기

당신과 나의 목표에 있어서 증명의 판가름을 하는 존재는 오직 당신과 나.

마음성형

각자 자신이라고 했다. 인정하기도 마찬가지이다. 인정한다는 것은 그대로 느낀다는 것이다. 그 자체를 바라봄이라고 할 수 있다.

증명과 성취도 마찬가지이다. 이것은 오직 자기 자신만이 할 수 있는 것이다. 타인과 세상은 우리가 우리의 마음밭을 통해 증명과 성취를 이루어냈을 때, 그것을 그대로 비추어 주는 것뿐이다. 애초에 타인과 세상에게 인정받으려고 애쓸 필요가 없다.

이제 이 증명과 성취를 자신에게 허락하자.

어려운 듯, 쉬운 기법이다. 지금까지의 모든 훈련은 이것을 위함이다.

반복되는 훈련을 통해 우리는 보다 더 예민한 감각을 키워왔을 것이다. 마음밭의 힘이 좋아졌을 것이다. 아직까지 훈련을 전혀 하지 않았다고 걱정할 필요 없다. 자신에게 '허락하기'는 계약서에 도장을 찍거나, 쇼핑몰의 '주문하기'를 클릭하는 것과 같은 것이다. 자신에게 목표를 완수할 것임을 알려주는 것이다.

이 모든 것을 자신의 마음밭에 할 수 있는 사람은 오직 당신과 나 자신뿐이다.

사명 가진 자

나의 멘토는 자신의 목표를 향해 가는 사람을 '사명 가진 자'라고 종종 표현하곤 한다.

이 책의 서두에서 우리는 나 자신이 무엇을 할 수 있고, 무엇을 할 수 없는지에 대해 나누어 본 적이 있다. 아직도 그 답들은 계속 발견해 가고 있는 중이다. 이것의 균형을 유지하는 것이 중요한데, 마음의 힘을 다루는 부분에서 오해를 불러일으키는 것들이 있다.

우리가 그 어떤 불가능도 없다는 마음의 상태를 이루었다고 해서, 스스로 자신의 육체를 공중부양시킬 수 있는 것은 아니다. 이것이 매우 단적인 예시이다. [마음성형]의 목표는 자신이 육체를 공중에 띄우고 싶다면, 비행기를 발명한 라이트 형제나, 아직은 영화적인 상상이지만, 아이언맨 슈트를 만드는 것까지이다. 그것은 인간이 가능한 영역이다. 그 이상의 초능력을 원한다면, 본래 자신의 힘도 사용하지 못할 확률이 높다.

당신과 나는 '사명 가진 자'이다. 그것은 우리의 첫 번째 목표 중 하나일 것이다. 그리고 이미 그것을 이루어 낸 사람도 있을 것이다. 그 목표를 이루어 낸 사람과 우리의 차이는 무엇인가? 이제 우리는 답을 알고 있다. 물론, 능력과 환경과 노력의 에너지가 필요하다. 그러나 근본적인 마음밭의 상태가 결과를 좌우한다.

자신을 괴롭히고 있는 것이 무엇인가? 옭아매고 있는 가시떨기들이 남아 있는가? 그것은 어디에서부터 왔고, 어떤 경험을 통해 느끼게 되었는가?

사명을 이루어 가는 것은 이 모든 속박에서 자유로워지는 것이다. 당신과 나 자신에게 삶이 가져다 줄 수 있는 가장 좋은 것들을 스스로 허락하는 것이다. 마음은 우리가 가꾸어 가는 밭이다. 우리 삶을 풍성하게 해 주는 고마운 존재이다. 우리가 지금까지 그 밭을 알아보지 못하고, 가꾸지 못하다 보니 그 밭의 쓰레기, 돌, 가시떨기들이 마치 자신들이 우리 삶의 주인인 양 행세했던 것뿐이다. 다시 강조하지만, 당신과 나는 우리의 마음이 아니다. 그 마음을 관리하는 농부와 같은 것이다.

어떤 이는 밭에 포도를 심어서 포도를, 누군가는 수박을 심어서 수박을, 혹은 옥수수를 심어서 옥수수를 거두게 될 것이다. 그 씨앗을 선택하는 것이 우리 자신이다. 좋은 씨앗을 심어 좋은 열매를 거두는 것이 우리 각자의 사명을 이루어 가는 길이다.

3번씩 질문하기

당신과 나의 첫 번째 목표를 적어 둔 것을 찾아보도록 하자.

그리고, 자신에게 질문해 보도록 하자.

"이것이 진짜 내가 원하는 것인가?"

"이것이 정말로 나의 목표인가?"

"이것이 진짜 내가 원하는 목표인가?"

동일한 질문을 3번 던져도 좋다. 더 구체적으로 바꾸어서 질문해도 좋다. 자신에게 질문하고, 대답하자. 3번 모두 "그렇다."라는 답변이 나왔다면, 다음과 같이 질문해 보자.

"이 목표를 이루는 것을 나 자신이 허락하는가?"

"이 목표를 이루는 것을 내가 허락했는가?"

"이 목표를 이루는 것을 진정으로 내가 허락했는가?"

역시나 동일하게 질문해도 좋고, 조금씩 다르게 해도 좋다. 시제를 현재형으로 해도 좋고, 과거형으로 해도 좋다. 자신에게 맞는 것으로 질문해 보도록 하자.

내가 당신에게 질문해 보도록 하겠다. 당신은 나에게 질문해 주도록 하라.

"당신은 당신의 첫 번째 목표를 성취하는 것을 스스로 허락하는가?"

"당신은 당신의 목표를 이루는 것을 허락했는가?"

"당신은 사명을 이루는 것에 동의했는가?"

언제든, 어떤 목표든, 자신에게 세 번씩 스스로 질문해 보도록 하자. 당신과 내가 우리 스스로에게, 자신의 삶에, 자신의 마음의 밭에 '목표'는 허가된 것임을 알려서 '증명'하도록 하자.

자격의 부여

또 하나의 질문을 던져 보도록 하겠다.

"당신은 자신의 목표를 이룰 자격이 있는가?"

이 책이 왜 쓰여졌을 것이라 생각하는가? 당신과 내가 자신의 목표를 이룰 자격이 있다는 것을 알려 주기 위함이다. 이 글을 읽고 있다는 사실 자체가 당신과 나에게 목표를 이룰 자격이 있음을 뜻한다.

우리는 스스로에게, 혹은 타인에게까지 그 자격을 내려놓게 한 적이 없었던가? 이제는 그런 정죄감까지 내려놓도록 하자. 혹여나 누군가 우리 자신에게, 혹은 우리가 누군가에게 자신의 목표를 이룰 자격을 내려놓게 할 만한 영향을 끼쳤더라도, 자신의 마음의 힘을 아는 사람들은 절대 자신의 자격을 내려놓지 않기 때문이다. 그러나 앞으로는 스스로와 타인에게 그런 일은 하지 말도록 하자.

그렇다. 당신과 나는 목표를 이루어 낼 자격이 있다. 그 자격을 박탈하는

마음성형

것은 오직 마음을 통한 자신뿐이었다. 이제는 마음을 성형하고, 자신의 선택을 믿고, 허락했으니 우리는 다시 자격이 생겼다. 원래 없던 것을 새로 갖게된 것이 아니다. 스스로 박탈했던 것을 스스로 다시 되찾게 된 것이다.

목표를 성취하여 증명하는 것을 허락하고, 자격을 되찾았다고 해서 훈련을게을리 해도 된다는 것은 아니다. 왜 증명의 도구가 훈련의 도구 뒤에 있는지이해했으리라 믿는다.

훈련만을 강조하는 것도, 증명만을 강조하는 것도 균형이 맞지 않는다. 우리는 이제 완벽한 균형을 통해 목표들을 성취해 나갈 것이다.

증명의 시간

[마음성형]의 과정에서 증명은 당신과 나 자신의 마음밭의 상태를 그대로비추어 주는 타인과 세상의 거울과는 같은 내용이지만, 한편으로는 다른 내용임을 이해할 필요가 있다. 타인과 세상의 거울은 우리 밭의 상태를 그대로비추어 준다. 여기에는 어떤 에너지가 개입할 것이 없다. 다만, 많은 사람들의 마음밭에 '쓰레기, 돌, 가시떨기' 등이 방치되어 있다 보니 그것만 분류해서 치우고, 태워 버려도 평안함을 얻을 수 있다. 혹 마음밭 자체가 딱딱한 돌덩이었다면, 그 또한 타인과 세상의 거울을 통해 깨닫고, 부드럽게 갈아 엎어버리는 것이다.

이 차이를 인식해야 당신과 나는 우리의 마음을 제대로 성형해서 활용할수 있게 된다. 정화는 마음을 사용할 수 있는 상태까지 준비시켜 두는 단계이다. 하지만 마음의 프로세스는 순서적으로 일어나지 않는 법이다. 동시다발적으로 진행된다. 그러다보니 우리는 거의 정화와 동시에 목표가 달성(증명)

된 것처럼 느끼게 된다.

그리고, 반복된 훈련을 통해서도 증명의 과정은 자연스럽게 이루어진다. 목표가 설정되었고, 시야를 넓혀서 자신이 원하는 주파수를 찾아내서 뇌의 안테나를 고정하고, 마음의 밭을 살펴보고, '쓰레기, 돌, 가시떨기' 등을 치워 내는 모든 과정이 마음밭의 힘을 키우게 된다.

그럼에도 당신과 내가 '증명'을 알고 넘어가야 하는 이유가 있다.

'증명'은 마음의 밭이 열매(결과물)을 거두는 것이다. 그것이 타인과 세상의 거울을 통해 실제로 우리의 손에 도착하는 것이다. 우리 자신의 마음밭을 청소해서 비추어진 타인과 세상이 우리를 향한 환경과 태도가 변화한 것뿐 아니라, 실제 에너지가 창출되는 것이다.

[마음성형]을 통해 훈련된 당신과 나의 마음밭은 우리의 허락만을 기다리고 있었다. 자신의 가치와 권리에 대해 스스로 인정하도록 하라. 이것은 자신의 마음에게만 주장할 수 있는 권리이다.

간혹 이 권리를 타인과 세상에 직접적으로 주장하는 사람들이 있다. 이 사람들은 그 방향을 돌려 자신의 마음에 권리를 주장할 때에야말로 자신의 목표가 이루어진다는 것을 모르는 불쌍한 사람들인 것이다. 이 또한 나 자신의 마음을 비추는 거울을 통해 본 세상의 사람들이다. 당신은 어떠한가? 자신의 정당한 권리를 어디에 주장하고 있었는가? 그 방향을 외부에서 돌려, 내부의 마음을 향해야 한다. 자신에게 허락해 주어야 한다.

당신과 나의 훈련을 통해 마음의 밭은 깨끗하게 치워지고, 부드럽게 갈아 엎어진 상태이다. 언제든 이 밭에 쓰레기와 돌이 날아들어올 수 있다. 아직 발견하지 못하고 자라나는 가시떨기들과 잡초가 눈에 띌 수 있다. 이제 우리는 그것들을 즉시 버리고, 태울 수 있다.

그곳에 우리의 목표와 소망을 심었다. 얼마의 시간이 걸릴지는 모른다. 분명한 것은 우리가 이 밭을 지속적으로 잘 관리한다면, 정확한 추수의 시기에 30배, 60배, 100배로 거두게 될 것이라는 사실이다.

증명의 에너지 보충

씨앗이 심겨져 자라나서 열매를 맺는 것에는 충분한 영양분이 필요하다. 지구의 자연은 태양으로부터 오는 끊임 없는 에너지와 적절한 수분, 토양의 영양분을 씨앗에 공급해 준다. 자연 그대로의 것은 완벽한 생태계를 스스로 유지할 수 있는 힘이 있다.

당신과 나의 마음의 생태계도 마찬가지가 아닌가? 우리는 원래 우리가 갖고 있던 힘을 회복하기 위해 마음을 성형하고 있는 것이다.

당신과 나의 마음밭은 기운이 떨어져 있는 상태일지도 모른다. 가시떨기와 잡초들도 토양의 영양분을 흡수하여 자라나지 않겠는가? 그동안 쓰레기와 돌에 파묻혀서 충분한 에너지들을 흡수하지 못하지 않았겠는가? 물론 우리는 지금까지의 훈련들을 통해 마음밭의 기운을 많이 회복해 둔 상태이다.

지금. 이 순간에서 당신과 내가 우리의 증명 에너지를 증폭시킬 수 있는 방안을 제시하고자 한다.

우리의 현재 상태는 훈련을 통해 마음의 밭을 모두 정비하고, 목표와 소망의 씨앗을 심어 둔 상태이다. 마음의 밭이 정비되었으니 타인과 세상을 통해 비추어진 거울도 이전보다 한층 부드럽고, 호의적일 것이다. '증명'의 직전인 상태이다. 우리는 이제 결과물을 거두어들이기 전까지 현재의 상태를 유지하면서 마음의 밭을 가꾸어 가면 된다.

딱 이런 상황에서 타인과 세상을 더 세심하게 관찰하여 보자. 그들의 소망과 목표는 무엇인지 알아보도록 하자. 그리고, 당신과 내가 할 수 있는 일이라면, 그것을 들어주는 것이다.

거울 속의 논리로는 그것을 해야 할 이유가 전혀 없다. 아마 이쯤이면 당신도 나도 이해할 것이다.

어떤 사람에게는 오늘의 목표가 1만 원을 버는 것일지도 모른다. 영업사원은 한 건의 계약이 오늘의 목표일지도 모른다. 누군가에게는 그저 말동무가 필요할지도 모른다. 우리의 가족에게는 따뜻한 사랑의 말 한마디가 필요한 것일지도 모른다. 동료들은 자신의 수고를 인정해 주는 칭찬이 필요할지도 모른다. 아이들은 함께하는 시간이 필요할지도 모른다. 당신과 내가 약간의 수고와 희생을 통해 그들의 목표를 달성할 수 있고, 필요를 채울 수 있다면, 그렇게 우리 자신을 내주어라.

잘 듣고, 깨어나라. 이것은 통속적으로 주변에 친절을 베풀자는 의미와는 다른 개념이다. 당신과 나는 그저 베푸는 것이다. 그것을 통해 다시 받고자 하는 생각 자체를 버려야 한다. 이것은 우리 마음밭의 힘을 증폭시킬 수 있는 에너지원이다.

세상에 얼마나 많은 사람들이 목표 달성을 원하는가? 세상에 얼마나 많은 사람들이 각종 도움을 필요로 하는가? 당신과 나는 무궁무진한 에너지원을 확보한 셈이다. 이것을 '꼭' 해야 한다고 강요하는 것이 아니다. 내가 당신과 나 자신에게 강요해서 얻을 수 있는 것이 무엇이 있겠는가?

증명 에너지를 증폭시키지 않는다고 해서 당신과 나의 목표가 성취되지 않는 것은 아니다. 다만 보다 힘있고, 빠른 성취를 원한다면 가장 효과 있는 방법을 살펴본 것이다.

당신과 나에게는 일상적인 것이 누군가에게는 기적이 될 수 있다. 이것은 같은 맥락으로 당신과 나에게 기적같은 일이 누군가에게는 그저 일상일 수 있다. 매일매일을 기적과 같은 경험들로 채우고 싶은가? 나도 그렇다. 또 우리는 누군가에게 그런 경험들을 제공할 수 있다.

혹시라도 지금의 나는 그 어느 누구에게도 그럴 힘이 없다고 생각하는가? 그렇다면, 더 자신의 힘을 키워 나가도 좋다. 하지만 잘 생각해 보라. 이미 당신에게는 많은 힘이 있다.

세포 에너지 올리기

당신과 나는 [마음성형]의 모든 내용들을 '세포 수준'으로 받아들이고 있는가? 시야를 넓히는 과정에서도 '세포의 마음'들을 떠올리며 받아들이는 훈련을 하고 있는가? 그렇다면, 우리는 잘 하고 있는 것이다.

우리의 몸은 온통 세포들로 이루어져 있다. 그리고, 각각의 세포들도 마음을 소유하고 있다는 것을 이미 우리는 알고 있다.

당신과 나는 우리의 세포와, 그 세포의 집합체인 육체의 에너지에도 관심을 가져야 한다. 이것은 한쪽으로 치우치지 말아야 할 부분인데, 각각의 세포와 마음들이 서로 긴밀하게 연결되어 있고, 서로에게 상당한 영향을 끼친다는 것을 먼저 이해해야 한다.

어쩌면 과거의 우리는 육체의 환경과 상황에 따라 마음이 휘둘려졌을

지도 모른다. 그러다보니 이제는 육체의 모든 것을 내려놓고, 마음의 힘만을 활용해야겠다고 결심했는지도 모른다. 또 마음에 대해 공부하는 많은 사람들이 그런 노선을 선택해 가는 것을 보기도 한다.

그것은 그리 바람직하지 않다고 본다. 무엇이든 한쪽으로 쏠린 것은 또 다른 마음의 잡초를 키우는 결과만을 비추어 줄 뿐이다.

세포가 건강해야 그 마음밭의 힘도 커진다. 그리고, 세포의 건강에 큰 영향을 끼치는 것이 우리가 먹는 '음식'이다.

다음과 같은 경우를 생각해 보도록 하자(이미 겪어 봤을 수도 있다).

당신과 내가 [마음성형]의 모든 과정을 훈련해 나가고, 목표를 성취하고 있는 길 위에 있다는 것이 제대로 느껴진다. 이 느낌의 지표는 방향을 알려 주고 있다는 측면에서 큰 의미를 갖는다. 모든 것이 순조로워 보인다. 그런데, 간혹 신경을 거스르는 좋지 못한 느낌들이 있다. 물론 이것들을 무시할 수도 있다. 매번 드는 느낌은 아니니까…… 그런데 알 수가 없다. 마음의 밭에서도 확인할 수 없고, 당연하게도 타인과 세상을 비추는 거울에도 존재하지 않는다. 그럼에도 간혹 찜찜한 느낌을 주고, 불쾌한 감정이 올라온다.

훈련의 과정 중에서 이런 상황이 있었는가? 물론 이런 상황의 요인은 많을 수 있다. 특히나 처음 [마음성형]을 훈련하는 과정에서는 과거의 생각하지도 못했던 숨겨진 쓰레기들과 가시떨기들의 뿌리들을 발견할 수도 있다. 거기에 추가해서, 당신과 내가 최근에 먹은 음식들을 떠올려보라.

최근 현대인들의 우울증은 심각한 마음의 병이다. 그런데, 이 마음의 병이 그들이 먹은 음식 때문에 걸릴 수도 있다는 것을 알고 있는가?

이것 역시 책 한 권을 따로 써야 할 정도의 방대한 양이기 때문에, 관심이 있는 사람들은 관련 서적과 자료를 찾아보도록 하자. 당신과 나에게 필요한 것은 세포의 에너지를 올리기 위한 영양을 위한 참고사항 정도이니 말이다.

많은 현대인들이 '음식'이 아닌 것을, '음식'으로 먹는 것에 문제가 있다. 이것을 구분하는 방법은 원재료에 얼마나 많은 가공과 첨가를 했는지 살펴보면 된다. 과거의 조리는 원재료를 단순하게 굽거나, 찌거나, 삶거나 하는 정도였다. 그리고 그 위에 풍미를 위해 약간의 기본적인 소스들만이 추가될 뿐이다.

다행인 것은 최근에 많은 연구와 자료들을 통해 우리의 식탁을 더 자연친화적으로 바꾸어가는 시도와 노력들이 대중화되어 가고 있다는 것이고, 당신과 나 또한 [마음성형] 훈련의 과정에서 이 부분을 놓쳐서는 안 될 것이다.

음식을 먹는다는 것은 직접적으로 우리 몸(세포)에 영양을 공급하는 것이다. 당신과 내가 스스로에게 영양을 공급하고 있는지 혹은 해로운 것을 공급하고 있었던 것은 아닌지 항시 주의를 기울일 필요가 있다.

세포의 에너지를 올리기 위한 또 하나의 처방은 '운동'이다.

방금 내가 어떤 단어를 썼는지 아는가? '처방'이라는 단어를 사용했다.

당신과 내가 [마음성형]을 이루어 내어서 자신의 첫 번째 목표도 항상 이루어 내는 성공한 삶을 살고 싶다면, 운동은 선택의 부분이 아니라 필수이다.

당신도 너무나 잘 아는 내용일 것이고, 알면서도 쉽지 않다 보니 [마음성형]을 통해 운동을 시작한 나의 경험담으로 마무리해 보도록 하겠다.

나는 운동을 싫어한다고 볼 수도 없지만, 즐기지도 않는다. 여름에 물놀이를 하는 것도 좋아하고, 겨울에 스노우보드를 타는 것도 좋아한다. 딱 거기까지이다. 한때 다이어트를 위해 줄넘기도 매일 하고, 복싱을 배워 본 적도 있다. 그 또한 거기까지. 이런 저런 핑계들과 필요성은 알지만, 언젠가 해야지……라는 생각만 몇 년을 유지하고 있었다.

그중에서 등산은 몇 년에 한번씩 크게 마음을 먹고 준비해서 가는 행사였는데, [마음성형]을 준비하면서 적어둔 버킷리스트 중의 하나가 '혼자 수락산 정상 가기'였다. 혼자 정상까지 등산을 해 본 경험은 없다보니 크게 내키지는 않았지만, (왜 그런 버킷리스트를 적었는지 아직까지 의문이다.) 그래도 할 수 있는 것이라는 생각에 산을 오르기 시작했다.

그렇게 하나의 산을 오르고, 지금은 일주일에 한번씩은 산에 다니기 시작했다. 또한 나의 마음을 비추어 주는 세상의 거울은 산과 관련한 것들을 비춰 주어서 내 삶을 풍성하게 만들어 준다. 이것이 본격적인 운동이라고 볼 수는 없겠지만, 확실히 세포를 건강하게 만들어 주는 효과를 보고 있다. 그리고 새롭게 할 수 있는 운동들을 이전보다 적극적으로 찾아보고 있다. 운동의 결과만을 기대했던 마음에서 그 과정을 즐길 수 있는 준비가 되었으니 말이다.

존재 상태의 변화

[마음성형]의 모든 도구들을 이해하고, 훈련의 과정을 거쳐오면서 당신과 나는 존재의 상태가 변화하는 것을 느끼게 될 것이다. 그 변화는 크고 작은 증명들을 통해 더욱 강력하게 느낄 수 있을 것이다.

우리의 존재는 언제나 변함없다. 존재는 지속적으로 깨달아 가는 것이지, 그 자체가 변화하는 것이 아니다. 우리가 변화시키고, 변화되어 가는 것은 그것의 존재의 상태이다. 이것은 일종의 신분의 변화이다.

신분은 개인의 사회적 지위와 자격을 뜻한다. 계급과는 다른 뜻이지만, 개인이 접근 가능한 범주를 결정하는 것에 있어서, 특정한 계층을 형성하게 된다.

당신과 나의 신분은 무엇인가?

항상 강조하지만, 이것은 누군가에게 표현하고자 함이 아니다. 우리의 마음밭에 무엇이 있는지 확인하고, 인정해 주면 된다. 정답이 있는 것이 아니다.

다시 한번 질문해 본다.

당신과 나의 신분은 무엇인가?

우리의 신분에 어울리는 것들은 무엇인가? 우리 신분의 환경은 어떤 것인가? 우리는 우리의 신분에 걸맞는 대접을 받고 있는가?

또 다른 질문을 던져 보겠다.

당신과 나는 지금의 신분에 만족하고 있는가?

우리의 근원적인 질문인 "나는 누구인가?"와 함께 우리의 신분에 대해 스스로 질문하고, 생각해 보는 시간을 갖기 바란다. 이 또한 마음성형의 훈련이다.

당신과 나의 존재는 변함없고, 존귀하다. 나 자신이 누구인가에 대한 무수한 답변 중에 가장 확실한 답이 이것이다. 그런데, 이 변함없고, 존귀한 존재는 자신이 선택한 특정한 상태에 머물게 된다. 그것이 우리의 신분이다.

그렇다면, 자신이 선택한 특정한 상태가 신분이라면, 우리의 선택을 바꾸면 되는 것이 아닌가? 그렇다. 그렇기 때문에 지금까지 우리가 [마음성형]을 하고 있는 것이다.

[마음성형]은 당신과 나에게 선택권이 있음을 알려준다. 그 선택을 통해 우리는 자신의 신분인 존재의 상태를 변화시킬 수 있고, 그것을 타인과 세상에 비추는 것이 증명이다.

지금 당장은 증명되어지는 결과가 크게 느껴지지 않을 수 있다. 어떤 날은 "이거다!"라는 깨달음이 찾아왔다가 또 어떤 날은 아무런 변화의 바람도 없는 것처럼 느껴지는 날들도 있을 것이다. 어쩌면 그런 시간이 너무 길게 이어지는 것 같은 기분이 들지도 모른다.

퀀텀리프quantum leap라는 단어를 들어 본 적이 있는가?

퀀텀리프quantum leap

대나무는 씨를 뿌리고 2년간은 새싹조차 올라오지 않는다. 3년차에 드디어 죽순이 올라오는데, 대략 30cm 정도 자랄 뿐이다. 그렇게 4년차를 지나, 5년차에 들어서면서부터 대나무는 성장의 속도가 눈에 보일 정도로 빠르게 자라서, 하루에 대나무 한 마디씩 성장한다. 그동안 대나무는 눈에 보이지 않는 땅속에서 깊게 뿌리를 내리고 있었던 것이다.

이렇게 일정 수준에서 큰 변화로 도약하는 것을 퀀텀리프quantum leap라고 한다.

우리 존재 상태의 변화, 즉 신분의 변화도 이와 마찬가지이다. 그렇기 때문에 모든 [마음성형]의 도구들과 '증명'이라는 강력한 선택권에도 훈련을 해야 하는 것이다.

증명은 지속적인 훈련으로 이루어내는 [마음성형]의 꽃이다. 당신과 나는 크고 작은 증명의 꽃들을 피워 낼 것이다. 그리고 이 모든 것이 우리의 존재 상태의 변화를 증거하는 또 하나의 증명이다.

믿음으로 보여 주기

'믿음'이라는 단어는 당신과 나에게 어떤 느낌을 가져다 주는가?

특정한 대상, 사람, 이론, 말, 글, 약속 등을 믿는다는 것은 어떤 식으로든 엄청난 결과를 불러 일으킨다. 그렇기 때문에 나는 이 단어를 사용하기가 상당히 조심스럽다.

하지만, 나는 당신과 나 자신에게조차 특정한 믿음을 강요하지 않을 생각이기 때문에, 이 강력한 도구를 함께 나누어 보도록 하겠다.

믿음은 안다라는 것과 다르다. '안다'는 이미 완료된 상황이다.

이것에 지금까지 믿음) 대한 오해가 있는 것이다. 믿음은 단순하게 바라는 것이 이루어지길 원하는 마음이 아니다. 믿음은 '미리 안다'에 가까운 것이다. 추측이나 기대가 아니라, 확정이다. 이보다 더 강력한 마음의 도구가 어디 있겠는가? 그러다보니 많은 사람들이 믿음을 사용하고자 하였으나, 미숙한 사용으로 인해 '믿음의 배신'을 당하게 되는 것이다.

당신과 나에게 최신형 전투기가 한 대 있다고 상상해 보자. 잠시 상상만 해 봐도 무척 신나는 일이다. 그런데, 대부분의 우리 중에 전투기를 조종할 수 있는 사람이 있는가? 전투기는 엄청나게 빠르고, 강력한 무기이다. 이것을 조종할 수 있는 조종사들은 수많은 지원자 중에서도 선별하여, 오랜 기간 전투기 조종에 필요한 학습과 훈련을 받아야 비로소 전투기를 조종할 수 있게 되는 것이다. 우리의 대부분은 그것을 갖고 있어도 운행할 수 없는 것이다.

믿음은 최신형 전투기보다 강력하다. 하지만 이것을 소유하는 것은 쉽지 않다. 여기에서 소유라는 단어를 사용했다는 것을 눈치챘을 것이다. 믿음은 소유의 문제이다. 그것은 당신과 나에게 '있거나', '없거나' 둘 중의 하나이다. 그리고 그것을 소유하는 것은 우리에게 선택권이 있다. '믿음의 배신'을 당하게 되는 많은 경우는 정확하게는 믿음이 우리를 배신하는 것이 아니라, 우리 자신이 믿음을 배신하게 되는 경우이다.

'바라는 것'을 믿음으로 착각해서는 안된다. 바라는 것을 이루겠다는 결단, 선택으로부터 믿음은 시작된다. 그것은 이제 확정의 사항이 된다. 믿음은 그렇게 되면 좋고, 아니어도 할 수 없다는 상태가 아니다. 확정의 상태이다.

당신과 나의 첫 번째 목표를 다시 펼쳐보도록 하자.
그 목표가 성취되는 것은 우리의 '바람'인가? '믿음'인가?

'증명'에 있어서 당신도, 나도 고군분투하고 있다는 것을 실감하고 있다.
어느 정도 정비가 된 줄 알았던 마음의 밭에 미처 발견하지 못한 가시떨기들이 올라오는 것을 느끼게 된다. 과거에도 '믿음'이라고 생각했던 것에 대해 배신당했던 것, 시도해 보았으나 되지 않았던 도전들, 또 한 번의 실패는 아닐까? 이 모든 것이 부질 없는 짓은 아닐까? 단 한번도 성공해 보지 못했던 것들을 어떻게 이루어 낼 수 있을까? 하는 의심까지……

마음성형

그렇다면, 우리는 지금 잘하고 있는 것이다. 평소의 훈련과 다름 없이 그것들을 발견해서 느끼고, 분류하고, 태워 버리도록 하자.

우리가 할 수 있는 것과 할 수 없는 것을 나눈 이유가 있다. 우리는 당신과 나의 존재가 어디까지 할 수 있는지 알 수 없다. 그것을 미리 예측할 수 없다. 그렇기 때문에 우리의 존재는 매 순간 깨달아져 가는 것이다.

다만 우리는 할 수 있는 일이 있다. 우리의 존재가 마음밭을 통하여 결실을 맺도록 [마음성형]을 하는 것이다. 스스로의 존재를 깨달아 가면서, 자신에게 고귀한 신분을 허락하는 것이다.

'바람'을 믿음으로 착각하고 있다면, 또 한 번의 배신을 당하게 될 것이다.

목표의 성취가 믿음이라면, 그에 어울리는 당신과 나의 행동은 무엇인가?

믿음에는 반드시 행동이 따라온다. 오늘 비가 올 것이라고 확실하게 믿고 있는데, 우산을 챙기지 않을 사람은 없다. 믿음에 어울리는 행동은 다시 우리의 믿음을 강화시킨다. 선순환의 시작점을 자신에게 스스로 증명하라.

믿음을 통해 누군가에게 그 증거들을 보여 줄 필요는 없다. 당신이 원한다면 타인과 세상에게 당신의 믿음을 보여 주어라. 그러나 그보다도 훨씬 중요한 것은 자기 자신에게 자신의 믿음을 보여 주어야 한다는 것이다. 누군가에게 자신의 믿음을 보여 주는 것은 선택사항이다. 그러나, 자신에게는 필수 사항이다. 타인과 세상은 결국에는 우리의 마음밭의 거울을 통해 드러날 수밖에 없다. 그러니 모든 시선을 외부에서 내부로 돌려야 한다. 모든 믿음과 믿음의 행동을 자신에게 증명하는 것이다.

지금까지와 다른 경험들

증명의 과정 또한 훈련이 필요하다. 그럼에도 증명이 훈련 이후에 나온 이유에 대해서는 이미 충분히 이해하고 있으리라 생각한다.

증명을 훈련하는 과정 역시 이제껏 우리가 경험해 온 것들과는 다른 경험들을 우리에게 안겨 준다. 동일한 사람, 장소, 환경, 상황, 조건 등에서 우리는 전혀 다른 것들을 경험하게 될 것이다. 그리고, 그 다른 경험들은 다시 이전과는 다른 결과들을 증명하게 될 것이다.

어디서 많이 들어 본 것이 아닌가?

그렇다. 이 또한 NIBO이다.

우리는 이전과 같은 재료들을 가지고, 다른 결과물들을 증명하게 된다. 아직은 훈련의 과정 중이다 보니 서툴 수는 있다. 그것 자체도 신선하게 다가올 것이다.

완벽하기 위해 아직 증명하지 않은 가능성들이 있는가? 자신에게 먼저 증명하라. 이제 더 이상 그것은 가능성의 영역이 아니라고 말이다. 증명이 되는 순간 그것은 우리에게 현실이 된다. 서툴러도 괜찮다. 미숙해도 괜찮다. 판단은 우리의 영역이 아니다. 다만 지속적인 훈련을 통해 증명의 완성도를 높여가면 된다. 도전의 영역에만 머물지 말고, 성취하라.

지금껏 타인과 세상이 당신과 나 자신에게 기회를 주지 않았다고 생각하는가? 이제 우리는 알고 있지 않은가? 우리에게 기회를 주지 않았던 것은 타인과 세상이 아니라, 우리 스스로의 결정이었다. 어질러진 마음밭으로 인해 타인과 세상은 그저 그것을 비추어 줬을 뿐이다.

이제 우리는 이 모든 것을 깨닫게 되었다. 그렇기 때문에 [마음성형]을 훈련해 가고 있는 것이 아닌가. 이 과정에서는 아주 사소한 것들도 이전과는 다르게 경험할 수 있게 된다. 삶의 모든 영역에서 우리의 증명들을 느끼게 될 것이다.

증명의 지표(느낌)

지속적인 [마음성형]의 훈련과정과 자신에게 목표를 허락하고, 자격을 부여하는 과정을 통해 당신과 나는 크고 작은 증명들을 이루어 가고 있다. 이 모든 과정에서 우리의 느낌은 이 모든 길의 방향을 안내하고, 에너지로 사용된다는 측면에서 섬세하게 관리해 줄 필요가 있다.

당신과 나는 어쩌면, 아직 우리의 눈 앞에 아무것도 이루어지지 않은 상태일지도 모른다. 이제 방금 마음의 밭을 들여다보고, 목표를 세웠는지도 모른다. 혹은 아직 목표조차 세우지 않았을 수도 있다(충분히 이해한다. 전체적인 내용을 숙지한 이후에 목표를 세우고 싶을 수도 있다).

그럼에도 좋은 소식은 당신도 잘 알다시피 우리의 두 번째 목표는 동일하다는 것이다.

이미 우리의 시야는 자신의 마음밭을 희미하게나마 살펴보았을 것이다. 예전 같으면 그냥 지나쳤을 마음의 돌들도 인식되었을 것이다.

우리 냉장고 안의 정체불명의 검은 봉투들과는 다르게, 우리 마음밭의 돌들은 우리가 그것을 인식하기만 해도 깨어지고, 부숴지는 경우가 있다. 외부의 누군가가 우리의 마음을 치료하고, 청소해 줘야 하는 것이 아니다. 우리가 꽁꽁 감추어 두었던 것을 누군가에게 내놓아야 하는 것이 아니다. 자신 스스로에게만 터놓으면 되는 것이다.

그것은 당신과 내가 마음성형의 과정들을 알아 가는 이 여정 중에서 가장 마법과 같은 일일 것이다. 아직 우리는 아무것도 시작하지 않았을 수도 있다. 그렇지만, 무언가 기분이 좋아지는 것을 느끼고 있는가? 그렇다면, 아주 작은 부분이라도 마음의 밭이 치워지고 있다는 것이다.

본격적으로 첫 번째 목표를 세우고, 그것을 증명해 가는 길에 있어서 눈앞에 아무것도 나타나지 않은 상태에서도 당신과 나는 느낌이라는 지표를 확인할 수 있다. 그리고, 이 느낌이라는 지표를 의도적으로 '목표의 증명'을 향할 수 있도록 유지할 수도 있다.

목표를 향한 좋은 느낌은 [마음성형]의 훈련과정을 반복함으로 거의 무한대로 생성해 낼 수 있다. 반대로 이 지점에서 누군가 외부에서 우리의 마음밭에 '쓰레기, 돌, 가시떨기' 등을 던지고 갈 때가 있다.

예를 들어, 당신이 넓어진 시야와 원하는 주파수를 통해 한껏 고양된 느낌을 받고 외출을 했다고 생각해 보자. 높아진 기대감으로 세상을 맞이하러 나가는 순간, 누군가 당신 바로 앞에서 자동차 경적을 크게 울려댄다. 기대와 다른 현실을 보는 것이다. 당신은 생각한다. '이렇게 무례한 행동은 내 마음밭의 어떤 부분을 비추고 있는 것이지?' 좋다. 아주 잘 하고 있다.

하지만 이런 무례한 상황에 대해 깊게 생각하지 않아도 된다. 누군가 우리의 마음밭에 '쓰레기, 돌, 가시떨기' 등을 버리고 갈 수 있다. 그것은 그저 발생하는 일이다. 이것을 '왜? 여기에 버리는가? 어떻게? 이럴 수 있는가?' 되새기는 것은 누군가 버린 쓰레기와 씨름하며, 당신과 나의 마음밭을 더 엉망으로 어질러 놓을 뿐이다.

우리는 그저 알아차리면 된다. 누군가 일부러 우리 마음의 밭을 작정하고 망치려는 것이 아니다. 우리의 마음밭을 가꾸고, 망칠 수 있는 것은 오직 우리 자신뿐이라는 것을 기억하자. 누군가 자신의 마음밭을 가꾸지 못해 타인과 세상을 향해 무차별적으로 던지는 쓰레기와 돌들이 당신과 나의 마음밭에 들어올 수는 있다. 이것에 대해 가볍게 대하도록 하자. "본때를 보여 주겠어."라든가 "이것만은 확실하게 알려 줘야겠군."이라는 생각을 버려도 좋다. 그저 우리의 밭에 들어온 쓰레기와 돌을 치워 버리면 되는 것이다. 이것은 세상에 무관심해지라거나, 타인을 무시하라는 것이 아니다.

가장 좋은 방법은 무엇인지 아는가? NIBO하는 것이다.

누군가 당신에게 자동차 경적을 크게 울렸는가? 당신이 크게 잘못한 것도 아닌 상황인데 말이다. 이런 상황에서 진심을 다해 상대방에게 환한 미소와 손인사를 건네면 어떤 일이 벌어질 것인가? 당신과 내가 자동차 운전자라면 어떻게 생각하겠는가? 어쩌면 그 사람은 자신의 개인적인 일로 인해 엉뚱한 사람들에게 화풀이를 하고 있었는지도 모른다. 누구든지 자신의 에너지와 결합해 폭발할 지점을 무의식적으로 찾고 있었는지도 모른다. 그런데, 그 지점에서 당신이 환한 미소와 손인사로 답해 준다. 보통의 경우에는 운전자가 머쓱해지거나, 자신이 엉뚱한 사람에게 화풀이를 하고 있었음을 깨닫고 오히려 미안한 마음이 들게 될 것이다.

만약 당신이 환한 미소로 응답했음에도 오히려 운전자가 이번에는 창문을 내리고 대뜸 소리를 지르는가? 절대로 말려들지 말라. 가능하다면, 빠르게 그와의 접점을 피하고 바로 우리 마음밭에 던져진 쓰레기와 돌들을 치워 버리도록 하라.

우리의 일상생활에서 얼마나 많은 부분의 에너지가 낭비되고 있는가? 사사로운 시비들이 얼마나 많은 큰 좋지 못한 결말들을 불러오는가?

당신과 내가 할 수 있다면, 모든 상황에서 NIBO하도록 하라. 하지만, 걷잡을 수 없는 쓰레기들과 돌들이 굴러들어와서 우리의 가시떨기들과 연합하려 한다면, 먼저 이 쓰레기와 돌들이 더 이상 들어오지 못하도록 피하고, 이미 들어온 것들을 분류해서 버리는 것이 급선무이다.

당신과 나의 목표들을 잊지 말아야 한다. 그러기 위해 느낌의 지표들을 의도적으로 고양시켜야 한다. 다시 말하지만, 느낌은 지표를 알려 줌과 동시에 목표를 향한 에너지원 중의 하나이다.

아무 일도 없는 상황에서 기존 마음밭의 '쓰레기, 돌, 가시떨기' 등으로 인해 좋지 않은 느낌을 받을 때가 있다. 마음성형 훈련의 과정이라도 어느날 문득 생각지 못한 잔재들이 올라올 수 있다. 훈련 중에 이런 것들이 떠올랐다면, 오히려 환영할 만한 일이다. 어딘가 숨어서 목표들이 뿌리 내리고 자라서 열매 맺는 것을 방해하는 것보다, 느낌의 지표를 통해 마음밭의 기존 잔재들을 확실하게 제거하는 것이 좋기 때문이다.

당신과 내가 평소 어떤 느낌들을 따라가고 있는지 관찰해 보도록 하자.

그리하여 좋은 느낌들을 지속적으로 고양시키고, 좋지 않은 느낌들을 통해 더 세밀하게 마음의 밭을 성형하고, 정돈하는 기회로 삼도록 하자.

증명의 결과물 - NIBO의 현실화

마음성형을 통해 당신과 내가 수없이 창출하게 될 증명의 결과물들을 세상과 함께 나눌 수 있다. 이것의 멋진 점은 우리가 타인과 세상에 강요하지 않아도 우리의 '증명의 결과물'들을 통해 그들도 [마음성형]을 이루어갈 수 있도록 부드럽게 인도하여 준다는 것에 있다.

조금 전에 우리에게 경적을 울린 운전자를 다시 떠올려 보자.

개인적인 일로 화풀이의 대상을 찾던 운전자는 당신과 나의 환한 미소로 인해 자신의 개인적인 일들을 다시 생각해 보게 되었을지도 모른다. 어쩌면, 그 한 번의 '환한 미소'가 아니었다면, 그 운전자의 화풀이는 누군가에게 심각한 상해를 입혔을지도 모른다.

예전의 우리 또한 그런 경험을 한 적이 없었던가?

'그때 한 번만 참았더라면'하고 후회했던 적은 없는가? 혹은 머리끝까지 화가 올라왔는데, 누군가의 부드러운 한마디에 눈 녹듯이 화가 풀린 적은 없었는가?

일상적인 작은 친절과 감동, 악을 선으로 갚는 행위, 받을 자격과 관계 없이 베푸는 관용, 되돌려 받을 것을 기대하지 않는 나눔과 베풂이 당신과 나의 삶에 나타난다면, 이 또한 엄청난 '증명의 결과물'들이다.

여기에 더하여 당신과 나 자신의 'NIBO의 현실화'된 결과물을 나누고 싶다.

이것은 우리의 감각에 관한 이야기이다.

이에 대해 훈련을 통한 삶의 연금술에서 짧게 나눈 적이 있다.

NIBO는 일상적인 재료들을 통해 최고의 결과물을 창출하는 것을 뜻한다. 그러기 위해 자신의 분야에서 실력을 갈고 닦는 것은 당연한 일일 것이다. 하지만, 잠시 생각해 보자. 최고의 실력이 곧, 최고의 감동을 뜻하지는 않는다. 물론 최고의 실력을 갖춘 사람이 최고의 감동을 줄 확률이 높기는 하다. 하지만, 우리 자신의 NIBO를 통해 타인과 세상에 감동을 줄 수 있다.

예를 들어, 세계 최고의 요리사도 당신의 어머니가 차려 주신 밥상의 감동을 재현해 내지 못할 수 있다. 감동은 주관적인 것이다. 그렇기 때문에 당신과 나는 현재에서 항상 최선의 것을 창출해 내려는 의도가 필요하다. 궁극적으로 실력의 향상도 이런 맥락에서 필요하다.

이것은 일상적인 행동들에서부터, 우리의 학업, 직업, 사업에 이르기까지 다양한 결과물들을 창출해 나갈 수 있다. 동일한 재료를 통해 세상에 남들과는 다른 멋진 결과물을 창출해내는 사람을 우리는 '예술가'라고 부른다. 그런 의미에서 우리는 이제 모두 예술가로 거듭나게 될 것이다.

[마음성형]의 모든 과정에서 마음밭의 에너지를 증폭해야 한다는 것을 이미 알고 있을 것이다. 이러한 에너지들을 증폭하기 위해 당신과 나는 타인의 목표와 소망을 살펴보고, 때로 그것을 이루어 주기도 한다. 우리는 실질적으

로 누군가에게 '주는' 것처럼 보이지만, 결국 그것은 에너지의 차원에서 우리가 '받는' 것이다.

누군가를 도와줬을 때 어떤 기분이 드는가? 아무 댓가 없이 타인을 도와줬을 때 우리에게 쌓이는 에너지들을 느끼는가? 순수하게 봉사하려고 했던 것이 결론적으로 자신을 치유하는 결과를 갖고 오는 경험을 해 보았는가?

'예술가'와 '에너지의 증폭'을 함께 적용해 보도록 하자. 당신과 나는 이제 다른 결과물을 내는 '예술가'이다. 당장은 어떻게 해야 할지 모른다. 하지만 조만간 깨닫게 될 것이다.

당신이 공부를 하는 학생이라면 어떻겠는가? 시험이 두려운가? 공부하기가 싫은가?

뒤에서 한번 더 살펴보겠지만, 당신이 학생이라면 이제 공부를 하는 목적을 변화시키도록 하자. 공부와 시험에 대한 관점과 해석을 다르게 하도록 하자. 공부는 학생만 하는 것이 아니다. 달라신 관점과 해석에서 당신은 이전과는 다른 결과들을 내게 될 것이다.

당신은 어떤 일을 하는가? 특정한 제품을 생산하는가? 매뉴얼대로 행동해야 하는 직업인가? 당신 자신이 무엇이라고 생각하는가? 시간당 급여를 받고 노동력을 제공하는가? 남들보다 빠르고 정확하게 작업하는 달인인가? 특별한 기술을 보유한 장인인가? 예술가인가?

어떤 것이든 자신이 보는 시야가 정답이다. 그리고, 지금까지 어떤 시야를 갖고 있었든지 자신을 예술가로 보는 시야를 갖추기를 권한다. 당신이 이 권유를 받아들이리라 믿고 있다. 애초에 자신의 삶과 더 나은 변화에 관심이 없었다면, 이 책을 펼쳐보지도 않았을 테니 말이다.

어떤 사람들을 상대하고, 만나는가? 고객을 직접 대면하는가? 유선상으로 통화하는가? 온라인을 통해 소통하는가? 동료, 직원들과는 어떻게 소통하는가? 기업과 조직의 구성원인가? 관리하는가? 운영하는가? 따르는가? 리드하는가?

고객, 동료, 직원들을 대면하면서 어떤 예술을 보여 줄 수 있는가?

당신의 기업은 어떤 서비스를 제공하고 있는가? 사람들에게 어떤 영향력을 주고 있는가? 정보를 제공하는가? 편의를 제공하는가? 행복한 일자리를 창출하는가?

이 모든 질문을 하나의 예술적 질문으로 던져 보면, 다음과 같다.

당신은 자신과 이 세상에 어떤 감동을 주고 있는가?

당신과 내가 자신, 타인, 세상에 어떤 감동을 주느냐에 따라 우리 마음밭의 에너지는 크게 달라질 것이다. 그 에너지는 아주 작은 씨앗 하나를 통해서도 크고, 많은 열매들을 거둘 수 있도록 해 줄 것이다.

다른 사람들과 동일한 환경, 상황, 조건, 업무를 하면서도 전혀 다른 결과들을 얻게 될 것이다. 이 또한 선순환의 시작이다. 이 결과들이 다시 마음밭의 에너지를 키운다.

자신의 NIBO를 찾아라.

좋은 소식을 기대하는가? 스스로에게 좋은 소식이 되어라.

증명을 통한 삶의 연금술

마음성형에 있어서 증명 파트는 당신과 나에게 가장 어려운 파트였다. 하지만, 가장 행복하고, 깨달음의 지점을 확실하게 알려 주는 부분이기도 하다. 증명이 없다면, 이 모든 마음의 도구들과 이론들은 시시하지 않겠는가.

이 장의 첫 부분에서 봤던 것처럼, 당신과 나는 고유한 '사명 가진 자'이다. 당신의 목표와 나의 목표가 동일하지 않을 것이다. 우리는 모두 저마다의 개성을 통해 이 세상을 경험해 가는 중이다. 그렇기 때문에 자기 자신과 상대방, 즉 타인과 세상을 존중해 주어야 한다.

당신이 우리가 흔히 표현하는 무명가수라고 생각해 보자. 세상에는 노래를 잘하는 사람이 정말 많다. 저마다의 음색을 통해 자신의 음악세계를 구축해 가는 사람들을 어렵지 않게 볼 수 있다. 당신은 여기저기 오디션을 보러 다니고, 데모테이프를 제작하기도 할 것이다. 버스킹을 하기도 하고, 온라인에 자신의 공연이나 연습 영상을 업로드하기도 할 것이다.

우리가 알고 있는 유명한 가수들과 무명 가수의 차이는 무엇일까? 기량과 실력의 차이를 제외하고도 수없이 많은 차이들이 있을 것이다. 우리는 마음성형의 측면에서 그 차이를 살펴보고 싶은데, 그것은 가수가 자신의 음악을 어떤 마음의 밭을 통해 느끼고 있느냐는 것이다.

상업적으로 성공하고, 유명해지고 싶다면, 대중이 자신의 음악을 좋아해야할 것이다. 그러나 이 대중이 무엇을 좋아하는지는 전문가들도 잘 모른다. 대중이 시대마다 선호하는 특정한 패턴들을 잘 잡아내는 사람들이 있다. 그들은 유명해지고, 부유한 제작자나 프로듀서가 된다.

지금 무명가수인 당신은 어떠한가? 어떤 목표를 갖고 있는가? 상업적으로성공하고 싶은가? 혹은 자신만의 음악 세계를 구축해 나가고 싶은가? 당신은당신의 음악을 어떤 마음으로 느끼고 있는가?

당신과 나는 이 지점에서 마음의 위에서 이 마음의 밭을 바라보는 자기 자신을 다시 한번 소환해야 할 것이다. 이 모든 상황을 바라보고 있는 당신은누구인가?

상대방을 포함한 타인과 세상은 당신과 나의 마음밭을 비추어 준다. 그리고 당신과 나는 그것을 바라본다. 이 모든 세상과 우주는 우리 자신이 바라보지 않는 한, 그 존재의 가치를 소멸하게 된다. 적어도 당신과 나의 인생에서는 말이다.

결국, 상업적으로 성공하고 싶은 가수는 대중의 존재를 함께 인식해야 한다. 그들이 음악이라는 도구를 통해 '증명받고 싶은 것'을 당신이 증명해 주어야 한다. 증명받고 싶은 것은 대중의 개성이고, 증명하고 싶은 것은 당신의개성이다. 이것에 당신은 존중이라는 코드를 통해 대중의 목표를 이루어 줄수 있다. 어린 시절 좋아하는 가수의 노래를 들으며 행복했던 기억이 있는가?그때는 그 가수가 증명받고 싶은 우리의 목표를 이루어 준 것이다.

지금까지 당신과 나는 증명받고 싶은 삶을 살아왔는지도 모른다. 그러니타인과 세상에게 계속적으로 증거를 요구하게 된다. 이제 방향을 바꾸어야 한다. 증명받고 싶은 삶에서 증명하는 삶으로 말이다.

나의 경우는 이 책을 통해 나 자신과 나의 마음밭에 '증명'하고 있다.

수많은 책을 통해 나는 그동안 '증명받고 싶은' 목표를 마음의 밭에 심고 거두었다. 어떤 날은 엄청난 깨달음을 얻게 되는 책을 발견하기도 하고, 또 어떤 날은 실망감에 잠시 넘어지도 하면서 말이다.

그러다 나 또한 책을 쓰고자 하는 목표를 마음의 밭에 심은 이후로는 기존에 책을 읽던 방식과는 전혀 다르게 내용들이 다가오는 것을 느끼게 된다. 시야가 넓어지고, 마음의 밭도 점점 부드러워지는 것을 실감하게 되는 것이다. 물론, 이후에도 책을 쓰기 시작하면서 엄청나게 많은 '쓰레기, 돌, 가시떨기'들을 발견해 나가면서 버리고, 태우고를 반복하고 있다.

분명 처음 책을 읽는다는 것은 증명받고 싶은 것에서 시작했다. 그러나 책을 쓰겠다는 목표로부터 시작된 독서는 증명으로 마무리되어야 한다는 것을 깨달았다.

당신은 어떤 것으로 증명하겠는가?

증명받고 싶은 욕구 또한 필요하다. 당신과 내가 모든 것을 다 혼자 할 수는 없지 않겠는가? 요리사는 자신의 요리를 통해 증명한다. 당신과 나는 그 요리를 맛있게 먹고, 즐기는 것으로 요리를 통해 증명받고 싶은 행복감과 만족감을 충족한다. 그러다 어느 날 당신이나 내가 요리사가 되고 싶다는 목표를 품게 되면, 요리를 통해 증명받고 싶은 것으로부터, 증명하는 것으로 방향을 전환해야 한다.

증명하고자 하는 것이 많을수록, 당신과 나의 인생은 더 풍성한 경험들로 채워지게 될 것이다. 풍성한 경험들은 시야를 넓히는 것에 도움이 되고, 시야를 넓히는 것은 상대적으로 많은 주파수들을 확보해 나갈 수 있다는 것이다. 이것이야말로 승리의 확률을 높이는 필승전략이 아니겠는가.

어떤 뜻인지 이해가 갈 것이다. 아직도 마음밭의 따지려고 드는 '쓰레기, 돌, 가시떨기'들이 남아 있다면, 또 버리고, 태우라는 것이다. 자신의 목표에 대한 증명은 당신과 나 자신의 과제이다. 특정한 종교나 교리를 믿으라는 것이 아니지 않은가? 당신 자신의 고유한 힘을 키우라는 것이다. 증명의 파트가 왜 힘들다고 하는지 알겠는가? 나 또한 나 자신의 마음밭을 최대한 갈아엎고, 아무리 버리고 태워도 또 어디선가 발견되는 '쓰레기, 돌, 가시떨기'들을 계속해서 버리고 태워 가면서, '증명받고 싶은' 지점에서 '증명'으로 방향을 전환해 가고 있기 때문이다. 이 상황에서 가장 희망적인 것은 이미 내가 증명하기로 허락했다는 것이다. 그렇기 때문에 이 우주가 소멸되지 않는 한, 나의 목표는 이루어진다. 나의 목표가 얼마나 우주에 위협이 된다고, 우주가 자신까지 소멸하면서 증명을 방해하겠는가?

두려움. 그것은 아무것도 아니다?

이 소제목과 같은 대사, 혹은 광고 문구를 들어 본 적이 있을 것이다. 거기에 물음표를 하나 붙여 본다. 정말 아무것도 아닌가? 그렇다면, 왜 많은 사람이 아무것도 아닌 것에 힘들어하는가? 당신과 내가 아무 두려움이 없다면, 무엇을 할 수 있는가?

마음성형

두려움이 아무것도 아닌 상태가 되려면, 게임의 룰을 바꾸고 그것을 당신과 나의 마음밭을 통해 세상에 증명해 내야 한다.

당신과 나는 어떤 두려움이 있는가? 병에 걸려 몸이 아파질까 봐 두려운가? 돈이 떨어져 비참한 삶을 살아가게 될 것이 두려운가? 모든 관계가 끊어져서 홀로 쓸쓸하게 생을 마감할 것 같아 두려운가? 높은 곳이 두려운가? 깊은 물이 두려운가? 어둠이 두려운가?

[마음성형]의 가장 기본을 알 것이다. 두렵다면, 그 두려움을 인정하자.
가장 성형하기 힘든 것이 인정하지 않는 것이다. 두렵지 않다고 생각하는데, 실은 두려워하고 있다면, 어떻게 바꿀 수 있겠는가? 있지도 않은 것을 어떻게 버리고, 태울 수 있겠는가?

두려움은 극복한 이후에는 정말 아무것도 아니다. 그러나, 극복하기 전에는 막강한 영향력을 행사한다. 그러면서도 스스로 인정하기 싫도록 만드는 구석이 있는 끈질긴 놈이다.

'증명'에 있어서 마지막으로 털어 버려야 할 것이기도 하다.
증명을 가능하게 하는 마법은 무엇이었는가? '스스로 허락'하는 것이다. 당신과 나 자신에게 권리를 부여하는 것이다. 이 간단한 마음의 행위를 '두려움'이 가로막는다. 그런데, 그 실체는 없다. 분위기가 그럴 뿐이다. 직접적으로 막지 않는다.

당신의 목표를 타인과 세상에 선포함에 있어서 직접적으로 당신에게 그것을 가로막는 신호를 준다면, 완벽하게 차단하라. 그 자리를 피하라. 실력이 부족한 부분에 대한 피드백은 받아들여야 한다. 지금 말하는 것은 이유 없는 비난이다. 지금의 사회에서 가장 무서운 것중의 하나가 무엇인가? 익명성의 뒤에 숨은 맹목적 비난과 분노다.

맹목적 비난, 판단, 비웃음은 그것을 당하는 사람보다 가하는 사람에게 훨씬 더 좋지 못한 에너지들을 남긴다. 그것을 알아야 한다. 비난과 판단을 통해 증명받고 싶은 것에 한번 빠지면, 자신의 마음밭을 거대한 쓰레기 산으로 만들어 가는 것임을 잊지 말자.

당신과 내가 원하는 목표가 무엇인가? 시야를 넓혀서 원하는 주파수 대역을 찾았다면, 뇌의 안테나를 그곳에 고정하고, 훈련들을 통해 그 목표를 갖고 오는 것을 증명하자. 이것을 막는 두려움이 무엇인가? 그 또한 훈련의 과정임을 깨달으면 된다. 그것을 인정하면 된다. 그 순간이 진정 두려움이 아무것도 아닌 순간이 된다.

2부를 마치며

당신과 나는 지금까지 [마음성형]의 도구들 '목표, 인지, 정화, 훈련, 증명'에 대해 알아보았다.

이 도구들을 통해 어떤 삶의 연금술을 발휘할 것인지는 우리의 선택에 달려 있다.

우리는 우리 자신과 타인과 세상에 어떤 감동을 전해 줄 수 있을 것인가? 우리의 가족, 이웃, 동료, 그리고 우리가 접할 수 있는 모든 사람들에게 말이다.

인터넷의 발달과 스마트폰의 보편화로 이 지구 위의 많은 사람들이 하나의 세계로 묶여 가고 있다. 물론 아직은 언어의 장벽과 기술이 발전되지 않은 나라들도 있고, 이념상의 문제로 특정 플랫폼을 차단하는 국가들도 있다. 하지만, 기술이 발전하지 않은 시절에도 자유의 물결은 인위적으로 차단하지 못하였다.

지금 이 시점에서 우리에게 인위적으로 차단된 것은 국가나 특정 조직의 조치보다 오히려 '우리 자신이 스스로를 가두어 둔 것이 더 많지는 않은가?'라는 의문을 갖게 된다.

우리 스스로에게 허락하지 않아 놓친 수많은 기회와 인연이 얼마나 많은지 스스로에게 묻지 않아도 떠오르지 않는가?

당신이 이것을 깨닫고 자신의 마음을 성형해 가기 시작한다면, 그것이 나에게 가장 큰 감동으로 다가올 것이다. 그리고 성형된 마음을 통해 당신은 또 다른 누군가에게 이 감동을 전하게 되길 기대한다. 이것이야말로 당신과 내가 세상을 변화시키는 방법이 아니겠는가.

3부

마음성형의
활용

개인적으로 나는 어려서부터 실용적인 배움을 좋아했다. 빠른 시간 안에 배워서 빠르게 써먹고, 남들에게 자랑할 수 있을 만한 그런 것들 말이다. 이 러한 습성의 부작용이 있었는데, 그것은 무엇인가를 배워서 바로 사용할 수 없어 보이는 학문에 관해서는 점점 관심이 떨어지는 것이었다(어린 시절 나 는 '철학과'라는 것이 왜 있는지 궁금했을 정도이다).

그러나 더 시야를 넓혀 본다면, 실리적인 기술의 뒤에는 그 근원에 대한 탐 구가 필요하다는 것을 느끼게 될 것이다. 대상에 대한 깊은 이해가 배제된 기 술은, 그 기술을 구사하는 자신에게도, 대상에게도, 타인과 세상에게도 어떠 한 감동을 주기가 어렵다.

그렇기 때문에 당신과 나는 이 책을 통해 먼저 우리의 두 번째 목표인 [마 음성형]을 이루어내면서 첫 번째 목표들을 달성해 나가야 한다고 지속적으로 강조해 왔다.

앞선 장들을 통해 우리는 지속적으로 마음성형에 대해 나누었고, 훈련 중 이다. 이제는 우리의 첫 번째 목표들의 범주에 적용해 볼 시간이 된 것 같다.

첫 번째 목표의 범위는 크게 '학습, 건강, 관계, 돈' 네 가지로 나누어 보았다. 대부분의 실리적 목표에 해당이 될 것이라 생각한다. 추가로 각자의 '사명 가진 자'로 거듭나는 것은 이 모든 과정들을 거쳐 가면서 자연스럽게 스스로 이루어 가리라 믿는다.

I
마음성형 이후 학습

앞서 버킷리스트에 대해 나누어 본 적이 있다. 그것의 달성 유무, 제한 시간 등에 따른 효과들은 잠시 내려놓고, 버킷리스트의 주된 내용들에 대해 한번 생각해 보자. 매년 반복되는 내용들 중에 '외국어 배우기'라는 항목이 있는가? 혹은 무엇인가 새로운 것을 배우는 것을 목표로 삼을 수도 있다. 악기, 운전, 운동 등 배우고 싶은 것이 있는가? 버킷리스트에 이런 항목이 있다는 것 자체가 희망적이다(사실은 버킷리스트가 있다는 것 자체도 희망적이다).

하지만, 매년 반복적으로 목표를 이루지 못하고 있다는 생각이 들 때가 있지는 않은가? 처음 버킷리스트를 시작할 때 각종 교재와 기구들을 사놓고 전혀 사용하고 있지 않다는 생각이 자신을 괴롭히는가? 이제 하나하나 목표에 대해 느껴지는 것들을 마음의 밭을 통해 살펴보고 정비해 보도록 하자.

목적의 변화

당신은 혹시 학교를 다니고 있는 학생인가? 우리의 대다수는 학생의 본분은 공부라고 생각한다. 어느 정도는 맞는 말이라고 생각하고 넘어가도록 하자. 그런데, 이 전제는 큰 오해를 불러일으킬 수 있는데, 공부가 학생만의 본

분이라고 착각하도록 만드는 것이다.

많은 사람들이 학교를 졸업하는 순간부터 공부로부터 해방된다고 생각한다(물론 최근에는 이런 인식이 많이 줄어들기는 했다. 그럼에도 아직은 그렇게 생각하는 사람들이 많아 보인다).

삶에 있어서 공부와 학습이 크게 필요치 않다고 생각한다거나, 자신의 삶에서 필요한 것은 대부분 배웠다고 생각한다면, 현재 자신의 시야를 점검해 보아야 한다. 나 또한 그런 좁은 시야를 한동안 유지해 왔기 때문에 그것이 얼마나 많은 내 인생의 시간과 에너지를 허비하게 해 주는지 뼈저리게 느꼈던 순간들이 있다.

우리는 언제 가장 큰 행복감을 느끼는가? 아무것도 하지 않을 때 가장 행복하다고 하는 사람들도 있다. 평생 놀고 먹으면서 빈둥빈둥 살고 싶어하는 사람들도 있다. 이것은 사실 어려운 일이다. 평생 놀고 먹는 것이 어렵다는 것이 아니다. 그 안에서 큰 행복감을 느끼는 것이 어렵다는 말이다. 만약 당신과 내가 경제적으로나 환경적으로 평생 놀고 먹을 수 있는 상황이 된다면 어떻게 행동하겠는가? 물론 잠시의 안락과 쾌락을 누릴 수는 있을 것이다. 그러나 그 길의 끝은 둘 중의 하나이다. 인생의 허무함과 마주치거나, 다시 새로운 목표를 세우고 마음을 성형해 가는 것 중에서 말이다.

마음성형에서 훈련이 지속적으로 이어지는 것처럼, 우리의 인생에서도 공부는 끝이 없다. 학교에서는 우리가 배울 것을 일정 부분 지정해 주었지만, 학교 밖에서는 우리가 배울 것을 스스로 선택해 가야 한다는 차이가 조금 다를 뿐이다. 졸업한 이후에도 우리는 공부의 필요성은 인식한다. 그럼에도 무언가를 공부한다는 것은 쉽지 않은 일이다.

우리는 [마음성형]을 통해 타인과 세상이 우리 마음밭을 비추어 준다는 것을 알게 되었다. 그것은 우리 스스로가 자신의 마음밭을 정비해서 거울에 비추어진 타인과 세상을 바꾸어갈 수 있다는 뜻이다. 그리고 그 밭에 목표의 씨앗을 뿌려 [목표의 성취]라는 열매를 얻고자 하는 것이다. 곱게 갈려서 비옥하게 된 밭에는 목표의 씨앗이 무럭무럭 자라나게 될 것이다. 이전과 동일한 노력과 시간을 들여도 거두어들이는 수확물은 크게 차이가 나는 것이다.

이 과정을 통해 우리는 앞으로 무엇인가를 공부하고, 학습함에 있어, 다른 관점을 갖게 되고, 그 목적이 변화되는 것을 느끼게 될 것이다.

공부와 학습은 우리 자신의 마음밭을 넓힐 수 있는 가장 좋은 방법이다. 마음의 밭이 넓어진다는 것의 의미는 무엇인가? 수확량이 늘어난다는 것이고, 타인과 세상에 대한 영향력이 늘어난다는 것이다.

공부와 학습은 마음을 성형하는 훈련의 또 다른 형태이다.

우리의 인생을 선순환의 트랙 위에 올려놓는 가장 효과적인 방법 중 하나인 것이다. 목적이 바뀐 공부는 그 자체가 즐거운 여정이자 훈련이 될 수 있다. 그 효과가 어떨지는 충분히 예상되어지는 바가 아닌가.

내 안의 천재성 깨우기

우리는 비범한 능력을 통해 엄청난 결과물을 낸 사람들을 '천재'라고 표현한다. 이제 감이 오지 않는가? 동일한 노력을 해도 결과가 다른 사람들이 있다는 것을 인정한다.

그리고, 그 차이는 여러 요인들이 있겠지만, 시작은 마음의 밭에 달려 있다는 것을 말이다.

이것을 학습에도 적용할 수 있다.

같은 시간, 같은 노력을 기울였음에도 시험 점수가 다른 경우에 어떤 생각이 드는가? 누군가는 빠르게 배우고 습득하는 것 같고, 나는 항상 뒤처진다는 느낌을 받는가? 타인과 세상이라는 거울을 통해 비추어진 마음의 밭을 살펴보자. 누군가 나보다 점수가 잘 나온다는 것을 통해 무엇을 느끼는가? 부럽고, 때론 시기나 질투의 감정이 올라오는가?

동일한 시험에서 누군가 높은 점수를 받는다는 것은 나도 그런 높은 점수를 받을 수 있는 가능성이 있다고 생각해 본 적은 없는가?

사람은 누구나 선천적인 지능의 차이가 있다. 하지만 특수한 경우를 제외하고 선천적인 차이는 후천적인 개발과 훈련에 의해 얼마든지 역전될 수 있다.

천재란, 얼마나 넓은 시야를 갖고 있느냐에 따라 결정된다고 봐도 무방할 정도이다. 넓은 시야를 통해 가장 자신이 원하는 주파수를 빠르게 캐치해 내는 것이다.

어린 시절에는 자신이 어떤 재능을 갖고 있는지 알 방법이 없다. 그러다보니 부모의 영향을 많이 받는다. 혹시 아는가? 당신과 나에게도 엄청난 피아니스트로서의 재능이 있었는지 말이다. 운이 좋은 경우, 자신이 어느 정도 선천적으로 타고난 재능과 환경이 일치하게 되면, 해당 분야의 천재가 될 확률이 높다(모짜르트의 재능을 가진 천재가 현대에 태어나 부모님이 그를 축구선수로 키우고 싶다고 생각해 보자. 그 아이의 미래는 알 수 없는 법이다).

그렇기 때문에 어린 자녀가 있는 부모들은 자녀들에게 환경적으로 많은 가능성들을 열어 주고, 아이들이 자신의 천재성을 발휘할 수 있는 분야를 스스로 찾을 수 있도록 돕는 것이 자녀교육에 있어 가장 좋은 방법이다(물론 사랑을 주는 것은 따로 강조할 것도 없겠다).

하지만 이 책을 읽고 있는 당신과 나는 그 정도로 어릴 확률이 극히 적다. 이미 어느 정도 성장을 해 버린 우리는 어떤 선택들을 해야 하는가?

다행하게도 좋은 소식은 당신과 나의 천재성을 일깨우는 데 있어서 조급할 필요가 전혀 없다는 것이다. 분명 매우 어린 시절부터 시작해야 천재의 반열에 오를 수 있는 분야들이 있다. 특히 프로 스포츠 분야 등이 더욱 그렇다. 그러나 극소수의 특수한 분야를 제외하고는 우리의 천재성을 일깨우는 것에는 한계가 없다고 봐도 무방하다.

그렇기 때문에 이제 당신과 나는 [마음성형]의 훈련과 마찬가지로 우리 자신과 우리의 마음밭을 관찰해 볼 필요가 있다. 우리는 얼마나 많은 가능성의 넓은 시야를 소유하고 있는가? 우리 스스로 제한하고 있는 가능성의 주파수들은 무엇인가? 우리 자신도 아직 자신의 천재성을 어떤 주파수에서 가장 빛낼 수 있는지 모르고 있을 가능성이 높다. 늘어질 필요는 없겠지만, 그렇다고 조급하게 그 주파수를 찾아야 할 필요도 없다. 당신과 나는 또한 여러 주파수에서 천재성을 갖고 있을 확률이 높다. 그러나 우리가 모든 것을 감당해 낼 수는 없다. 그렇기 때문에 가장 좋아하는 것을 선택하면 된다. 우리는 이미 목표를 이루는 과정을 알고 있지 않은가? 선택한 이후에는 그 주파수에 우리 뇌의 안테나를 고정시켜서 훈련해 가는 것이다.

가능성 열어 가기

그렇다면, 자신의 천재성을 일깨우기 위해서 당신과 나는 시야를 넓히는 것이 유리하다는 것을 깨달았다. 지금까지 시야를 넓히는 훈련을 많이 해 오지 않았던가? 그 자체도 큰 효과가 있다는 것을 느끼고 있을 것이다. 그러나 우리는 우리가 알고 있는 범위에서만 시야를 넓힐 수 있다. 그러니 어느덧 우리가 잡아낼 수 있는 주파수들이 그리 많지 않다는 것을 느꼈을 수도 있다. 그렇다고 우리가 기존에 잡아낼 수 있는 주파수들이 유용하지 않다는 것은 아니다. 그리고 그것은 이미 충분할 수도 있다. 하지만, 이 부분을 생각해 보자. 당신과 내가 지금까지 최고의 경험이라고 떠올리고 상상하는 것보다 더 좋은 것이 있다라면 어떻겠는가? 우리가 흔히 표현하는 '상상 이상'이라는 단어는 괜히 사용되는 것이 아니다.

경험이 많은 사람들은 그만큼 다양한 해법을 갖고 있다. 그러다 보니 우리는 특정한 일에서 경험 많은 전문가들이 도와주고, 조언해 주길 기대하기도 한다.

학습과 공부는 그 자체로서 우리에게 다양한 경험을 할 수 있는 기회이다. 모든 것을 직접적으로 경험하는 것에는 물리적 한계가 있기 때문에 우리는 타인의 경험과 실패와 성공의 사례와 방법들을 배워 가면서 성장한다.

그러한 가능성을 열어 가는 방법 중 가장 추천하는 것 중 하나가 '독서'이다.

독서는 우리의 읽고, 이해하는 적극적인 행위가 들어간다. 영상으로 보거나, 귀로 듣는 것은 우리가 글을 읽는 수고에 비하면 조금 쉬운 것이 사실이다. 독서한 이후에 독서노트나 일기장, 메모 등을 통해 글을 쓰는 것은 독서에서 더 진화된 최고의 방법이라 할 수 있겠다.

그럼에도 현대를 살아가는 우리의 대다수는 수많은 미디어의 환경에 노출되어 있다. 이제는 과거에는 전혀 생각하지 못했던 친구이자 적인 스마트폰도 염두해야 한다.

중요한 것은 타인의 주파수에 편승하여 이리저리 끌려다니느냐, 자신의 주파수 대역에 뇌의 안테나를 고정하고, 추가적인 주파수 대역을 얼마나 늘려가느냐의 차이이다. 타인의 천재성이 발휘되는 곳은 그의 주파수 대역이다. 당신의 천재성이 발휘되는 곳이 당신의 주파수 대역이다. 결국에는 당신과 나, 그리고 타인의 천재성이 각각 발휘되는 주파수 대역들이 모인 곳이 이 세상이다. 이곳에서 자신의 천재성을 발휘될 수 있는 주파수 대역을 찾지 못해 헤매고 있는 사람들이 보이는가? 그중에서 당신과 나의 모습도 있지는 않았는가?

관점과 시야, 마음밭의 관리를 통해 새로운 주파수의 대역들을 개척해 나간다는 것이 얼마나 멋진 모험의 세계인가? 이것이 공부와 학습의 실체이다.

지금까지 당신의 시야를 통해 확보한 주파수들이 마음에 든다면, 그것에 집중해서 마음성형을 훈련해 가도록 하자. 당신은 목표를 이룰 것이다.

아직 시야를 넓히는 일이 어렵거나, 시야에 들어오는 마음에 드는 주파수가 없다면, 타인과 세상의 거울에 비춰지는 모습들을 통해 적극적으로 공부할 것들을 찾아보자.

하고 싶은 것이 없다는 말은 에너지가 부족해서일 수도 있고, 자신의 주파수 대역을 찾지 못해서일 수도 있다. 이것은 뒤처진다는 개념이 아니다. 자연스러운 일이다. 그러나 하고 싶은 것이 없어서 아무것도 하지 않는다면, 자신에게 허락된 주파수 대역을 찾는 것도, 그 안에서 자신의 천재성을 발휘하는 것도 모두 흩어진다. 그러니 하고 싶은 것이 무엇인지 모를 경우에는 시야를

마음성형

넓히는 계기로 삼아 보도록 하자.

분별력 키우기

이제는 마음성형의 목표를 잘 알고 있을 것이다.

길가, 돌밭, 가시떨기의 굳어 있고, 생산력이 없는 땅에서 투자대비 30배, 60배, 100배의 수확을 얻을 수 있는 좋은 땅으로 탈바꿈하는 것 말이다.

이제는 어떤 씨앗을 뿌릴 것인지에 대한 분별력을 갖추어야 할 때이다.

"콩 심은 데 콩나고, 팥 심은 데 팥난다."라는 속담을 잘 알 것이다.

밭에 콩을 심고, 팥이 나기를 기대하는 사람은 없을 것이다. 지금까지 우리는 어떤 것을 심어도 싹이 올라오지 않는 땅을 개간하는 것에 총력을 다했다. 그리고 앞으로도 마찬가지이다.

어떤 씨앗을 뿌릴 것인지에 대해서는 각자가 판단할 일이다.

다만 이 부분에서 언급하고 싶은 것은, 우리는 때로 새로운 가시떨기의 씨앗을 뿌릴 수도 있다는 것이다. 개간이 잘 된 좋은 땅은 가시떨기의 수확도 30배, 60배, 100배의 수확을 내게 될 것이다. 그 결과는 무엇인가? 다시 [마음성형]을 하기 위해 가시떨기들을 잘라 내고, 그 뿌리까지 찾아내서 태워 버려야 한다. 그 기간 동안 투입되는 시간과 에너지의 소모는 온전히 씨를 뿌린 자신이 감당해야 한다.

그렇기 때문에 자신이 뿌리려는 씨앗이 어떤 씨앗인지 분별하는 능력을 키우기 위해 공부해야 한다. 이 씨앗이 싹틔워서 어떤 잎을 내고, 어떤 열매들을 맺는지 세심하게 관찰해야 한다.

분별력에 대해서는 이 정도 언급으로 마무리하도록 하겠다. 나 스스로도, 그리고 당신도 이것이 무엇을 의미하는지 충분히 알 것이기 때문이다.

Ⅱ
마음성형으로
육체의 건강 회복하기

우리의 육체와 마음이 서로 긴밀하게 연결되어 서로 상호작용을 하고 있다는 것은 그 범위는 다를지라도 어느 정도의 선에서는 모두가 동의하는 바일 것이다.

어떤 사람들은 육체의 상태와 결과에 대해서만 중요하게 생각한다. 그런 선택을 한다면, 모든 상황과 환경에 의해 휘둘리는 삶을 살아가기에 알맞은 환경을 스스로 만드는 것이다.

또 어떤 사람들은 육체가 중요한 것이 아니라고 한다. 영적인 환경을 구축하라고 한다.

하지만, 당신과 나, 우리 중에서 육체를 입고 있지 않은 사람이 있는가?

마음은 우리의 특정한 뇌세포 혹은 심장에만 분포되어 있는 것이 아니라는 점을 다시 한번 강조하고 싶다. 우리 몸을 구성하는 수조 개의 세포 하나하나에 감각이 있는 것처럼, 모든 세포 하나하나에 우리의 마음이 깃들여져 있다. 우리는 먼저 이것을 의식해야 한다.

우리는 마음성형의 준비과정에서 온 세포를 열어 받아들이는 것에 대해 알아보았다. 그리고, 시야를 조절하는 과정에서도, 상상의 힘을 통해 마음의 밭을 정비하는 과정에서도 세포의 마음들을 바라보고, 훈련하였다.

물론 수조 개의 세포들 하나하나를 모두 살펴보기는 힘들 것이다. 그러다 보니 우리는 대체적으로 육체의 각 부분들을 나누어서 마음을 열어 보기도 하고, 전체적인 자신의 육체를 하나의 세포에 대입해서 마음을 성형하는 훈련을 하고 있었을지도 모른다.

분명한 것은 당신과 나의 의식이 우리의 세포들을 느끼면서 마음을 성형할 때, 그 효과가 증폭된다는 것이다.

우리 육체의 세포들은 환경과 상황에 따라 직접적인 에너지들과 시련들을 받아 낸다. 누군가 우리에게 "사랑해."라든가 "고마워."라는 말을 한다면, 혹은 반대로 "난 네가 싫어." "짜증나."라는 말을 들었을 때는 어떠한가?

먼저 육체는 이것을 최전방에서 받아 낸다. 그리고 우리는 결정한다. 이것을 마음밭으로 받아들일 것인가, 혹은 태워서 버릴 것인가 말이다. 당연하게도 좋은 것은 받아들여서 마음의 밭에 에너지원으로 사용하고, 싫은 것들은 받아들이지 말고, 태워 버려야 하는 것 아닌가?

그러나 훈련되지 않은 육체의 세포들과 마음들은 이것을 그대로 받아들인다. 이런 것들이 아주 조금씩 축적되어서 육체의 병과 마음의 병들을 만들어 내는 것이다.

질병의 치유

당신과 나의 육체는 대부분의 경우, 기본적으로 건강을 스스로 회복할 수 있는 힘을 갖고 있다. 뼈가 골절이 된 경험이 있는가? 이럴 때 의사가 할 수 있는 일은 부러진 뼈의 단면이 어긋나지 않고, 움직여지지 않도록 고정하는 것이다. 그리고 시간이 지나면 이 뼈들은 스스로 붙어서 회복된다. 몸에 상처가 났을 때도 마찬가지가 아닌가? 상처 부위가 더 덧나거나 피가 더 나지 않도록 붕대를 감거나, 밴드를 붙인다. 약을 바르기도 하지만, 근본적으로는 우리의 육체가 스스로 상처를 아물게 하고, 낫게 한다.

가벼운 상처와 질병들은 육체의 휴식의 시간을 통해 치유하기가 상대적으로 쉽다. 그런데, 생명을 위협할 수 있을 정도로 위중한 병이 걸렸다고 한다면 어떻게 해야 할까?

당연하게도 의사의 처방과 권고에 따라 병을 치료해 나가야 할 것이다. 마음이 할 수 있는 일은 그 과정에서의 선택들이다. 어떤 병은 어느날 갑자기 찾아온 듯 보이지만, 사실은 매일 조금씩 축적되고, 진행되었을 것이다.

가장 좋은 것은 건강할 때 스스로 건강을 지키는 것이다. 그렇지만, 너무나 당연해서 뻔하게 들리는 이 말은 이미 질병에 걸린 사람에게는 새로운 마음의 돌덩이에 지나지 않는다.

당신 혹은 내가 특정한 질병에 걸린 상태라면, 당연히 기존의 치료는 진행하겠지만, 함께 질병에 대한 마음을 성형해 가는 것이 도움이 될 것이다.

먼저 이 질병이 발생한 것을 온전히 자신의 과거 행동과 생활양식들과 마음의 결과라는 것을 받아들이자. 자신을 벌하고, 정죄하는 것이 아니다. 자신의 질병에 대해서 자신이 주최자라는 것을 인정하는 것뿐이다. 그래야 자신이 이 질병에 대한 주도권을 갖는다.

자신의 과거 행동, 생활양식, 마음의 결과로 이 질병이 발생했다면, 지금부터 치료의 행동, 생활양식, 마음의 결과로 이 질병을 치유할 수도 있다는 것을 선택할 수 있다.

[마음성형]을 쓰기 시작하면서, 나의 멘토가 보내 주신 성경구절이 있어서 소개한다.

'사람의 심령은 그의 병을 능히 이기려니와 심령이 상하면 그것을 누가 일으키겠느냐(잠18:14)'

이것은 경험에 의해 발견한 성경의 구절인데, 어느날 멘토와 함께 점심식사를 하다가 멘토의 가족분이 대장암에 걸렸다는 것을 말해 주었다. 그분은 나와 매일 함께 일하는 분이었기 때문에 나는 그 자리에서 순간적으로 충격을 받았다. 그리고, 왈칵 눈물이 쏟아졌다. 여러 가지 마음의 에너지들이 한번에 감정으로 쏟아져 내렸기 때문이리라.

모든 순간적이고 당황스러운 감정들을 추스르는데, 멘토가 했던 말이 오랜 시간 동안 잊혀지지 않는다. "암은 마음이 지면 끝나는 거야. 담대하게 이겨야 해." 정확하게 문장이 기억나지는 않지만, '담대한'이라는 단어는 절대 잊혀지지 않는다. 그날 대화의 요지는 병에 걸린 당사자뿐 아니라, 가족과 주변에서도 담대함을 잃지 말자는 것이었다.

결론적으로 그분은 완치판정을 받고, 아직도 왕성하게 활동 중이시다. 초기에 발견한 것도 아니고, 중기에 발견되었는데 말이다. 벌써 3~4년 전의 일이다.

당신과 나의 대부분은 의사가 아니다. 그렇기 때문에 특정한 질병에 대해 이러저러한 진단과 해결책을 제시하는 것은 상당히 위험한 일이다. 그럼에도 마음의 영역에서는 질병을 치유해 줄 수 있다는 사람들이 많이 등장한다. 가능할지도 모르겠으나, 마음의 원리를 제대로 이해했다면, 그런 곳에 쫓아갈 이유가 없다(정말 마음과 영의 힘을 통해 질병을 치유할 수 있는 사람은 굳이 만나지 않아도 치유해 줄 수 있을 것이다. 그런 사람을 본다면, 한번 시험해 보라).

우리가 선택할 수 있는 길은 마음성형을 통해 마음의 힘을 회복하여, 질병을 치유할 수 있다는 선택과, 그에 따른 담대함으로 승리의 길을 선택하는 것이다.

우리는 아주 작은 상처와 질병에도 마음이 무너질 수 있다.

마침 이 책을 써 나가던 중, 어제 왼손 손등의 인대 부상을 당했다. 그것은 정말 순간적으로 발생한 일인데, 손으로 옷 매무새를 가다듬으려다가 손가락이 꺾여 버린 것이다. 바로 어제 오후의 일이다보니 지금도 손등이 부어서 약간의 고통이 느껴진다. 그런데, 여기서 재미있는 것이 이것이다. 먼저는 '사고'라고 하기도 민망한 작은 일 때문에 상대적으로 큰 '부상'을 입은 것을 생각하니 처음에는 이 상황 자체를 이해하기 힘들었고, 그 이후에는 왼손을 써야 할 일이 생길 때마다 의식하지 않으면, 큰 고통이 오기 때문에 지속적으로 왼손을 의식해야 하는데, 오른손잡이인 내가 왼손을 자주 썼다는 것을 깨닫게 되었다. 마지막으로 오늘 원고를 쓸 수 있을까? 하는 것이 최대의 관건이었는데, 당신이 지금 읽고 있다시피 큰 어려움 없이 원고를 쓰고 있다.

육체와 정신에 관련한 질병은 아무리 작은 것이라도 당사자에게는 크게 다가온다. 하물며 생명을 위협할 정도의 질병과 부상은 어떻겠는가.

그럼에도 우리가 마음성형을 통해서 질병과 부상의 회복을 위해 선택할 수 있는 길은 단 하나이다. 스스로 온전히 받아들이고, 승리한다는 담대함이다.

추가로 그동안 마음성형의 훈련을 통해 상상력의 시야를 더 넓히고, 우리 육체의 각 부분과 세포 수준까지의 마음을 청소해 주면 더할 나위 없이 좋겠다. 물론 의사와 병원의 치료도 병행하도록 하라.

다이어트

다이어트의 부분에 대해서는 몇 권의 책을 낼 수 있을 정도로 할 말이 많다. 그러다보니 더 이 책의 주제에 맞게 최대한 간결하게 전달하려는 마음을 이해해 주기 바란다.

최근에는 다이어트가 단순하게 살을 빼는 행위가 아니라는 인식이 널리 퍼져 있다. 이것은 매우 바람직한 현상이며, 또한 그것이 맞다. 다이어트의 어원을 찾아서 해석해 보면, '누군가의 인생을 이끌다'라고 되어 있다.

다이어트는 육체로 실행하는 [마음성형]이라고 봐도 좋을 것 같다. 그동안 당신과 나는 우리의 육체에 얼마나 많은 '쓰레기, 돌, 가시떨기' 등을 쏟아 부었는가? 육체의 근육을 강화하고, 불필요한 것들을 비워 나갈 때, 육체의 에너지는 놀랄 정도로 증폭된다. 그리고 그 에너지는 마음밭의 에너지에 힘을 실어 주게 되는데, 이 또한 선순환의 첫 걸음이 될 수 있다.

건강한 다이어트의 핵심은 무엇을 얼마나 먹는가의 식이요법과 얼마나 활동하는가의 운동에 달려 있다. 음식에 관해서는 앞에서도 잠시 언급한 바가 있는데, 시중에도 매일 같이 이에 관련한 정보들이 쏟아져 나오고 있다. 이것은 우리가 조금만 검색해 봐도 많은 정보를 얻을 수 있다.

핵심적인 사항은, 우리 중의 대다수가 정보가 없어서 다이어트를 못하는 것이 아니라는 사실이다. 그럼에도 많은 사람들이 새로운 정보를 찾아 헤매인다. 새로운 기적의 슈퍼푸드Superfood들을 찾고자 한다. 이미 그런 좋은 식재료들은 많이 알고 있음에도 말이다. 그것은 우리 마음이 더 간편하고, 빠른 길을 원해서이다. 물론 가장 효과적인 방법은 있다. 하지만 다이어트를 함에 있어서 간편하고, 빠른 길에 대한 욕구는 내려놓는 것이 가장 빠른 길이다.

우리의 먹거리는 [마음성형]에 있어서도 상당히 중요한 위치를 선점한다는 것을 이미 밝힌바 있다. 우리의 몸은 호르몬의 영향을 받는다. 호르몬은 우리의 기분과 느낌을 결정할 수 있다. 어떤 호르몬을 분비할 수 있느냐는 우리 육체의 환경과 주파수에 따라 달라진다. 그리고 우리가 먹는 것에서 매우 큰 영향을 받는다.

단식을 통해 마음을 수련하는 사람들이 있는 것이 괜한 일은 아닐 것이다. 우리 입을 통해 들어가는 모든 것이 우리 인체의 영양을 공급하고, 호르몬을 좌우하고, 그에 따른 우리의 결과물들을 결정한다는 것을 생각해 보자. 자신에게 맞는 음식들을 가려 먹는 것이 더 이상 까다로운 것이 아님을 깨닫게 될 것이다.

또한 운동은 근육의 움직임들을 통해서 몸의 노폐물들을 배출하고, 인체의 각 기관들이 활발하게 활동할 수 있도록 한다. 특히나 우울증이나 기분이 울적한 사람들은 근육 운동을 해야 한다는 말을 들어 본 적이 있는가? 우울한 감정들은 마음과 육체의 에너지가 적을 때 찾아오는 것들이다. 물론 [마음성형]의 훈련을 통해 마음밭의 쓰레기들을 청소하면 마음의 에너지가 조금 올라오게 될 것이다.

하지만 선순환의 입구에는 마음과 육체, 누가 먼저랄 것이 없다. 마음의 에너지가 먼저 올라오건, 운동을 통해 육체의 에너지가 먼저 올라오건, 중요한 것은 마음과 육체가 선순환의 입구에 올라타는 것이다.

다이어트를 통해 날씬하고 멋진 몸을 뽐내고 싶은 욕구가 있는 것은 좋다. 그렇지만, 그것이 본질은 아니다. 접근을 조금만 다르게 해도, 우리의 다이어트는 더 효과적일 수 있다.

먹고 싶은 것이 있다면, 마음껏 먹어도 좋다. 하지만, 그것이 정말 원하는 것인지는 시야를 더 넓혀 볼 필요가 있다. 우리 육체는 절대 호르몬을 이길 만한 힘이 없다. 그렇기 때문에 호르몬에 대항할 것이 아니라, 근본적으로 호르몬을 관리할 수 있는 환경을 스스로 조성해 줘야 한다. 그리고 그것을 시작하기 위해 시야를 넓혀 자신의 마음밭을 먼저 들여다 봐야 한다.

다이어트를 시작하기 전에, 먼저 자신의 몸이 우리에게 전달하고 싶은 메시지에 귀 기울여 보자. 우리 육체가 진짜 원하는 것이 무엇인지에 대해 먼저 알아야 한다. 가능하다면, 각 세포 수준까지 시야를 확장해서 우리 몸에 관심을 갖고, 돌보도록 하자.

올바른 다이어트에는 질병을 예방하는 효과가 있다. 지금 나의 다이어트가 어떤 방향을 향해 가고 있는지 확인하기 가장 좋은 방법이 이것이다. 다이어트는 자신의 육체에 해로움을 가하는 것이 아니다. 가장 좋은 것을 공급하고, 나쁜 것들을 빼내는 것이 최고의 다이어트라는 사실을 잊지 말자.

수면의 질 높이기
많은 사람들이 수면에 어려움을 겪고 있다고 한다. 나 또한 밤에 잠드는 것이 힘든 시절이 있었기 때문에 상당 부분 공감이 간다. 수면의 중요성에 대해서는 따로 강조하지 않아도 잘 알고 있을 것이라는 전제하에 마음성형을 통해 수면의 질을 높이는 방법들을 알아보자.

마음공부, 마음챙김 등의 마음을 다루는 것에 있어서 [명상]을 필수로 함께하는 경우가 대부분이다. 나 또한 이 부분에 대해 많은 고민을 했다. [마음성형]에 있어서도 명상이 들어가야 하는 것이 아닐까? 하는 것 말이다. 하지만, 지금까지 명상에 대해서는 별다른 언급이 없었다는 것을 당신은 잘 알고 있을 것이다.

[마음성형]을 훈련하는 것은 그 자체가 [명상]이라고 할 수도 있고, 아니라고 할 수도 있다. 명상이라는 것 자체가 특정한 방법이 있는 것이 아니기 때문에, 너무나 포괄적인 개념이기 때문이다. 그럼에도 [마음성형]의 훈련에 [명상]이라는 단어를 넣게 되면, 특정한 프레임에 갇혀 버린다는 느낌을 지울 수가 없었다. 그런 이유로 [명상] 자체가 주는 여러 유익에도 불구하고, 지금까지 모든 훈련의 과정에서는 [명상]이라는 표현을 배제했다.

그런데, 지금 [명상]에 대해 언급하는 이유는 하나다. 당신과 내가 잠들기 직전. 수면에 들어가기 직전에 [마음성형]의 훈련을 [명상]처럼 실행할 수 있기 때문이다. 그리고, 이것은 두 가지의 목표를 세우고, 그것 중에 하나는 달성해 주는 효과가 있다.

첫 번째 목표는 [마음성형]의 훈련이다. 잠들기 직전 우리는 각성도를 상대적으로 낮게 유지할 수 있는 환경을 조성할 수 있기 때문에, 상상력의 힘으로 시야를 조정하기가 편해진다. 그리고, 원하는 주파수 대역을 찾는 것, 그것에 뇌의 안테나를 고정하고, 거기에 따른 마음의 밭들을 하나하나 살펴보고 관리하는 모든 일들을 차분하게 진행하기가 좋다.

두 번째 목표는 [질 높은 수면]이다. 보통의 경우 [명상]을 진행할 때는 잠드는 것이 좋지 않다고 한다. 그러나 잠자리에서 [마음성형]의 훈련을 [명상]화한다면, 바로 잠들어도 좋다. 오히려 당신과 나의 목표에 대한 의도만 선포한 채로 잠이 들면, 더 좋은 결과를 기대할 수도 있다. 그리고 다음날 깨어 보면 수면의 질이 어떠했는지는 스스로 느끼게 될 것이다.

계속 잠이 안 온다면? 자신의 [마음성형]훈련을 강화할 기회를 갖게 되는 것이다. 자신의 마음밭을 통해 자신의 육체가 느껴지는 모든 섬세한 감각까지 돌보도록 하자. 그리고 그 모든 것에 휴식을 허락하는 시점에서는 편안하게 잠이 들 수 있게 된다.

육체의 증명

아마도 당신과 나의 육체가 [마음성형]을 통해 가장 먼저 '증명'을 느끼게 되지 않을까 싶다. 그런 이유로 '마음성형으로 육체의 건강 회복하기'라는 주제를 함께 나누어 보았다. '몸이 먼저다, 마음이 먼저다'라는 논쟁은 당신과 내가 선순환의 입구에 들어가는 것에 아무런 도움도 주지 못한다. 어떤 것이 먼저이고, 어떤 것이 중요하다는 판단은 잠시 내려놓도록 하자.

육체의 건강을 잃은 사람은 모든 것을 잃은 것 같은 마음이 들 것이다. 그 때 나의 멘토가 했던 말을 당신에게도 해 주고 싶다.

마음이 지면 끝나는 것이다. 담대하게 이겨내라!

III
관계의 감동

넓은 의미에서 '관계'는 개별적인 우리 자신과 이어지고, 교류하는 모든 대상과 함께 상대를 인식하고, 에너지를 주고받는 전반적인 과정과 상태를 뜻할 수 있다.

나 자신과의 관계를 비롯하여 부모님, 배우자, 자녀, 친구, 동료, 일상적으로 대하는 모든 사람들은 물론이고, 자신이 믿는 신과의 관계까지 영역을 넓힐 수 있다. 뿐만 아니라 동물, 식물 그리고 사물과의 관계까지 생각한다면, 범위가 거의 무한대이다.

마음성형을 통해 모든 관계들과의 개선을 이루어 가겠지만, 이 장에서는 타인과의 관계에 대해 함께 나누어 보려고 한다. 자신을 제외한 모든 이들은 타인으로 규정하고, 타인들과 함께 하는 곳이 세상이기 때문에, 마음성형을 훈련하고 증명하는 것에 있어서 관계의 영역은 매우 빠르게 피드백을 제공해 주는 좋은 훈련장이기도 하고, 실제로 당신과 나의 삶의 터전이기도 하다.

당신이 지금까지 마음성형을 훈련해 가면서 이 책을 읽어 왔다면, 상당 부분 관계가 회복되고, 개선되어져 감을 느끼고 있을 것이다. 이 책을 쓰고 있는 나도 그렇기 때문이다.

때론 관계가 더 악화된 것 같은 상황이 발생했을 수도 있다. 우리가 기존에 외면하고 깊숙이 숨겨 두었던 마음속의 '쓰레기, 돌, 가시떨기'들이 올라오면서 말이다. 그것을 예전과 같이 다시 꽁꽁 싸매어서 마음밭에 묻어 두지 않았을거라 믿도록 하겠다. 우리는 이제 그것을 인정하고, 분류해서 태워 버리는 훈련을 해 오지 않았던가.

마음성형을 통한 관계에 있어서 가장 지향해야 할 목표는 모든 관계에서 NIBO를 통해 타인과 세상에게 감동을 전해 주는 것이다. 그리고 우리가 준 것을 어떤 형태로든 돌려받겠다는 생각을 내려놓는 것이다. 이 목표를 항시 잘 기억하기 바란다. 이러한 행위 자체가 우리의 마음밭을 정비해서 최종적인 당신과 나의 첫 번째 목표를 이루는 밑거름이 된다. 굳이 타인과 세상에게서 우리가 준 감동에 대해 직접적으로 되돌려 받으려는 생각을 하지 말자.

나는 자연인이다

몇 년 전부터 「나는 자연인이다」라는 프로그램이 크게 인기를 끌고 있다. 프로그램이 인기를 끌다 보니 다른 방송사에서도 비슷한 포맷을 가지고 자연 속에 사는 사람들의 일상을 소개하고, 그러한 삶을 동경하는 사람들도 꽤 늘어나게 되었다.

프로그램을 통해 출연한 이른바 자연인들과 진행자가 자연스럽게 대화를 나누다 보면, 그들이 자연 속에서 살게 된 이유를 알게 되는데, 수많은 이유들이 있겠지만, 가장 큰 이유 중의 하나는 육체의 병을 얻어서 회복을 위해 자연 속으로 들어오게 된 것이고, 또 다른 큰 이유 중의 하나는 누군가에게 사기를 당하거나, 사람들과의 관계에서 어려움을 이기지 못해 홀로 산에 들어오게 된 것을 보게 되곤 한다(물론, 단지 자연이 좋은 사람도 있다).

관계에 있어서 어려움을 호소하는 것은 비단 자연인뿐이 아니다. 도시에 살면서도 자발적인 고립을 선택하는 사람들이 점점 늘어 가는 추세이다. 혹은 이처럼 극단적인 관계의 단절이 아니더라도 많은 사람들이 관계 맺는 것에 대해 점점 피로감을 호소한다. 1인 가구의 수가 점점 늘어나게 된 것도 이와 무관하지 않을 것이다.

당신은 어떠한가? 나 또한 관계에 대해 어려움을 겪었고, 또한 겪고 있다. 그렇지 않았다면, 마음성형을 할 생각도 하지 않았을 것이다. 한때는 자연인처럼 산에 오두막을 짓고 살아야겠다는 생각을 해 본 적도 있을 정도이다. 만약 당신이나 내가 자연인과 같은 삶이 행복할 것이라는 결론에 이른다면, 그것을 선택하는 것이 맞을 것이다. 그러나 나의 경우에는 정말 오랜 생각 끝에 자연인의 삶은 결코 나에게 행복을 주지 못할 것이라는 결론에 도달했다.

그것은 결국 타인과 세상 속에서 관계를 맺어 가면서 살아가야 한다는 것을 의미한다.

굳이 자연이 아닌 도시나 일반적인 생활 속에서도 관계를 단절하고 살아갈 수도 있다. 이 또한 우리 주변에서도 종종 볼 수 있다. 특히나 인터넷과 스마트폰의 발전으로 온라인 상의 가상적이고 일회성적인 관계들 속에서만 살아가기도 좋은 환경이 되었다(물론 온라인은 관계의 도구일 뿐이다. 온라인상의 관계들을 통해서도 얼마든지 진실되고 좋은 관계들을 맺어갈 수 있다. 지금 표현하고자 하는 것은 책임감과 지속성 없는 일회성적인 관계들을 말한다).

어떤 식으로든 관계를 단절시키려는 것은 자신을 보호하려는 시도이다. 마음이 또 상처 받는 것을 두려워하여 자신을 딱딱한 길가로, 아스팔트처럼 포장하는 것이다. 아스팔트 같은 길가는 그 무엇도 들어갈 수 없으니 상처 받을 일도 없다. 하지만 씨앗도 들어가지 못하니 새싹을 틔우거나, 꽃을 피우거나, 열매를 맺을 수도 없다. 마음이 자신을 보호하려는 시도들이 결국 마음의 밭을 딱딱하고 휑한 길가로 만들어 버리는 것이다.

관계의 양면성

지금까지 당신과 내가 맺었던 관계들을 떠올리다 보면, 지금 우리가 관계에 대해 마음의 밭에 어떤 조치들을 취하고 있었는지 알아볼 수 있을 것이다. 이것은 시시때때로 떠올려보면 마음의 밭을 정비하고, 마음성형 훈련을 하는 것에 어느 정도 도움이 되겠지만, 너무 많은 시간을 소비할 수 있다는 단점이 있다. 그리고, 새로운 관계 형성에 근원적인 해결책도 아닐 것이다.

같은 관계라 할지라도, 우리가 마음으로 받아들이는 것은 매우 다를 때가 있다. 한 친구를 예로 들어 생각해 보자. 어떤 날은 이 친구와의 대화를 통해 엄청난 위로와 회복의 에너지를 받는 경험을 할 때가 있다. 또 어떤 날은 이 친구와의 대화 자체가 너무 힘들 때가 있다. 당신은 이런 친구가 있는가? 친구로 예를 들어 보았지만, 이 사람은 우리의 부모님일 수도 있고, 자녀일 수도 있고, 배우자일 수도 있다. 직장 동료일 수도 있고, 선생님일 수도 있다.

이것이 관계의 양면성인데, 우리는 관계를 통해 위로를 받고, 에너지를 보충하며, 행복을 느낀다. 그렇기 때문에 좋은 날에는 함께 모여 축하를 하고, 슬픈 날에는 위로를 하는 것이 아닌가?

그런데 반대로 관계를 통해 에너지가 소진되고, 시기, 질투, 미움, 다툼, 분노 등이 올라오는 것을 느끼는 경우도 많지 않은가?

여기에 양면성의 힌트가 있다. 관계의 영역은 마음성형의 훈련장이자, 삶의 터전이라고 했던 부분이 기억날 것이다. 분명 지금까지 맺었던 관계들은 이 양면성과 관련이 있을 것이다. 하지만 당신과 나의 선택에 의해 우리는 관계의 부정적인 단면을 우리 마음밭에서 올라오는 '쓰레기, 돌, 가시떨기'로 지정하기로 한다.

그렇다면, 우리에게는 이제 양면성의 개념은 사라진다. 우리가 지금부터 앞으로 맺어 가는 모든 타인과 세상과의 관계는 위로받고, 에너지를 보충하고, 행복을 느끼고, 감동과 사랑을 주는 것뿐이다. 반대의 면은 없다. 다만 마음의 밭에서 케케묵은 '쓰레기, 돌, 가시떨기'들을 발견하거나 올라오는 것이 느껴지면, 그 즉시 분류해서 태워 버리면 되는 것이다.

상대의 존재 상태 바꾸기

당신과 나의 마음성형을 통해 상대방 즉, 타인과 세상의 존재 상태를 바꿀 수 있다.

그리고 잘 알겠지만, 가장 확실한 방법은 NIBO를 통한 감동을 전달하는 것이다.

누군가를 감동시킨다는 것은 쉽지 않은 일이다. 당신과 내가 감동시킬 수 있는 사람의 수가 많을수록 우리의 영향력과 에너지는 기하급수적으로 늘어나게 될 것이다.

이것은 마음성형에 있어서 가장 확실한 마스터키 중 하나이다. 특히나 타인과 세상의 관계에 있어서는 필수적이다. 당신과 내가 타인과 세상에 전달한 감동들이 그 직접적인 대상에게 되돌려 받지 않더라도 얼마나 우리 마음의 밭을 풍족하게 해 주는지 직접 실행해 보면 온 세포로 느끼게 될 것이다.

우리가 누군가를 바꾼다는 것은 사실상 불가능하다. 우리가 바꿀 수 있는 것은 우리 자신의 마음밭의 상태이다. 그것이 타인과 세상에 비추어지기 때문에 우리가 누군가를 바꿀 수 있다고 착각할 수는 있겠지만, 타인이 변화할 정도로 자신의 마음밭을 성형한 사람은 이미 깨닫고 있을 것이다. 자신이 타인을 변화시킨 것이 아니라, 자신의 마음밭을 성형한 것의 반응이라는 것을 말이다.

결국 상대의 존재 상태를 바꾸는 것은 지속적으로 자신의 마음성형을 훈련하는 것이며, 이를 통해 상대방에게 직접적인 NIBO를 실행하여 감동을 전달하는 또 하나의 선순환 과정을 말하는 것이다.

마음성형을 처음 훈련하면서 자신의 마음밭에 무엇이 있는지 바로바로 느끼는 것이 쉬운 일은 아니었을 것이다. 그렇기 때문에 마음성형을 처음 훈련할 때는 먼저 가까운 관계에 NIBO를 실행하여 감동을 주는 연습을 해 보는 것이 좋다.

매일 아침 '인생의 마지막 5분 훈련'을 하면서 그 시간 동안 가장 생각 나는 사람에게 먼저 NIBO를 통한 감동을 전해 줘 보자. 어떻게 해야 Best를 이룰 수 있을지는 스스로 생각해 봐야 한다. 상대방이 가장 필요한 것이 무엇인지, 상대에 대한 이해와 관심이 없으면 감동을 주기 어렵다. NIBO를 통한 감동의 전달이 가까운 사람들에게 익숙해지면, 점점 범위를 넓혀 갈 수 있다. 혹은 당신과 내가 가장 싫어하는 사람이나 대상에도 가능해지길 소망한다.

관계의 마법

관계의 중요성에 대해서는 더 강조하지 않아도 잘 알고 있을 것이다. 그럼에도 때로 당신과 나는 그 중요성에 대해 잊은 듯이 살아가기도 한다. 당신과 나의 첫 번째 목표를 적어 둔 것을 또 한번 보도록 하자. 그것이 관계와 연관되어진 부분이 있는가? 전혀 무관해 보이는가?

우리가 맺는 타인과 세상과의 관계들은 우리 마음밭의 상태를 그대로 비추어 주는 역할을 함에 있어서 우리의 목표와 무관하다고 볼 수 없다.

그리고 결국 목표도 모든 관계 안에서 이루어지는 것이다. 이 세상에 당신 외에 아무도 없다면, 당신이 무엇을 하건 세계 1위이다. 그것이 무슨 의미가 있겠는가?

새로운 관계를 맺는 것, 좋은 관계를 유지하는 것 등은 쉬운 일이 아니다. 그것은 누구에게나 어려운 일일 수 있다. 그러나 자신의 마음밭이 잘 가꾸어진 사람에게는 그것이 너무나 자연스러운 일이다. 당신은 어떠한가? 관계를 맺고 유지하는 것이 어려운가? 자연스럽고 쉬운가?

여기에 우리가 흔히 표현하는 세상의 성공 비밀이 숨겨져 있다. 나의 경우에는 새로운 관계를 맺는 일도 어렵게 느껴지고, 좋은 관계를 유지하는 것도 힘들게 느껴졌다. 그렇기 때문에 마음성형을 하는 것이다. 지금까지 관계에 있어서 어떤 관점과 태도를 취했는지는 이제 중요치 않게 되었다. 지금부터 어떤 포지션을 취할 것이냐가 중요한 것이다.

어린 시절 가장 행복했던 기억이 무엇인가? 우리는 거기서부터 출발할 수 있다. 그 기억 속에는 상당 부분 관계를 통한 행복이 살아 있기 때문이다. 그 느낌과 그 당시의 관계들과 자신의 마음밭의 상태를 느껴 보라. 오직 그 순간만 기억하라. 지도 때문에 길을 잃지 말라는 말이다.

당신과 나는 그 시절의 행복을 다시 느낄 수 있다. 더 좋은 것은 시야를 늘려 갈수록 기존에는 생각하지도 못했던 행복의 수준을 느낄 수 있다는 것이다. 그러기 위해 마음을 성형하는 것이고, 그것은 그대로 타인과 세상의 관계를 통해 거울에 비추어져서 현실에 나타난다.

이것은 이 책을 통해 여러 번 강조한 선순환이다. 이제 관계를 통해 직접적으로 느낄 시간이다.

마법 같은 현실에서 당신과 내가 NIBO를 통해 타인과 세상에 전달한 감동들을 누군가 되갚아 주지 않더라도 이제 우리는 깨달았다. 이것이 무엇이라는 것을 말이다.

IV
마음성형으로
재정적 풍요 누리기

    마음성형을 훈련하고 증명하면서 가장 **빠르게** 달성하고 싶고, 많은 사람들이 관심 있는 분야가 재정적 풍요. 즉 돈에 관한 것이라 생각한다.

    우리는 이미 마음의 밭을 청소해 가면서 상당 부분 돈에 대한 기존의 '쓰레기, 돌, 가시떨기'들을 분류하고 태워 버렸다. 이것은 앞으로도 계속 관리해 나가야 할 부분이고, 그것이 당신과 내가 재정적 풍요를 누리는 가장 확실한 길이다. 물론 어떤 씨앗을 심느냐를 비롯하여 여러 가지 변수들이 있을 것이다. 그럼에도 '확실한 길'이라고 표현한 이유는, 재정적 풍요를 누리지 못하는 사람들의 대부분은 마음밭으로 그것을 받아들이지 못하는 것이 지배적이기 때문이다.

    그렇기 때문에 당신과 나의 첫 번째 목표가 재정적인 목표가 아니었더라도, 두 번째 목표인 [마음성형]을 잘 훈련하고 증명해 나간다면, 재정적인 부분은 자연스럽게 채워져 갈 것이다.

    추가적으로 앞서 배운 마음성형의 몇 가지 도구들을 활용해서 우리의 재정을 풍성하게 채울 기술들을 훈련해 보도록 하자.

풍요의 권리

재정과 인간의 권리관계에 있어서 대전제가 하나 있다.

그것은 "인간은 누구나 풍요로울 권리가 있다."이다. 인간이라는 한 생명으로 이 지구 위에 태어난 존재들에게는 누구나 이 권리를 가지고 있다. 그가 어느 국가, 어느 지역, 어떤 부모, 어떤 환경, 어떤 조건에서 태어났든지 간에 말이다.

이 단순한 전제를 받아들여라. 자신에게 허락해 주도록 하라. 당신과 나 자신에게 부탁한다.

이것을 마음의 밭으로 받아들여야 하는데, 각종 '쓰레기, 돌, 가시떨기'들이 요동을 친다. 논리라는 '쓰레기'가 말한다. "인간이 누구나 풍요로울 권리가 있다고? 그럼 매일 같이 굶어 죽는 저 아프리카의 어린아이들은 뭐라고 생각해?" '돌'들이 굳건하게 자신의 자리를 지키면서 말한다. "인생이 그리 호락호락하다고 생각해? 말도 안 되는 생각은 하지도 마." '가시떨기'도 빠질 수 없다. "그런 생각으로 살다가 거지꼴을 면하지 못하게 될 거야."

이런 마음의 소리들은 언뜻 설득력 있어 보인다. 그러다 보니 매번 당신과 내가 속어넘어갈 수 있다. 가장 좋은 방법이 무엇일까? 분류해서 태워 버리는 것이 최고의 방법이다.

지구의 자전 속도는 적도를 기준으로 시간당 1,675km 정도라고 한다. 위도마다 조금씩 속도가 다르지만, 당신과 나는 어떤 곳이든 시간당 시속 1,000km가 넘는 속도로 회전하고 있는 커다랗고 둥근 구체 위에서 살고 있다. 그뿐인가? 지구는 시속 11만km, 즉 1초에 30km의 속도로 태양 주위를 돌고 있다. 멀미 나지 않는가? 우리가 지금 이렇게 빠른 행성 위에 살고 있다는 것이 말이다. 우리의 마음은 이러한 사실 앞에서 무엇을 말하는가?

대전제를 뒷받침할 만한 문헌들은 많은 곳에서 찾아서 넣을 수 있다. 그러나 마음밭의 '쓰레기, 돌, 가시떨기'들을 달래고, 설득하려는 노력은 모두가 우리의 패배로 기록될 것이다. 우리에게는 대전제를 인정하는 최초의 선택권을 통해 과감하게 마음밭의 '쓰레기, 돌, 가시떨기'들을 분류해서 태워 버리는 것이 최선이다.

가장 먼저 자신의 권리를 되찾아라. 우리에게는 풍요로울 권리가 있다.

재정의 시야 넓히기
당신과 나에게 있어서 풍요로워지는 수단은 무엇이 있는가?
돈은 버는 것인가? 얻는 것인가? 교환하는 것인가? 만드는 것인가?

돈에 대한 당신과 나의 시야를 넓혀 보도록 하자. 우리가 돈을 벌고, 얻고, 교환하고, 만들고, 소비할 때마다 상상의 힘을 통해 이 돈이 어디로 흘러가면서 돌게 될지, 또 어떻게 모이고, 누구에게 돌아갈지 등 말이다. 시야를 점점 넓히다 보면, 다양한 주파수들을 접하게 될 것이다. 마음에 들지 않는 주파수들은 넘겨 버리고, 마음에 드는 주파수들에 우리의 안테나를 고정해 보도록 하자. 당신과 내가 마음에 드는 주파수에서는 돈은 어떻게 다루어지고 있는가? 벌고 있는가? 얻고 있는가? 교환하고 있는가? 만들고 있는가? 혹은 새로운 방법이 있는가?

이 모든 과정에서 가장 중요한 것은 자신의 목표에 부합하느냐는 것이다.

인생을 살아가면서 돈은 꽤나 중요한 부분들을 담당한다. 그러다보니 많은 경우 당신과 나는 이것을 거꾸로 생각한다. 돈이 있어야 무엇이든 가능하다는 생각들 말이다. 이것은 완전 반대인데 말이다. 돈은 부차적인 에너지이다. 목표를 달성할 때 따라오는 상금 같은 것 말이다.

돈에 대한 당신과 나의 시야를 충분히 넓혀 보았다면 알게 될 것이다. 돈이 먼저 오고, 그 다음에 인생의 행복과 목표들이 따라오는 것이 아니라, 돈이 나중에 온다는 것을 말이다.

자신의 마음밭을 깨끗하게 치워 가면서 점점 건강해지고, 그에 따라 타인과 세상의 거울이 그것을 비추어 주고, 그 비추임에 따라 관계가 아름답게 회복되고, 분별되어 심어진 아름다운 씨앗이 새싹을 틔우고 열매를 맺으면, 이 모든 과정에서 풍요는 자연스러운 것이다.

돈의 존재 상태 바꾸기

재정적 풍요에 있어서 자신의 권리를 되찾고, 시야를 넓히는 것만으로도 우리는 목적한 바를 달성할 수 있을 것이다.

그럼에도 아직 마음의 밭 어딘가에 숨어 있는 '쓰레기, 돌, 가시떨기'들이 등장할 때가 있는데, 돈의 존재 상태를 바꾸는 훈련은 이것들을 제거하는 것에 효과적이다.

당신과 나는 이미 우리 자신과 상대방, 그리고 세상에 있어서 존재 상태를 바꾸는 훈련을 해 보았다. 돈의 존재 상태를 바꾸는 것도 그 범주 안에 속해 있는 것인데, 워낙 비중이 큰 존재이다보니 별도로 훈련하는 것도 좋겠다라는 생각이 든다.

훈련의 방법은 동일하다. 우리는 절대로 직접적으로 돈의 존재 상태를 바꿀 수 없다. 돈에 대한 우리 마음밭의 상태를 점검하여 그것이 이 세상의 돈이라는 거울에 비추어질 수 있도록 만들고, 그것으로 돈과의 관계를 원하는 방향으로 개선해 나갈 수 있는 것이다.

돈에 대한 우리의 인식이 돈과의 관계를 형성한다. 대체로 당신과 나는 많은 돈을 원한다. 혹 그렇지 않더라도 훈련의 과정으로 받아들이기 바란다.

왜? 많은 돈을 원하는가? 돈이 많으면 무엇을 할 수 있는가? 얼마 정도의 액수가 많은 돈인가? 목표한 액수를 얻었다면, 그 이후에 무엇을 할 것인가?

그리고, 돈과의 관계에서 가장 중요한 질문은 이것이다.

[당신이 돈의 주인인가? 돈이 당신의 주인인가?]

돈과의 관계를 개선하는 것은 중요하다. 하지만, 그것은 어디까지나 당신과 내가 돈의 주인으로서의 위치에서의 관계이다. 누가 주인인지에 대해서는 매우 간단하게 구분할 수 있다.

당신과 내가 우리의 목표, 꿈, 비전의 달성에 대해 생각하거나 대화를 할 때, 돈이 없어서 할 수 없다고 생각한다면, 당신과 나의 주인은 돈이다.

반대로, 당신과 내가 우리의 목표, 꿈, 비전을 달성하는 것에 있어서 지금은 돈이 없지만 가능하다고 생각한다면, 당신과 내가 돈의 주인이다.

모든 것은 주인의 손에 들어오지 않겠는가? 지금 우리는 어떤 관계로, 어떤 길로 가고 있는가? 우리가 돈의 손아귀에 빨려들어가고 있는가? 아니면, 돈이 우리의 손으로 들어오고 있는가? 우리는 조금 전에 재정의 시야를 넓히는 훈련을 해 보았다. 돈이 우리를 자신의 손아귀로 잡으려는 그림이 그려진다면, 그것이 우리 마음밭의 어떤 '쓰레기, 돌, 가시떨기'들인지 알아차리고 분류해서 태워 버리자. 그런 주파수들이 발견될 때마다 함께 폐기처리해서 태워 버리자. 영원히 없애 버리는 것이다. 당신이나 나 중에 돈의 노예로 삶을 마감하고 싶은 사람은 없을 것이라 믿는다.

이 과정을 거치면, 자연스럽게 자신과 타인, 세상에 비추어지는 거울에도 변화가 생긴다. 이것을 증명해 보자. 돈과의 관계에서 주인이 바뀌었다면, 당신과 나의 손에 어떠한 식으로든 돈이 들어올 것이다. 이것을 마음에 작은 씨앗으로 심어 보자. 시험해 보는 것이 아니다. 마음밭의 상태와 거울에 비추어지는 관계들을 확인해 보는 것이다.

(여기서 시험과 확인의 차이를 인지해야 한다. 이것이 가능한지 Test하는 것은 많은 경우 이루어지지 않는다. 의심의 요소가 더 강하기 때문이다. 그러나 Check하는 것은 전혀 다른 결과를 가져다준다. 현재 상태를 확인하는 것이기 때문이다.)

이 세상의 모든 것이 그렇지만, 특히나 돈의 부분은 매우 극명하게 마음밭의 상태를 비추어 주는 거울 중의 하나이다. 그리고 이것은 많은 사람들이 깨

마음성형

닫고 활용해서 부를 축적하는 것에 활용한 방법이기도 하다. 너무나 간단한 진리이다 보니 어렵게 생각하고, 무언가 단계를 만들어야 할 것 같고, 공을 들여야 할 것 같다. 점점 왜곡돼어져 가는 것이다.

당신과 나 또한 이 정도면 충분한 것 같다. 우리에게 필요한 것은 갖추어졌다.

마지막으로 성경에서 이 모든 내용을 한 줄로 표현한 구절을 나누고 싶다.

네 보물 있는 그 곳에는 네 마음도 있느니라 (마태복음 6:21)

V
영혼의 깨달음을 향한 여정

그 어떤 시기보다 봄날의 기운을 마음껏 느끼고 있는 시기이다.

길거리에서도, 산에서도, 강에서도, 이전에는 보지 못하고 지나쳤던 것들과 느끼지 못하고 흘러갔던 것들이 눈에 띄고 느껴진다. 익숙한 길에서 조금만 방향을 틀어도 예전에는 몰랐던 새로운 길들이 보인다. 그것은 예전부터 그 자리에 있었지만, 이전에는 가 볼 생각조차 해 보지 못했던 길들이다. 지금 사는 동네에 10년이 넘게 살고 있음에도 모르고 다녔던 것들이 너무나 많다.

사람들 속에서도 마찬가지이다. 이전에 내가 알고 있던 사람들의 모습에서 전혀 다른 모습들을 보게 되곤 한다. 조금은 낯설지만, 좋은 느낌의 낯섦이다. 상대방에게서 나의 마음을 발견하게 되고, 서로의 처지를 이해하게 된다. 아직도 진행 중이지만, 이 시작의 기분이 좋다.

지난 오랜 시간 동안 매일 무엇인가를 위해 노력해 왔다. 어디로 향하는지 정확하게 몰랐지만, 무언가 애를 쓴다는 것 자체가 삶의 원동력이 되기 위함이었으리라.

하지만 어느 날 그 노력을 잠시 멈추기로 했다. 처음에는 그 멈춤 자체가 너무나 불안한 것이었다. 첫날부터 불안감이 몰려왔다. 내 마음의 안정감이 어디에 있었는지를 극명하게 보여 주는 시간이었다. 그 감정들이 나 자신에게 느낌이라는 언어로 말 건다는 것을 실제로 느꼈으니 말이다.

이전 같으면 애써 억누르고 무시했겠지만, 무언가 삶의 노력들을 멈춘 시점에서 올라오는 감정들을 인정해 주기 시작했다. 불안감, 두려움, 원망, 불평, 시기, 질투, 미움, 분노…… 살아가기 위해 무언가 애써 노력했던 시간만큼 쌓여 왔던 감정들이 하나하나씩, 때때로 폭발적으로 올라오기 시작했다. 최대한 인정해 주려 했고, 잠시 머물다가 무한한 공간으로 흘려보냈다. 무엇보다 놀라운 것은 나 자신의 마음 안에 그런 것들이 있었음을 예상했던 것보다 더 많은 것들이 있었다는 것이다. 아예 존재 자체를 몰랐던 것들이 상당히 쌓여 있었다. 그리고 이것은 아직도 훈련 중이다.

이 과정에서 내 안의 짐처럼 쌓여 있던 것들을 흘려보내고 분류해서 태워 버리다 보니 이전에 보지 못했던 것들이 더 많이 눈에 띄게 된다. 새로운 기회, 가능성, 목표, 이전에는 불가능해 보였던 일들을 구체적이고 실현 가능한 상태로 끌어오게 된 것이다.

흘려보낸 불안감의 자리에는 열정과 자신감이 채워지고, 흘려보낸 두려움의 자리에는 담대함이 채워져 가는 것을 느낀다. 이것은 계속적으로 해 나갈 훈련이지만, 이것이 가능하다는 것을 피부로 느껴 보았기 때문에, 이전과는 경험치가 다르다.

이제는 나 자신이 상대방을 통해, 사람들을 통해, 세상을 통해 무엇을 느끼고 경험하고, 배우고, 다시 상대방과 사람들과 세상에 내어놓아야 할지를 깨달아가고 있다.

오늘의 삶의 하루가 기적 같은 것은 이 모든 과정 덕분이다.

당신과 나. 우리는 무엇인가?

누군가는 영혼이 우리의 본질이라고 한다. 누군가는 참자아가 있다고 한다. 누군가는 대상을 인지하는 의식이 자신의 본질이라고 한다. 이 길은 당신과 나의 영원한 숙제이다. 누군가 대신 해 줄 수 있는 그런 종류가 아니다.

사실 모든 것이 그렇다. 자신의 마음을 성형하는 것도, 자신이 진정 누구인가 깨달아 가는 것도, 이 여정을 마무리해 가는 것도 결국은 당신과 나. 각각 자신에게 달려 있는 것이 아닌가.

모든 스승들과 코치, 멘토들은 길을 안내해 줄 수 있다. 그들 중에서도 정확한 길을 알고 있는 이들은 극히 드물다. 그리고 정확한 길을 안내받는다 하더라도 결국 그 길은 우리 자신이 스스로 도착해야 하는 지점이다.

마음성형을 통해 당신과 나는 인생의 수많은 유익을 얻으리라 기대한다.

우리는 이전보다 평화롭고, 온유하며, 겸손하고, 사랑 가득한 마음의 상태를 유지하게 될 것이다. 그 마음밭의 상태는 이전과 동일한 씨앗을 심어도 그 수확은 크게 증대될 것이다. 배움의 기쁨, 육체의 건강, 관계의 회복, 재정적 풍요를 누리면서 더 넓은 시야와 선한 영향력들을 넓혀 나가는 삶을 살아가게 될 것이다.

그리고 그것은 당신과 나의 본질의(나는 영혼이라고 표현하겠다) 깨달음을 향해 가는 과정이다. 당신과 나의 영혼이 이 세상에서 육신을 입고, 마음이라는 도구를 사용하는 이유가 있을 것이 아닌가? 그것을 깨닫고 자신에게 부여된 길을 가는 것이 우리의 사명이다.

가능성의 발견

지금 이 순간 당신의 상태가 궁금하다. 나의 상태도 궁금하지 않은가?

어쩌면 마음이 조급할 수도 있다. 마음성형 훈련을 통해 증명되어지는 것을 빠르게 보고 싶을 수도 있다. 나 또한 그런 조급함이 들 때가 있지만, 그럴 때일수록 더 차분해지도록 하자.

마음성형을 훈련하면서 나 자신이 가장 좋았던 것 중의 하나는 한두 가지로 한정되었던 인생의 가능성이 넓어진 시야로 인해 수많은 주파수를 통해 인지된다는 점이다. 나는 그중에서 가장 마음에 드는 것을 고르고, 뇌의 안테나를 고정하면 된다. 그리고 마음밭의 상태를 확인하고 관리해서 심고, 증명으로 거두어 낸다.

가능성의 세계에 있어서 가장 놀라운 사실은 이것이다.

당신과 나. 우리가 지금까지 얼마나 오래 살아왔고, 얼마나 많은 경험을 했는지는 모르지만, 이제껏 배우고, 경험했던 모든 것과는 전혀 다르고, 놀라운 가능성의 세계가 있다는 것이다.

어쩌면 우리 중의 누군가는 세상의 모든 기쁨과 슬픔을 다 맛보았다고 생각할지도 모른다. 나이가 먹어갈수록 이런 생각들은 강해진다. 이 세상에 새로울 것이 없다고 느끼는 것이다. 시야가 좁을수록 이런 현상들은 강해진다.

앞에서도 이 부분에 대해 한 번 나눈 적이 있지만, 우리는 아직 이 우주의 아주 작은 일부도 알고 이해하지 못한 채 살아가고 있다. 하루하루가 새롭지 않고, 어제와 오늘과 내일이 반복될 것 같은 이유는 단지 환경의 문제가 아니다. 우리가 모든 것을 안다고 착각할 때 생기는 단조로움일 뿐이다. 그런 생각과 마음을 탓하고자 하는 것은 아니다. 마음성형의 훈련을 통해 시야가 넓어질수록, 이전에는 몰랐던 새로움들을 발견하고, 우리의 삶이 더더욱 풍성해진다는 것을 당신과 내가 더 깨달아 갔으면 좋겠다는 바람이다.

성품이 경쟁력이다

최근 학교폭력, 미투, 빚투, 갑질, 증오 등으로 인한 뉴스 기사를 접하지 않는 날들이 없을 정도로 매일같이 관련된 기사들이 쏟아져 나오고 있다. 성공 가도를 달리는 것처럼 보이던 사람도 한순간에 나락으로 떨어지는 것을 보게 된다.

반대로 마음의 감동과 따뜻함을 전해 주는 소식들도 간간이 접하게 된다. 밥을 먹지 못하는 어린아이들에게 음식을 챙겨 주거나, 위급한 상황에서 사람을 구조하고, 보이스피싱을 당할 뻔한 사람들을 순간의 기지로 피해를 막는 사람들의 소식 등 말이다.

왜? 어떤 사람들은 누군가를 괴롭히고, 빼앗고, 속이는 것으로 자신의 삶을 채워 가는 것일까? 이제 우리는 어렴풋이 알지 않는가? 그들의 시야가 얼마나 좁은지 말이다. 그들은 자신이 안전하고, 행복하고, 부유하게 살아가려면 누군가를 괴롭히고, 뺏고, 속여야만 하는 주파수밖에 모르는 것이다. 대부분의 많은 사람들은 그런 주파수가 자신에게 안전과 행복과 부요를 가져다 준다고 하더라도 선택하지 않을 것인데 말이다.

주파수뿐이겠는가? 굳어 버린 마음 위에는 '쓰레기, 돌, 가시떨기'가 넘쳐나고 있다.

육체의 쾌락과 안정을 위해 지금의 주파수를 포기하지 못하고, 마음의 지옥 속에서 살고 있는 사람들이다. 또한 가장 위험한 것은 그것에 만성적으로 익숙해져서 그 자체가 편안해진 사람이 아닐까?

여기에서 당신과 나는 어떤 선택을 할 수 있는가? 우리가 할 수 있는 일과 할 수 없는 일이 있다는 것을 먼저 기억하자.

할 수 없는 일들은 잊어버리고, 할 수 있는 일들을 먼저 시작하자.

가장 먼저 할 수 있는 일들이 무엇인가? 당신과 나의 마음을 성형하는 것이다.

우리는 타인과 세상으로부터 무엇을 받아들이고, 무엇을 내보냈는가? 지금까지 GIGO하지 않았는가? 그랬다면, 지금이 그것을 NIBO로 바꿀 수 있는 가장 좋은 기회이다.

우리의 삶이 GIGO에서 NIBO하는 삶으로 바뀔 때, 우리의 세상도 변화할 것이다.

그리고 그 시작은 우리의 [마음성형]이다.

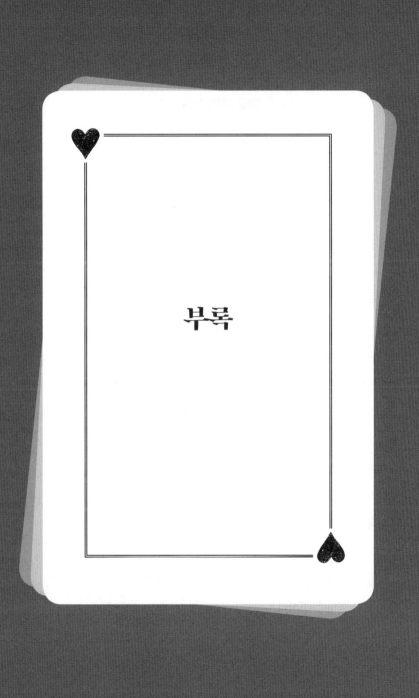

부록

마음성형 지속하기

농부가 매년 농사를 짓기 위해 논과 밭을 개간하고 관리하는 것처럼, 당신과 나 또한 앞으로 지속적으로 마음성형을 통해 우리 자신의 마음을 가꾸고 관리해 나가야 한다.

그렇기 때문에 지금까지 우리가 알아본 마음성형의 도구들과 훈련들을 지속적으로 익혀야 하는데, 분명한 것은 이 모든 과정이 상당히 흥미진진하다는 것이다. 때론 오랫동안 외면하고 싶었던 마음속의 '쓰레기, 돌, 가시떨기'들을 발견하고 치우는 것이 그리 유쾌하게 느껴지지만은 않을 때가 있다. 미련이 남기도 하고, 이상하게 아쉬운 감정이 올라오기도 한다. 이것들 역시 마음속에 숨어 있었던 돌이나 가시떨기의 일종이기 때문에 명확하게 구분 짓지 않더라도 정화를 통해 흘려보낼 수 있다. 이 모든 과정이 자연스럽게 이루어지도록 훈련해 나가자.

다만 지금 강조하고 싶은 것은, 우리의 훈련과정에서 당신과 나 모두 힘을 뺄 필요가 있다는 점이다.

모든 기술이나 운동 등을 배울 때 많이 들어 봤을 것이다. 힘이 잔뜩 들어가 있으면, 자연스러운 진행이 더뎌진다. 이것은 마음성형에서도 마찬가지이다.

당신과 나는 어쩌면 하루 만에 자신의 마음밭을 깨끗하게 갈아엎어 버리고 싶을지도 모른다. 물론 불가능하지는 않을 수 있다. 하지만 추천하고 싶은 방법도 아니다. 마음성형은 우리의 목표를 이루어가는 방편으로 사용할 수도 있지만, 그 자체가 우리에게 행복과 위안을 가져다줄 수도 있기 때문이다.

매일 조금씩 눈에 띄는 대로 방을 청소하는 사람의 방은 항상 깨끗하다. 그 방이 어질러지지 않아서 깨끗한 것이 아니다. 눈에 보이는 대로 청소하기 때문이다. 그러나 언젠가 한번에 청소해야지라는 생각으로 방을 내버려 두는 사람의 방은 항상 지저분하다.

우리의 마음성형도 이와 같다.

자신의 마음밭을 온전히 들여다보면, 예상보다 많은 것이 쌓여 있다는 사실에 놀라게 될 것이다(이것은 나의 경험담이다).

그것을 치우고자 한다면 그에 해당하는 감정과 욕구를 인정하고 느껴야 하는데, 우리는 한번에 하나의 감정과 욕구만을 인정하고 느낄 수 있다는 것이다. 물론 감정과 욕구를 번갈아 가면서 느낄 수는 있다. 그것을 동시에 온전히 느끼는 것은 거의 불가능한 일이다.

그리고 곧 이 하나씩의 과정이 주는 기쁨을 깨닫게 될 것이다.

그러니 자신의 마음밭을 확인하고, "이걸 언제 다 치우지?"라는 한탄을 할 필요가 없다. 반대로 "나중에 한번에 버리자."라는 의도의 생각도 먼저 버려야 한다. 호흡과 마찬가지로 매일 자연스럽게 마음성형을 할 수 있도록 의식을 깨운 상태를 유지하도록 하자. 모든 부담과 힘을 빼고 가볍게 시작하자.

당신과 나의 가벼운 시작을 위해 몇 가지 부록을 준비했으니 마음껏 즐기기를 바란다.

부록의 내용들을 실행하지 않는다고 해서 마음성형을 할 수 없는 것은 아니다.

그러나 부록의 내용들을 통해 우리의 마음성형이 더 풍성하고, 효과적이고, 매력적이 된다면, 굳이 마다할 이유도 없지 않은가?

모든 것은 어디까지나 당신과 나의 선택사항일 뿐이다.

다시 진짜 목표 정하기

마음성형의 도구에서 당신과 내가 가장 먼저 했던 일이 첫 번째 목표를 설정한 것과, 두 번째 목표인 [마음성형]을 지정했던 것이다.

또한 우리는 중간중간 우리의 첫 번째 목표들을 되새기며 마음성형의 도구들을 적용하고 훈련해 왔다. 우리 중의 누군가는 벌써 첫 번째 목표를 이룬 사람도 있을 것이고, 또 누군가는 목표를 이루는 선순환의 길 위에 제대로 안착한 사람도 있을 것이다. 또 누군가는 원하는 주파수를 찾아내서 뇌의 안테나를 고정한 사람도 있을 것이다.

우리의 첫 번째 목표는 증명을 통해 열매를 맺는다. 그리고 그 첫걸음은 목표의 성취에 해당하는 주파수를 찾아내어서 그것에 뇌의 안테나를 고정하는 것이다. 그런데, 그 주파수를 찾기가 힘든 경우가 있다. 그 목표를 성취한다는 것이 상상조차 되지 않는 것이다. 상상의 눈으로 목표가 성취된 주파수를 찾아야 하는데, 그것이 힘든 것이다.

물론 목표가 이루어지길 바랄것이다. 바라기만 하는 것은 이루어지기가 힘들다. 다시 가능성의 세계에서만 맴돌다가 증명되지 못하고 사라지기가 쉬운 것이다.

이것은 그동안 마음밭에 쌓아 둔 '쓰레기, 돌, 가시떨기'들로 인해 우리의 시야가 좁아졌기 때문이다. 마음성형의 훈련들을 통해 마음밭을 청소하고, 다시 시야를 넓히면 해결될 문제들이다.

다만, 첫 번째 목표가 아닌가? 당신과 내가 스스로 이 목표를 자신에게 증명하지 않으면 또다른 불신의 '쓰레기, 돌, 가시떨기'들이 마음속에 자리하게 될지도 모른다.

그래서 우리 중에 아직 첫 번째 목표의 주파수를 찾아내지 못한 사람이 있다면, 다시 자신의 진짜 목표를 찾아보도록 하자. 시야가 넓어진 후에도 목표의 주파수를 찾지 못한다면, 그것은 자신의 시야의 문제가 아니다. 그 목표가 자신의 것이 아닐 수도 있다는 점을 생각해봐야 한다. 주파수를 찾지 못한 목표에 집착할 필요는 없다. 세상에는 좋은 것들이 얼마나 많은가.

물론 당신과 내가 목표의 주파수를 잘 찾아내었다면 다시 목표를 수정할 필요는 없다. 그리고 잘 알겠지만, 우리의 주파수에 과정을 고려할 필요는 없다. 최종적인 결과의 주파수에 뇌의 안테나를 고정하고, 지속적으로 마음성형을 훈련해 가도록 하자.

그런데 또 한 명의 목표 수정자가 있을 수 있다.

당장은 목표를 정하고, 그것이 성취되면 좋을 것 같다는 막연함으로 목표의 주파수를 찾아서 안테나를 고정해 보니 그것이 생각했던 것보다 별로인 경험이 있었던가?

혹은 지금 설정한 목표보다 더 큰 성취가 가능한 것이 느껴지는가?

목표를 지속적으로 바꾸는 것은 성취의 에너지가 이리저리 이동만 하다가 소멸될 수 있다.

마음의 밭에 어제는 콩을 심었다가, 오늘은 팥을 심고, 내일은 옥수수를 심는다면, 마음의 밭은 또다른 느낌의 난장판이 될 것이다. 당신과 내가 꾸준한 마음성형의 훈련을 통해 마음의 밭을 더 크게 넓혀 가고, 구획별로 관리가 가능할 때는 가능할지 모르겠다.

그러나 지금은 한번에 하나씩이다.

이쯤되면 당신이 눈치 챘으리라 생각한다. 마음밭의 '쓰레기, 돌, 가시떨기'들을 분류해 버리는 것도 한 번에 하나씩이고, 목표의 성취를 증명하는 것도 한 번에 하나씩이다.

이것이 얼마나 즐겁고, 기쁜 과정인지 이미 깨달은 사람이 있으리라.

완벽한 하루 일기 작성

마음성형 훈련에서 하루씩의 '정화'와 목표 성취의 '증명'을 위해 가장 추천하는 것이 [완벽한 하루 일기 작성]이다.

먼저 일기장을 하나 준비한다. 일반 노트이건, 작은 수첩이건 자신의 취향에 맞게 준비한다.

자신의 첫 번째 목표를 맨 앞장에 적어 둔다. 두 번째 목표인 [마음성형]도 적어 둔다.

일기는 자기 직전에 쓰고, 아침에 전날의 일기를 읽는 루틴으로 진행하면 된다.

우선 일기의 첫날에는 다음날의 일기를 미리 작성한다. 완벽한 하루에 대한 일기를 미리 작성하는 것이다. 짧게 써도 좋고, 세세하게 써도 좋다. 자신의 내일에 대한 주파수를 미리 확보하는 과정이다.

다음날 아침, 전날 저녁에 적어 둔 일기를 읽고, 완벽한 오늘 하루의 주파수에 뇌의 안테나를 단단히 고정하도록 하자. 당신과 나의 하루에 대한 의도를 미리 선포하고, 선택한 것이다.

저녁에 다시 일기장을 펼친다. 그리고 오늘의 일기를 작성한다.

미리 작성한 완벽한 하루 일기와 비교해 본다. 여기에서 가장 신경써야 할 부분이 있다.

우리는 '완벽한 하루 일기'와 '오늘의 일기'를 대조해서, 어디를 수정할 것인가? 당연하게도 오늘의 일기를 수정해서 완벽한 하루 일기로 수정해갈 것이다. 그런데, 당신과 나를 포함한 대부분의 우리들은 이런 형태의 일기에서 '완벽한 하루 일기'를 수정하는 오류를 범한다.

오늘의 일기가 '완벽한 하루 일기'가 되지 못했다면, 지금 다시 바꿀 수 있는 기회라는 것을 상기하자. 주파수를 조정해야 할 필요가 있는가? 마음 속에서 올라오는 저항의 '쓰레기, 돌, 가시떨기'들이 있는가? 당신과 나는 지속해서 마음성형을 훈련하고 있고, 우리는 훈련과정에서 트리플 악셀의 첫 점프에서 엉덩방아를 한번 찧었을 뿐이라는 것을 기억하자. 가능성의 세계에서 '증명'으로 나아가는 과정이다.

당신과 나의 오늘의 일기는 점점 '완벽한 하루 일기'로 맞추어져 가는 것이다.

이 과정이 모두 끝났으면, 다시 내일의 '완벽한 하루 일기'를 작성한다.

당신은 언제 마지막으로 일기를 써 봤는가?

요즘은 일기장보다는 SNS를 선호하는 사람들이 더 많다. 나 또한 키보드를 다루는 것이 이제는 더 익숙하다. 종이보다는 태블릿에 적는 일들이 많아지고 있다. 하지만 빈 종이는 또 하나의 무한한 가능성의 세계이다. 그곳에 당신과 나의 목표의 주파수를 입력해 보도록 하자. 손으로 직접 종이에 글을 쓴다는 것은 우리가 할 수 있는 가장 멋진 일 중 하나이다.

마음성형 다이어리

갑자기 일기를 쓴다는 것이 새로운 종류의 부담으로 다가올 수도 있다.

그래서 더 가볍게 접근이 가능한 [마음성형 다이어리]를 소개한다. 당신과 나는 노트 한 권만 준비하면 된다. 이 정도는 할 수 있지 않은가?

노트의 가장 앞쪽에는 첫 번째 목표를 적는다. 두 번째 목표인 [마음성형]도 적어 두도록 하자.

마음성형의 모든 과정이 Test가 아닌, Check의 과정이라고 앞에서 언급한 바 있다. [마음성형 다이어리]는 이 모든 과정을 Check하는 용도로 사용하면 된다.

목표를 적은 이후에는 그것에 해당하는 주파수의 그림을 자신의 언어로 표현하면 된다. 그림 실력이 뛰어난 경우에는 그림으로 그려도 좋다. 동일한 주파수를 여러 가지 Version으로 표현하거나 기록해도 좋다.

시시때때로 목표를 성취해 가는 과정에서 마음밭으로 드러나는 '쓰레기, 돌, 가시떨기'들을 함께 기록해 준다. 그리고 그것을 분류해 태워 버렸으면, V로 표시하거나, X로 그어 버린다.

첫 번째 목표의 주파수도 있지만, 두 번째 목표인 [마음성형]도 지속적으로 훈련 중이기 때문에 상황과 타인, 세상에 비추어지는 자신의 마음밭을 Check하고, 불필요한 것들을 솎아내도록 하자.

그리고 이 모든 마음성형의 과정에서 NIBO할 수 있는 것은 무엇인지 끊임없이 자신에게 질문해 보도록 하자. NIBO를 위해 시도한 것이 있다면 함께 기록해 주고, 그에 따른 내부의 변화들도 세심하게 관찰해 보도록 하자.

다이어리는 하나의 첫 번째 목표를 이루면 교체해도 좋다.

혹은 시중에 나온 일 년간 사용할 수 있는 다이어리를 사용해도 좋다. 휴대폰이나 태블릿 등을 활용해도 좋겠지만, 개인적으로는 종이로 된 노트를 다시 한번 권하고 싶다. 하지만, 자신에게 가장 편하고 어울린다고 느끼는 것으로 선택하자.

타인의 마음밭

당신과 나는 오직 우리 자신의 마음밭만을 개간할 수 있다는 것을 잊지 않았을 것이다. 또한 어떤 상황과 환경에서든 자신 앞에 펼쳐진 모든 것이 자신의 마음밭의 상태를 그대로 비추어 주고 있다는 것을 깨닫고, 그것을 전적으로 자신이 책임지려는 의도를 가져야 비로소 자신의 마음밭을 보고 '쓰레기, 돌, 가시떨기'들을 치우고 밭을 개간할 수 있다.

그렇다면 상대방, 타인의 마음밭의 상태는 어떠한가?

타산지석(他山之石), 반면교사(反面教師)라는 사자성어를 들어 본 적이 있을 것이다. 둘 다 비슷한 의미로 사용되는 말인데, 이 또한 우리의 시선의 방향을 돌리는 것에 초점을 맞추고 있다. 상대방의 돌에서 자신의 돌로, 상대방의 얼굴에서 자신의 얼굴로 시선을 돌리는 것이 주된 내용이다.

당신과 나는 어쩌면 많은 시간 동안 상대방과 타인을 보는 것에 집중했는지 모른다.

이것을 생각해 보자.

우리 자신의 마음밭을 온전하게 파악했는가? 무엇이 심어져 있고, 무엇을 분류해서 버려야 할지 정리가 되어서 태우고, 흘려보내는 중인가? 마음의 밭의 상태는 어떠한가? 새로운 씨앗을 심기 좋게 부드럽게 갈려 있는 상태인가? 아직 딱딱해서 무언가 들어가기 힘든가?

당신과 나는 아직 이 모든 것을 파악해 나가기가 어렵다고 생각하고 있을지도 모른다.

반대로, 주변의 특정한 누군가를 떠올려보자. 그의 마음밭을 살펴볼 수 있겠는가?

그에게 무엇이 심어져 있고, 무엇을 분류해서 버려야 할지 파악이 되는가? 그의 마음밭의 상태는 어떠한가? 부드러운가? 딱딱한가?

결과가 어떠한가?

나 자신의 마음밭을 파악하는 것보다 상대방의 마음밭은 너무나 쉽게 파악되지 않는가?

또 상대방은 어떨 것 같은가? 당신과 나의 마음을 기가 막히게 파악해서 그대로 비추어 줄 것이다. 우리는 상대방 마음밭의 상태를 바꿀 수 없다. 우리가 상대방에게 줄 수 있는 것은 사랑을 기반으로 한 씨앗들과 감동뿐이다. 그것이 우리 안에서 나오려 한다면, 먼저 우리의 마음밭을 정돈하고 갈아엎고, 씨앗을 심어야 한다.

지금까지 당신과 나는 오해 속에서 살아왔을 수도 있다. 타인과 세상을 변화시킬 수 있다는 생각으로, 거친 물살을 역행하며 올라갔는지도 모른다. 그러다보니 우리 자신의 처음 의도와 다르게 타인과 세상에 거칠어지고, 오히려 타인의 마음밭에 '쓰레기, 돌, 가시떨기'들을 던져 왔는지도 모른다.

이제 꿈에서 깰 시간이다. 모든 시선을 돌려야 한다.

나 자신의 마음성형을 훈련하고, 증명해 나가면서 무언가 찜찜한 부분을 찾아내어 부록에 수록하게 되었다. 지금까지 살아온 시간 동안 나 자

신의 마음을 보는 것보다, 타인의 삶과 마음을 보는 것이 거의 자동적으로 습관화 되어 있었던 것이다.

마음성형은 목표로 시작해서 증명으로 열매를 맺는다. 그 중간 과정에서 막히는 부분이 발생할 때는 나 자신의 시선을 어디로 향해야 할지 깨닫게 되는 순간이다.

시선을 반대로 돌리면, 더 자유로움을 느낄 수 있게 된다.

타인과 세상에 대한 판단과 평가를 멈추도록 하자. 결국 그 모든 것은 당신과 나의 마음밭에 있는 것들이다.

판단과 평가하는 근원의 주체를 파악해 보도록 하자. 그것이 당신 자신인가? 아니면, 마음밭에 '쓰레기, 돌, 가시떨기'들이 쉴 새 없이 떠들어대는 소음인가?

심리학에서 타인과 세상의 심리를 파악하고 그에 발맞추는 분야들이 있다. 그것은 어디까지나 타인과 세상을 더 이해하고, 더 알아 가고, 더 사랑하고픈 근원에 바탕을 두어야 한다. 그리고 그것은 돌고 돌아 자신을 더 이해하고, 더 알아가고, 더 사랑하는 것으로 귀결된다.

마음성형의 큰 장점은 언제든, 어디서든 다시 시작한다고 결코 늦지 않았다는 것이다. 가장 늦는 것은 시작하지 않을 때뿐이다.

무언가 잘못된 듯한 기분인가? 상황이 더 악화된 것 같은가? 아직 아무 변화도 없는가?

이런 느낌들은 당신과 나에게 점검을 알리는 지표들이다. 지금 잘못된 것은 아무것도 없다. '해가 뜨기 직전이 가장 어둡다'는 말을 들어 본 적이 있을 것이다.

당신과 나의 인생에서 가장 밝은 날은 오늘부터 다시 시작이다.

지금 우리에게는 지속적인 훈련을 통한 증명들만이 필요한 것이다. 그렇다면, 타인에게는 어떤 태도를 취해야겠는가? 당신과 내가 줄 수 있는 사랑의 씨앗들과 NIBO를 통한 감동들을 통해 그 또한 스스로 자신의 마음밭을 성형해 나갈 수 있도록 도움을 주는 것이다.

마음밭 Check 질문

당신과 나의 마음밭의 상태를 항시 Check해야 할 필요성에 대해서는 이제 우리 모두 잘 알고 있다. 그 방법은 여러 가지가 있겠지만, 아래 질문들을 통한 Check는 간편하면서도 효과적으로 우리의 마음밭의 상태를 Check할 수 있는 것들이기에 함께 나누고자 한다.

Check질문은 절대적인 것이 아니기 때문에, 당신에게 잘 맞는 질문들이 있다면, 더 추가하거나 변형해서 사용하도록 하자. 그리고 질문들 중에, 양 극단을 짝지어 놓은 것이 있다. 서로 반대되는 내용들을 통해 자신의 상태를 Check하기 위함이다.

[목표, 시야] Check

나의 진짜 목표는 무엇인가?

나의 목표가 성취 가능한 이유는 무엇인가?

↔ 목표 성취가 불가능한 이유는 무엇인가?

나의 시야는 어디까지 넓힐 수 있는가?

↔ 시야는 얼마나 좁아질 수 있는가?

내가 원하는 주파수는 무엇인가?

↔ 원하지 않는 주파수는 무엇인가?

지금 나는 무엇을 느끼고 있는가?

↔ 무엇을 느끼지 못하고 있는가?

[정화] Check

지금 느끼는 기억과 감정은 무엇인가?

지금 느끼는 감정들이 타인과 세상에 거울로 비추어진다는 것이 인정되는가?

이 감정들을 흘려보내면, 무엇이 남는가?

이 기억과 감정들을 품고 있는 것이 좋은가? 내려놓고 자유로운 것이 좋을까?

[훈련] Check

현재의 (상대방, 환경, 조건)은 내 마음밭의 무엇을 비추고 있는가?

어떻게 현재 상황을 가장 예술적으로 만들 수 있을까?

나 자신에게 줄 수 있는 최고의 선물은 무엇인가?

오늘이 내 인생의 첫 날이라면, 무엇을 할까?

↔ 마지막날이라면, 무엇을 할까?

가장 현명한 선택은 무엇인가?

↔ 가장 바보같은 선택은 무엇인가?

오늘은 누구에게 NIBO를 통한 감동을 전달해 볼 것인가?

[증명] Check

나 자신에게 목표의 성취를 허락하는가?

↔ 허락하지 않는가?

목표의 성취를 허락하는 이유는 무엇인가?

↔ 허락하지 않는 이유는 무엇인가?

나는 무엇을 믿는가?

↔ 무엇을 믿지 않는가?

나에게는 어떤 자격을 허락하는가?

↔ 어떤 자격을 허락하지 않는가?

나의 존재 상태 변화를 위해 어떤 선택을 할 것인가?

이 Check List 혹은 자신만의 질문 리스트를 만들어서 [마음성형 다이어리]에 적어 두도록 하자. 항상 깨어 있는 의식의 상태를 유지하는 것이 마음성형을 훈련하는 것에 있어서 최적의 상태임을 기억하자.

마음성형

나 자신에게 투자하라 - Invest Myself

투자와 투기

최근 그 어느 때보다도 부동산, 주식, 비트코인 등 가상화폐 등에 대한 투자의 열기가 뜨겁게 달아오르고 있다. 연일 뉴스와 미디어, 그리고 사람들의 개인 SNS를 통해서도 관련된 정보와 경험담들이 올라오고 있다.

어떤 것에 투자한다는 것은 좋은 일이라고 본다. 하지만, 최근의 과열 양상들이 정상적인 투자의 모습이라고 볼 수 있을까? 이 또한 마음의 '쓰레기, 돌, 가시떨기'의 한 종류일지 모른다는 느낌이 들지는 않는가?

주식을 예로 들자면, 당신이나 내가 어떤 계기로든 주식 투자를 통해 이익을 내고자 하는 뜻을 가지고 그것을 배워 갈 수 있을 것이다(그것이 가치투자인지, 차트분석 등인지는 구분하지 말자. 불필요한 내용만 길어진다). 때론 손실이 나기도 하고, 때론 이익을 얻어가면서 시간이 지날수록 안정적인 자산을 형성해 나간다. 여기까지는 좋다. 그 이후에는 돈을 잃든지, 더 벌든지 하는 것은 순전히 당신과 나에게 달린 것이니 말이다.

그런데, 이런 경우는 어떤가?

주변에서 모두 주식을 통해 이익을 내고 있다는 소식들을 자주 접한다. 다들 돈을 버는데, 나만 뭔가 뒤처져 있다는 생각이 든다. 이대로는 안되겠다 싶어, 주식 카페에 가입을 하고, 관련 영상들도 찾아보고, 계좌도 개설을 한다. 여윳돈이 없어서 몇 군데 대출을 받았지만, 상한가 몇 번이면 갚고도 남을 것이다.

최대한 간략하게 적으려고 노력했다. 당신이나 내가 이런 상황이라면 어떤 느낌인가? 스릴이 넘치는가? High Risk, High Return(위험이 크면, 이익도 크다)라는 것을 굳게 믿고 있는가?

이것은 투기이다. 위험한 도박이다. 불확실성에 자신의 모든 것을 내던지겠는가?

그것도 주변의 분위기에 떠밀려서 말이다.

당신과 내가 특정한 것에 투자한다면, 그것은 찬성한다.

물론 투자에서도 손실은 날 수 있다. 그러나 그 또한 성장의 기회로 삼을 수 있다.

투기를 통해서는? 모르겠다. 투기를 통해서 배울 수 있는 것이 있다면, 알려 주기 바란다.

우리가 특정한 것에 우리의 돈, 시간, 노력을 쏟아붓고 있다면, 그것이 '투자'인지, '투기'인지 구분해 보도록 하자. 혹시라도 하고 있었다 하더라도 아직 기회는 있다. NIBO를 활용할 수 있지 않은가? 투기를 투자로 전환할 수 있는

마음성형

모든 방법을 찾아보도록 하자.

최고의 투자

'Love Yourself'라는 말을 들어 본 적이 있을 것이다(노래도 있다).

꽤 멋진 말이다. 아마도 'Love Yourself (First), (먼저) 당신 자신을 사랑하라'에서 'First'가 생략된 것이 아닐까 하는 예상을 해 본다.

여기에 착안하여 이 장의 제목을 'Invest Myself'라고 정했다.

나의 멘토가 나에게 종종 해 주었던 말이 있다. "너 스스로 자신을 귀하게 여겨야 해."

당시에 나는 그 말을 매우 단순하게 이해했다. 그러나 지금 생각해 보면, 내가 나 자신을 귀하게 여긴다는 것은 나와 함께 하는 사람들, 내가 만나고, 보고, 듣고, 매일 접하는 모든 것들도 마찬가지로 귀하게 여겨야 한다는 의미 같다.

나 자신에게 투자한다는 것은 어떤 의미가 있을까? 지금까지 당신과 내가 마음성형을 잘 이해하고, 훈련해 왔다면, 자신에게 투자한다는 것이 결코 이기적인 발상이 아니라는 것을 충분히 이해하고 있으리라 생각한다.

마음성형 또한 우리 자신에게 투자하는 것의 한 유형일 수 있다.

우리의 마음밭을 잘 가꾸어서 타인과 세상에 풍성하고, 아름다운 열매들을 비추어낼 수 있지 않겠는가.

자신에 대한 투자는 저마다의 방법들이 있겠지만, 여기에서는 [마음성형]과 관련하여 자신에게 투자할 수 있는 두가지를 알아보도록 하겠다.

첫 번째로, 자신에게 감동의 에너지를 투자하자.

당신과 내가 NIBO를 훈련하고, 타인과 세상의 거울에 비추이는 것은 마음성형의 가장 큰 핵심사항 중 하나이다. 상대방과 세상을 감동시킬 수준의 Best Out을 위해서는 무엇이 필요할까? 맛을 음미할 줄 모르는 요리사는 고객에게도 최고의 요리를 대접하기 힘들다.

그렇기 때문에, 자신에게 먼저 감동의 에너지들을 투자하도록 하자.

당신은 무엇으로 감동을 받는가? 어쩌면 우리는 아주 작은 것에 감동받을지도 모른다. 자신에게 작은 선물을 주는 것은 어떤가? 새로운 가능성들을 열어 보는 것은 어떤가? 아름다운 그림, 음악, 영화 등을 통해 감동을 받지는 않는가? 당신과 나 자신이 기존에 감동 받았던 것들, 혹은 전혀 다른 방법들을 통해 감동을 느낄 수 있는 것들을 찾아보고, 자신에게 투자하자.

마음성형을 통해 얻을 수 있는 감동들은 또 어떠한가? 시야를 넓히고, 자신에게 감동을 줄 주파수들을 확보하자. 삶의 모든 순간에서 감동을 느낄 수도 있을 것이다. 당신과 나 자신에게 감동을 느낄 권리를 허락해 주도록 하자.

두 번째로, 자신의 훈련에 투자하자.

나의 경우에는 자신의 훈련을 위해 독서에 투자하는 편이다. 그리고 이 투자는 나에게 있어 최고의 투자라는 확신을 갖고 있다. 또한 나에게 있어서 가장 좋은 시간은 나 자신에게 감동을 주는 책을 만났을 때이다. 그런데, 이 세상에는 책이 얼마나 많은가? 물론 모든 책이 감동을 줄 수는 없겠지만, 확률은 높아졌다.

당신은 무엇으로 자신의 훈련에 투자할 수 있겠는가? 그것은 무엇이든 가능하다.

외국어를 배우는 것, 악기를 배우는 것, 코딩을 배우는 것, 요리를 배우는 것, 운전을 배우는 것, 육체를 단련하는 것, 특정 기술을 배우고, 훈련하는 모든 것에 있어서 자신을 투자할 수 있다.

우리는 삶을 살아가고, 삶을 통해 배우고, 배움을 통해 또 살아간다. 어느 한 지점에서 이것을 분리할 수 있는 것이 아니라, 연속적으로 순환되는 과정이다.

이 모든 것들이 타인이 지워 준 의무나 억지로 하는 것이 아닌, 자신의 훈련에 투자하는 것으로 대해 보도록 하자. 의무나 억지라는 생각이 든다면, 그것은 자신의 훈련이 아니다. 투자가 아닌, 투기이다. 그럴 경우에는 두 가지 방법이 있는데, 하나는 지금의 투기를 투자로 변환시키거나, 또 하나는 투기를 그만두는 것이다. 다른 투자를 찾아보는 것이다.

억지로 끌려다니지 말고, 자신의 길을 찾도록 하자. 타인의 유행에 따라 여기저기 기웃대는 것도 억지로 끌려다니는 것과 다를바가 없다. 자신의 훈련을 찾겠다는 목표에 따라 시야를 넓히면, 그리 오래 헤매이지 않게 될 것이다.

에너지의 충전

당신과 내가 떠났던 여행 중에 가장 행복했던 기억은 언제인가?

기분 좋았던 여행들은 오랫동안 여운을 남긴다. 때로는 짧은 순간에 우리 마음밭의 '쓰레기, 돌, 가시떨기'들을 거의 반자동적으로 정화시켜 주는 역할을 하기도 한다.

그런 이유로 많은 사람들이 여행을 동경하고, 좋아하고, 실제로 떠나곤 한다.

꼭 멀리 떠나야만 하는 것도 아니다. 그러다보니 최근에는 캠핑을 즐기는 사람들이 늘고 있다. 혹은 드라이브를 가기도 하고, 조용한 카페에서 여유를 즐기기도 한다.

여행, 캠핑 등의 휴식을 통해 자신의 에너지를 충전하는 것도 자신에 대한 투자이다.

자신에게 투자하는 것은 불확실해 보이는 세상에서 가장 확실한 결과를 얻을 수 있는 것 중의 하나이다. 그렇기에 투자와 투기를 잘 구분할 필요가 있다.

예를 들어, 당신이나 내가 술을 마신다고 생각해 보자.

술을 마시는 것은 문제가 없다. 적당량의 술은 관계의 윤활유 역할을 한다. 그리고 즐거운 감정들을 끌어올리고, 편안한 휴식의 느낌까지 줄 수 있다. 여기까지는 좋다. 우리가 술의 주인이다.

하지만 대부분의 문제는 이후에 발생된다. 적당량의 기준은 무엇인가? 빈 술병이 늘어날수록, 윤활유의 역할을 하던 술은 마음의 밭에 불을 지른다. 즐거운 감정들이 강요와 구속의 감정들로 폭발한다. 휴식은 끝났고, 이제는 더 이상 우리가 술의 주인이 아니다. 술이 우리의 주인이 되었다. 이제 술은 우리에게 투자가 아니다. 투기이고, 빚이 되어 돌아온다.

술 자체가 문제가 아니다. 술을 자신에 대한 투자로 활용한다면, 이보다 더 좋은 것이 있을까라는 의문이 생길 정도로 좋다. 그런데, 술로 인해 발생하는 문제들이 얼마나 많은가?

자신은 술의 주인으로 살 수 있다고 생각한다면, 지금부터 최소한 1년이라도 술을 단 한방울도 입에 대지 말아 보자. 그렇다면, 가능할지도 모른다(그만큼 주도권을 잃은 중독이 무서운 것이다). 그것이 힘들다면, 술을 마실 때마다 이것이 자신에 대한 투자인지, 투기인지 Check하는 습관을 가져 보도록 하자.

당신과 나는 모든 것을 통해 에너지를 충전하는 투자를 할 수 있다.

하지만, 미묘한 차이로 그것이 투기나 빚이 될 수 있다는 것을 기억하도록 하자.

그 미묘한 차이도 우리의 마음밭에서 발견할 수 있다. 이것은 언제든 모든 것을 최고의 선으로 돌릴 수 있다는 희망의 메시지이다. 혹시 자신에게 투기하거나 빚을 지고 있는 영역들이 있는가? 그것을 자신에 대한 투자로 돌릴 수 있는 열쇠를 마음의 밭에서 찾아보도록 하자.

존재의 변화를 이끌어 내는 의식 상태 유지하기

당신과 나의 생각은 하나의 씨앗으로 우리의 마음밭에 심겨진다. 때로는 심겨지기도 전에 타 버리고, 뿌리를 내리지 못하고 말라 버리기도 하겠지만, 꾸준히 심겨지는 씨앗은 결국에 새싹을 틔우고, 열매를 맺는다. 결국 꾸준한 생각은 마음밭을 통해 비추어진 타인과 세상을 통해 우리의 현실이라는 공간에 나타나게 되는 것이다.

잘 가꾸어진 마음밭에서는 좋은 씨앗들이 뿌리를 내리고, 새싹을 틔우고, 열매를 맺기에 좋은 환경이기 때문에 문제가 없다. 혹 좋지 않은 씨앗을 뿌렸을 때에는 빠르게 제거해야 할 준비도 되어 있을 것이다.

그러나, 관리되지 않은 마음의 밭에서는 모든 일들이 뒤죽박죽이다. 간혹 뿌려지는 좋은 씨앗들은 단단한 마음의 밭에 뿌리를 내려 보지도 못하고 말라 버리곤 한다. 오히려 잡초, 가시떨기와 같은 것들은 끈질긴 생명력으로 아스팔트처럼 전혀 틈이 없어 보이는 곳에서도 뿌리를 내리고 열매를 맺는다.

당신과 나는 자신의 마음밭을 관리하는 농부이다.

농부가 원하는 것은 추수 때에 얻을 열매들이다. 풍성한 수확물을 기대하며, 씨를 뿌리는 것이다. 어떤 농부든, 자신의 밭에 나쁜 씨앗을 뿌리고 싶은 사람은 없을 것이다. 다른 사람들이 우리의 밭에 잡초의 씨를 뿌린다면, 그것을 제거해 버릴 것이다. 그리고 지속적으로 좋은 씨앗을 뿌린다. 이것만으로도 당신과 나는 좋은 열매를 얻을 수 있을 것이다.

하지만, 지속적으로 좋은 생각들로 씨앗을 뿌렸음에도 원하는 결과가 없었던 적이 있지 않았던가? 그렇기 때문에 당신과 나에게 [마음성형]이라는 과정이 필요했던 것이다.

농부는 좋은 씨앗들이 그 열매를 맺기까지 매일같이 밭을 관리한다. 밭이 씨앗이 심겨지기 힘들 정도로 딱딱해져 있으면, 그것을 쪼개고, 부수어서 부드럽게 갈아 엎을 것이고, '쓰레기, 돌, 가시떨기'들이 있으면 치우고, 부수고, 태워서 내다 버릴 것이다.

그 밭에 지속적으로 좋은 씨앗을 뿌리도록 하자.

마음성형

전혀 쓸모없어 보이는 땅을 개간하여 비옥한 토지로 만든 것을 본적이 있는가? 눈으로 보이는 사람의 힘도 이토록 놀라울 때가 있다.

당신과 나는 마음성형을 통해 어쩌면 쓸모없어 보였던 우리 자신의 마음의 밭을 놀라운 수확을 거두는 황금의 땅으로 바꾸어 가고 있다. 이 모든 과정은 우리의 의식을 통해 당신과 나의 존재 상태를 변화시키는 것이다. 우리가 갖고 있는 본래의 힘을 회복해 가는 것이다.

누군가 놀라운 업적을 이룬 것을 본다면, 당신과 나는 어떤 생각을 갖게 되는가?

누군가 무엇을 이루어 냈다는 것은, 당신과 나도 동일한 것을 이루어 낼 수 있다는 것을 현실로 보여 주는 것이다. 그뿐이다.

그런데, 그것이 불가능하다고 당신과 나에게 말하는 것은 누구인가? 때로는 가족이, 때로는 친구와 동료가, 때로는 전혀 상관 없는 사람들을 통해서 우리에게 말할 수 있다. 그것의 근원이 무엇인지 이제 우리는 알고 있다. 가족과 친구와 동료, 그리고 타인과 세상은 그저 당신과 나의 마음밭을 비추어 주고 있을 뿐이다.

이제 우리는 어디를 바꾸어야 할지 알게 되었다.

당신과 나의 마음밭은 상상했던 것보다 넓을지 모른다. 어디서부터 손봐야 할지 막막할지도 모른다. 하지만, 우리는 바닷물의 염도가 고작 3.5%라는 것을 알고 있지 않은가? 강물과 바닷물의 차이는 3.5%의 염분에 지나지 않는다. 그것이 엄청난 차이를 만들어 낸다.

어느날 갑자기 한 번에 새사람으로 거듭나고 싶은가? 당신과 나의 의식의 씨앗을 지속적으로 뿌리도록 하자. 꾸준하게 마음의 밭을 가꾸고, 관리하도록 하자. 단지 3.5%의 변화만으로도 당신과 나는 어느날 갑자기 새사람이 된 것처럼 느끼게 될 것이다.

끝없는 에너지의 창출

당신과 나는 우리 자신을 무엇이라 생각하는가.

서두에 [너 자신을 알라]는 말이 어떻게 다가오는가?

당신과 나는 무엇이든 이룰 수 있는 능력을 갖고 이 세상에 태어났다.

어떤 사람은 자신이 이 능력을 갖고 있는 것을 본능적으로 깨닫고, 그것을 충분히 활용한다.

어떤 사람은 어렴풋이 알고 있지만, 확인하려 하지 않는다. 가능성으로만 살아간다.

어떤 사람은 그런 능력은 특정한 사람들에게만 허락된 것이라 생각한다.

어떤 사람은…… 어떤 사람은……

당신과 나는 어떤 사람인가? 이것은 순전히 우리의 선택에 달린 것이다.

나는 본능적으로 이 능력을 갖고 있다는 것을 깨달은 것은 아니다. 하지만, 그동안 내 시야의 작은 부분에서 꾸준하게 비추어지는 가능성의 빛을 보았다. 비록 아직 내 마음의 밭은 '쓰레기, 돌, 가시떨기' 투성이지만, 하나씩 치우고, 부수고, 태워서 버려 가고 있다.

나는 반드시 이 마음밭을 가꾸고, 좋은 씨앗을 뿌려서 풍성한 열매를 거둘 것이다.

마음성형

이것이 나의 선택이다.

가능성의 빛이란, 끝없는 에너지의 공급원이다. 지구 위의 만물은 태양의 빛 에너지 없이는 생명력을 유지해 갈 수 없다. 그 빛의 에너지를 통해 지구의 생물들은 저마다의 사명을 이루어 간다.

특별히 사람에게는 영혼이라는 근원의 마음으로부터 공급받는 또 다른 형태의 가능성의 빛이 있다. 이 또한 우리가 받을 수 있는 끝없는 에너지의 공급원이다.

이 가능성의 빛을 현실로 만들어 내는 것은 마음의 역할이다. 영혼의 빛이 그대로 타인과 세상에 비추어질 수 있도록 깨끗하기만 하면 된다.

마음은 우리 자신이 아니다. 그렇기 때문에 필요하다면, 과감하게 마음을 성형할 수 있다.

자신의 마음이 다칠 것이 걱정되는가? 마음이 무너져 내려 일어설 수 없을 것 같은가? 마음이 고장난 것 같은가? 그렇지 않다. 당신과 나의 시야를 넓혀 보라. 당장 시야를 넓히는 것이 힘들다면, 시선을 조금만 옆으로 돌려 보라. 지금까지와는 전혀 다른 세상이 펼쳐질 수 있다. 당신과 내가 가장 두려워하는 것이 무엇인가? 그것은 종이 호랑이에 불과하다. 어쩌면 그 종이 호랑이 뒤에 당신과 내가 그토록 찾아 헤매이던 인생의 목표가 있을지도 모른다. 그럴 확률이 높다. 지금 우리가 알아차려야 할 것은 그것뿐이다. 종이 호랑이들도 태워 버리자.

지금 시작하기

마음성형에서 가장 좋은 것은 언제든, 어디서든, 누구라도 시작할 수 있다는 것이다.

마음성형을 하는 것에 특별히 돈이 드는가?
누군가를 믿고 따라야만 하는가? 엄청난 노력과 시간을 투자해야 하는가?
모두 아니다.
단지 자신의 마음상태를 인정하고, 자신의 인생에 나타나는 것에 대한 책임감과, 마음성형을 하겠다는 선택만이 필요할 뿐이다.
누군가에게 말할 필요도 없다. 타인과 세상은 우리의 마음이 성형되어져 갈수록 그것을 비추어 줄 것이다. 그리고 그것은 당신과 나를 흡족하게 만들어줄 것이다.

마음성형의 훈련과정에서 처음에는 불편한 일들이 생길 수 있다. 자연스러운 현상이다. 그동안 애써 외면하려 했던 마음의 '쓰레기, 돌, 가시떨기'들이 올라오기 때문이다.

과거에는 불편한 일들을 '문제'라는 프레임으로 바라보았을지 모른다. 하지만, 마음이 성형되어져 갈수록, 문제라는 것은 없다는 것을 깨달아 간다.
"걸림돌이 디딤돌이 된다."라는 말을 들어 본 적이 있는가?

마음성형을 훈련하고, 증명해 가는 당신과 나에게는 더 이상 그것들이 '문제'가 아닌, 새로운 '기회'로 다가오게 될 것이다.

마음성형

지금 바로 마음성형을 시작해서, 모든 것을 충분히 누리고 즐길 권리를 자신에게 허락해 주도록 하자.

사랑합니다. 감사합니다. 축복합니다.

[마음성형]을 끝까지 읽어 주신 당신에게 진심으로 사랑과 감사의 에너지를 보냅니다.

당신이 이 책을 손에 들고 있다면, 저는 첫 번째 목표 중 하나를 증명하게 된 것입니다.

이 증명의 열매가 누군가의 마음밭에는 또 하나의 좋은 씨앗이 되기를 소망하고 있습니다.

잘 아시겠지만, [마음성형]이 가장 필요한 것은 그 누구보다이 책의 저자인 나 자신이었습니다.

많은 책을 읽었지만, 수많은 좋은 씨앗에서 아직 열매를 맺지 못한 저의 마음밭에 절실하게 필요했습니다. 나의 마음밭을 보지 못하고, 씨앗을 의심하고, 타인과 세상을 원망하던 나 자신의 마음에 말이지요.

표면적으로는 전혀 문제될 것이 없었습니다. 저는 그동안 읽은 수많은 책들을 통해 긍정의 힘과 상상의 힘, 말의 힘, 생각의 힘 등을 알고 있었다고 생각했으니까요.

저는 저 자신이 타인과 세상을 원망하고 있다고 생각하지 않았었습니다.

[너 자신을 알라]에 대해 나눈 것을 기억하실 겁니다. 저는 [마음성형]을 훈련하기 전에는 저 자신과 저의 마음에 대해서 거의 모르고 살아왔다고 봐야할 것 같습니다.

나 자신이 긍정적이고, 마음먹기에 따라 무엇이든 돌파할 수 있다고 생각하며 살아왔는데, 실상은 전혀 그렇지 않았던 것입니다. 이것을 인정하는 것이 [마음성형]의 처음이었습니다.

저는 마음의 힘을 알고 있었던 것이 아니라, 그저 그랬으면 좋겠다는 희미한 바램만이 있었던 것입니다. 나 자신에게 목표의 성취를 '증명'하는 것을 허락하지 않고, 언제까지나 생각의 가능성 속에서만 살도록 묶어 두었던 것입니다.

[마음성형]은 전혀 새로운 것도, 어려운 것도 아닙니다.

하지만 이것에 필요성을 느끼고, 훈련해서 이루어 낸 사람은 매우 적습니다.

이것을 이루어 낸 사람들은 자신의 목표를 성취하고, 마음의 풍성한 열매들을 누리고 살아갑니다. 누구에게나 열려 있지만, 누군가는 깨달아서 자신의 것으로 만들고, 대다수의 많은 사람들은 깨닫지 못하는 비밀입니다.

최초의 선택은 당신과 저의 몫입니다.

또한, 가장 좋은 학습과 훈련은 누군가를 가르칠 때 최고의 효율을 발휘한다고 합니다.

이 열려 있는 비밀을 학습하고 훈련함에 있어서, 당신도 저와 같이 자신만의 [마음성형]에 대한 책을 써 보시길 개인적으로 권유합니다. 혹은 가족, 친구, 동료들에게 [마음성형]을 가르쳐 주고, 함께 훈련해 보시길 바랍니다. 우리의 가장 큰 NIBO는 서로가 서로의 목표 달성을 도울 때 가장 큰 감동으로 다가옵니다.

"우리가 두려움을 이겨낸다면, 무엇을 할 수 있을까요?"

당신과 내가 우리의 마음밭을 깨끗하게 청소하고, 부드럽게 갈아엎은 상태라면, 이곳에 무엇을 심을 수 있을까요?

이제 이 밭에서는 무엇을 심든 30배, 60배, 100배의 소득을 올릴 수 있다면, 우리는 이곳에 무엇을 심어야 할까요?

아마도 자신이 가장 원하는 것, 최고의 것을 심지 않겠습니까? 그것이 당신과 나의 목표일 것입니다.

당신과 나는 이제 자신의 마음밭을 관리하고, 씨앗을 뿌리고, 열매를 맺는 마음의 농부Mind Farmer입니다. 우리의 마음의 밭은 생각보다 엄청나게 넓을지도 모릅니다. 상상의 힘을 통해 자신의 마음밭에 대한 시야를 넓히고, 매일 관리해 주세요. 육체의 눈과 감각은 타인과 세상에 비추어진 결과만을 볼 수 있습니다. 결과값을 바꾸기 위해서는 원인이 되는 마음의 밭을 가꾸어야 합니다.

이에 대해서 아인슈타인은 다음과 같이 말했습니다.

"우리가 맞이하는 문제들은 문제를 만들어낸 것과 같은 수준에서는 풀리지 않는다."

이 또한 처음에는 훈련이 필요한 과정들입니다. 당장 행동으로 해결하고 싶어서 몸이 근질거릴지 모릅니다. 물론 빠른 행동이 도움이 되는 위급한 상황들도 있을 것입니다. 그러나, 우리가 해결하기 힘들어 보이는 많은 문제들의 대부분은 마음의 밭을 정돈할 때 해결할 수 있습니다. 행동은 그 이후입니다.

당신과 나의 [마음성형]은 이제 시작입니다.

영화 「매트릭스 1」에서 주인공인 네오가 진짜 현실을 자각하기 위한 최초의 선택 이후로, 영화의 마지막 부분이 되어서야 가상 현실인 매트릭스Matrix를 온전히 자각하게 됩니다.

당신과 나 또한 [마음성형]을 통해 그러한 깨달음을 얻는 순간이 올 것입니다.

그 순간을 위해 오랫동안 간직했던, 또한 삶의 모든 순간에서 기억해야 할 한마디를 드리고, 마무리하도록 하겠습니다.

우리는 지금, 이 순간을 위해 지금까지 살아왔습니다.

마음성형
The Mind Shaping

ⓒ 알렉스 신, 2021

초판 1쇄 발행 2021년 7월 8일

지은이   알렉스 신
펴낸이   이기봉
편집   좋은땅 편집팀
펴낸곳   도서출판 좋은땅
주소   서울 마포구 성지길 25 보광빌딩 2층
전화   02)374-8616~7
팩스   02)374-8614
이메일   gworldbook@naver.com
홈페이지 www.g-world.co.kr

ISBN   979-11-6649-995-1 (03190)